Altersgrenzen und Altersabstand zwischen Annehmenden und Anzunehmenden bei der Adoption

Europäische Hochschulschriften

European University Studies

Publications Universitaires Européennes

Reihe II **Rechtswissenschaft**

Series II Law

Série II Droit

Band/Volume **5947**

Sascha Scheikholeslami-Sabzewari

Altersgrenzen und Altersabstand zwischen Annehmenden und Anzunehmenden bei der Adoption

- Bestandsaufnahme und Reformvorschlag -

PL ACADEMIC RESEARCH

Bibliografische Information der Deutschen Nationalbibliothek
Die Deutsche Nationalbibliothek verzeichnet diese Publikation in der Deutschen Nationalbibliografie; detaillierte bibliografische Daten sind im Internet über http://dnb.d-nb.de abrufbar.

Zugl.: Kiel, Univ., Diss., 2017

D 8
ISSN 0531-7312
ISBN 978-3-631-72923-6 (Print)
E-ISBN 978-3-631-73034-8 (E-PDF)
E-ISBN 978-3-631-73035-5 (EPUB)
E-ISBN 978-3-631-73036-2 (MOBI)
DOI 10.3726/b11564

PL Academic Research ist ein Imprint der Peter Lang GmbH.
Peter Lang – Frankfurt am Main · Bern · Bruxelles · New York · Oxford · Warszawa · Wien

Diese Publikation wurde begutachtet.

www.peterlang.com

Vorwort

Die vorliegende Arbeit wurde im April 2017 vom Fachbereich der Rechtswissenschaft der Christian-Albrechts-Universität zu Kiel mit Abschluss des Rigorosums als Dissertation angenommen.

Zuallererst möchte ich besonders meinem Doktorvater und Erstgutachter Prof. Dr. Rudolf Meyer-Pritzl für seine Unterstützung bei der Entstehung der Arbeit durch hilfreiche Ratschläge, konstruktive Kritik und inspirierende Verbesserungsvorschläge meinen großen Dank aussprechen. Auch bei meiner Zweitgutachterin Prof. Dr. Saskia Lettmaier, B.A. (Oxford), LL.M., S.J.D. (Harvard), die sich stets für mein Anliegen Zeit genommen und das Zweitgutachten äußerst zügig geschrieben hat, will ich mich an dieser Stelle zutiefst bedanken.

Besonderer Dank gebührt auch meinen Eltern Shirin und Behruz Scheikholeslami-Sabzewari für ihre ständige Unterstützung. Ihnen sei diese Arbeit gewidmet.

Bedanken möchte ich mich auch bei meinen Brüdern Benjamin und insbesondere Jubin Scheikholeslami-Sabzewari für ihre Lesebereitschaft und formalen Korrekturanmerkungen.

Kiel im Mai 2017 — Sascha Scheikholeslami-Sabzewari

Inhaltsverzeichnis

Literaturverzeichnis

Ahlborn, Walter, Eheschließung und Legitimation nach marokkanischen Recht, StAZ 1970, S. 221 – 222.

Andrae, Marianne, Internationales Familienrecht, 3. Auflage, Baden-Baden 2014.

Arndt, Adolf, Neuregelung des Adoptionsrechts – Präjudizien, NJW 1960, S. 855 – 856.

Bach, Rolf P., Neue Regelungen gegen Kinderhandel und Ersatzmuttervermittlung, FamRZ 1990, S. 574 – 577.

Bamberger, Heinz Georg (Hrsg.)/**Roth**, Herbert, Kommentar zum Bürgerlichen Gesetzbuch, Band 3: §§ 1297 – 2385, EGBGB, 2. Auflage, München 2008 (zit.: *Bamberger/Roth/Bearbeiter*, BGB, §/Art. Rn.

Basler Kommentar, Zivilgesetzbuch I: Art. 1 – 456 ZGB, herausgegeben von Heinrich Honsell, Nedim Peter Vogt und Thomas Geiser, 5. Auflage, Basel 2014 (zit.: Basler Kommentar/*Bearbeiter*, Art. Rn.).

Bechtel, Peter/**Smerdka-Arhelges**, Ingrid, Pflege im Wandel gestalten – Eine Führungsaufgabe: Lösungsansätze, Strategien, Chancen, Berlin, Heidelberg 2012.

Becker, Wolfgang, Neugestaltung des Adoptionsrechts, NJW 1950, S. 90 – 94.

Behrends, Okko/**Knütel**, Rolf/**Kupisch**, Berthold/**Seiler**, Hans Hermann, Corpus Iuris Civilis, Text und Übersetzung, Band 1, Institutionen, 2. Auflage, Heidelberg 1997.

Behrends, Okko/**Knütel**, Rolf/**Kupisch**, Berthold/**Seiler**, Hans Hermann, Corpus Iuris Civilis, Text und Übersetzung, Band 2, Digesten 1 – 10, Heidelberg 1995.

Benicke, Christoph, Kollisionsrechtliche Fragen der Leihmutterschaft, StAZ 2013, S. 101 – 114.

Berner Kommentar, Kommentar zum schweizerischen Privatrecht, Das Familienrecht, 2. Abteilung: Die Verwandtschaft, 1. Teilband: Die Entstehung des Kindesverhältnisses, Art. 252 – 269 c ZGB, herausgegeben von Arthur Meier-Hayoz, 4. Auflage, Bern 1984 (zit.: BK-*Bearbeiter*, Art. Rn.).

Bieback, Karl-Jürgen, Altersdiskriminierung: Grundsätzliche Strukturen und sozialrechtliche Probleme, ZSR 52 (2006), S. 75 – 99.

Bischof, Hans Helmut, Das neue Adoptionsgesetz ab 1.1.1977, JurBüro 1976, S. 1570 – 1603.

Bonner Kommentar zum Grundgesetz, herausgegeben von Wolfgang Kahl, Christian Waldhoff und Christian Walter, Ordner 2, Art. 4 – 6 III, 173. Auflage, Heidelberg 2014 (zit.: BK/*Bearbeiter*, Art. Rn.).

Bosch, Friedrich Wilhelm, Zur Volljährigen-Adoption: Ein Rechtsgutachten, FamRZ 1964, S. 401 – 410.

Bosch, Friedrich Wilhelm, Entwicklungen und Probleme des Adoptionsrechts in der Bundesrepublik Deutschland, FamRZ 1984, S. 829 – 842.

Botthof, Andreas, Der Schutz des Familienlebens nach Art. 8 Abs. 1 EMRK und sein Einfluss auf die Anerkennung ausländischer Adoptionsentscheidungen, StAZ 2013, S. 77 – 80.

Botthof, Andreas/**Diel**, Alexander, Voraussetzungen für die (Stiefkind-)Adoption eines Kindes nach Inanspruchnahme einer Leihmutter, StAZ 2013, S. 211 – 216.

Britz, Gabriele, Das Grundrecht des Kindes auf staatliche Gewährleistung elterlicher Pflege und Erziehung – jüngere Rechtsprechung des Bundesverfassungsgerichts, JZ 2014, S. 1069 – 1074.

Bundesamt für Justiz (Hrsg.), Bundeszentralstelle für Auslandsadoption, Internationale Adoption: Hinweise zur grenzüberschreitenden Adoption von Kindern, 9. Auflage, Bonn 2014.

Bundesarbeitsgemeinschaft der Landesjugendämter, Empfehlungen zur Adoptionsvermittlung, 6. Auflage, München 2010.

Busch, Michael, Adoptionswirkungsgesetz und Haager Adoptionsübereinkommen – von der Nachadoption zur Anerkennung und Wirkungsfeststellung, IPRax 2003, S. 13 – 20.

Coester-Waltjen, Dagmar, Zivilrechtliche Probleme künstlicher Befruchtungen, Jura 1987, S. 629 – 640.

Dethloff, Nina, Familienrecht, 30. Auflage, München 2012.

Dethloff, Nina, Leihmütter, Wunscheltern und ihre Kinder, JZ 2014, S. 922 – 932.

Dieckmann, Albrecht, Randfragen des Adoptionsrechts, ZblJugR 1980, S. 567 – 581.

Diederichsen, Uwe, Wandlungen des Adoptionsrechts: Von der Arrogation (über die Adoption) bis zur Annahme als Kind, StAZ 1977, 301 – 307.

Dietrich, Silvia, Mutterschaft für Dritte: Rechtliche Probleme der Leihmutterschaft unter Berücksichtigung entwicklungspsychologischer und familiensoziologischer Erkenntnisse und rechtsvergleichender Erfahrungen, Frankfurt am Main 1989.

Dittrich, Robert/**Tades**, Helmuth, ABGB, MANZ Taschenkommentar, 23. Auflage, Wien 2011 (zit.: *Dittrich/Tades*, S.).

Dörr, Oliver/**Grote**, Rainer/**Marauhn**, Thilo, EMRK/GG: Konkordanzkommentar zum europäischen und deutschen Grundrechtsschutz, 2. Auflage, Tübingen 2013 (zit.: *Dörr/Grote/Marauhn/Bearbeiter*, Konkordanzkommentar, Art. Rn.).

Dreier, Horst (Hrsg.), Grundgesetz: Kommentar, Band 1: Präambel, Art. 1 – 19, 3. Auflage, Tübingen 2013 (zit.: *Dreier/Bearbeiter*, GG-Kommentar, Art. Rn.).

Eichenberger, Rolf, Die materiellen Voraussetzungen der Adoption Unmündiger nach neuem schweizerischem Adoptionsrecht, Diss. Freiburg (Schweiz), 1974.

Emmerling, Dieter, Statistisches Bundesamt: Geburten, Sterbefälle, Eheschließungen 2011, Wirtschaft und Statistik, Wiesbaden 2012.

Enders, Wolfgang, Stiefkindadoption, FPR 2004, S. 60 – 64.

Engler, Helmut, Auf dem Weg zu einem neuen Adoptionsrecht, Bielefeld 1972.

Engler, Helmut, Der Entwurf eines Gesetzes über die Annahme als Kind, FamRZ 1975, S. 125 – 138.

Epping, Volker, Grundrechte, 6. Auflage, Berlin 2015.

Erichsen, Hans-Uwe (Hrsg.)/**Ehlers**, Dirk, Allgemeines Verwaltungsrecht, 14. Auflage, Berlin 2010 (zit.: *Erichsen/Ehlers/Bearbeiter*, Allgemeines Verwaltungsrecht, § Rn.).

Erman, Walter, Bürgerliches Gesetzbuch, Handkommentar mit AGG, EGBGB (Auszug), ErbbauRG, LPartG, ProdHaftG, UKlaG, VBVG, VersAusglG und WEG, herausgegeben von Harm Peter Westermann, Barbara Grunewald und Georg Maier-Reimer, 14. Auflage Köln 2014 (zit.: *Erman/Bearbeiter*, BGB, §/ Art. Rn.).

Evers, Momo/**Friedemann**, Ellen-Verena, Handbuch der Adoption: Der Wegweiser zur glücklichen Familie, München 2014.

Feil, Erich/**Marent**, Karl-Heinz, Familienrecht, Kommentar: Mit den einschlägigen Gesetzen sowie mit Mustern betreffend Eingaben bei Gerichten und Verwaltungsbehörden, von Beschlüssen des Gerichtes und Mustern betreffend Eingaben von Behörden etc. (Stand 1.2.2007), Wien 2007 (zit.: *Feil/Marent*, Familienrecht, S.).

Fenton-Glynn, Children's Rights in Intercountry Adoption – A European Perspective, Cambridge 2014.

Fenyves, Attila/ **Kerschner**, Ferdinand/**Vonkilch**, Andreas, ABGB: §§ 137 – 267, 3. Auflage des von Heinrich Klang begründeten Kommentars zum Allgemeinen Bürgerlichen Gesetzbuch, Wien 2008 (zit.: *Fenyves/Kerschner/Vonkilch*, 3. Auflage, § Rn.).

Finke, Franz-Josef, Der Entwurf eines Gesetzes zur Vereinheitlichung und Änderung familienrechtlicher Vorschriften, FamRZ 1955, S. 57 – 60.

Finke, Franz-Josef, Zum neuen Entwurf eines Gesetzes zur Vereinheitlichung und Änderung familienrechtlicher Vorschriften (Familienrechtsänderungsgesetz), FamRZ 1958, S. 405 – 410.

Frank, Rainer, Brauchen wir Adoption? Rechtsvergleichende Überlegungen zu Notwendigkeit oder Zweckmäßigkeit der Adoption, FamRZ 2007, S. 1693 – 1699.

Frank, Rainer, Die Neuregelung des Adoptionsrechts, FamRZ 1998, S. 393 – 399.

Frank, Rainer, Neuregelungen auf dem Gebiet des Internationalen Adoptionsrechts unter besonderer Berücksichtigung der Anerkennung von Auslandsadoptionen, StAZ 2003, S. 257 – 263.

Fuchs, Angelika, Auslandsadoption und Fachlichkeitsgrundsatz, IPRax 2006, S. 316 – 322.

Gaul, Hans Friedhelm, Familienrecht in Geschichte und Gegenwart, Symposion aus Anlass des 80. Geburtstags von Friedrich Wilhelm Bosch am 2. Dezember 1991, Bielefeld 1992 (zit.: *Gaul/Bearbeiter*, § Rn.).

Geipel, Martin, Lebensalter im Recht: Zur Rechtmäßigkeit von Altersschranken, Diss. Berlin, 2011.

Gernhuber, Joachim (Begr.)/**Coester-Waltjen**, Dagmar, Familienrecht, 6. Auflage, München 2010.

Gernhuber, Joachim, Kindeswohl und Elternwille, FamRZ 1973, S. 229 – 244.

Giesen, Dieter, Children and Young Persons Act 1969, JZ 1985, S. 1055 – 1058.

Gitschthaler, Edwin, Kindschafts- und Namenrechts-Änderungsgesetz 2013, Beiträge – Gesetzestext – Erläuterungen, EF Spezial, Wien 2013.

Glässing, Hellmut, Voraussetzungen der Adoption: Eine rechtspolitische und rechtsvergleichende Studie, Frankfurt a.M., Berlin 1957.

Goldstein, Joseph/**Freud**, Anna/**Solnit**, Albert, Jenseits des Kindeswohls, Frankfurt 1991 (zit.: *Goldstein/Freud/Solnit/Bearbeiter*, Rn.).

Grabenwarter, Christoph/**Pabel**, Katharina, Europäische Menschenrechtskonvention, 5. Auflage München 2012.

Grziwotz, Herbert, Die Adoption von Stiefkindern, FamFR 2011, S. 533 – 537.

Hecker, Adolf, Die Adoption im geltenden Recht als Produkt der historischen Entwicklung, Rostock 1903.

Hegnauer, Cyril, Altersdifferenz zwischen Adoptiveltern und Adoptivkindern, ZZW 1975, S. 308 – 312.

Hegnauer, Cyril, Das Fehlen von Nachkommen als Erfordernis der Minderjährigenadoption gemäß Art. 266 Abs. 1 ZGB, ZVW 1994, S. 116 – 120.

Hegnauer, Cyril, Das neue Adoptionsrecht, ZVW 1973, S. 41 – 51.

Hegnauer, Cyril, Die Revision des Adoptionsrechts, SJZ 1969, S. 85 – 95.

Hegnauer, Cyril, Kann vom Mindestaltersunterschied bei der Adoption (Art. 265 Abs. 1 ZGB) abgewichen werden?, ZVW 1993, S. 95 – 99.

Hegnauer, Cyril, Nochmals: Zum Mindestaltersunterschied bei der Adoption (Art. 265 Abs. 1 ZGB), ZVW 1985, S. 107 – 108.

Hegnauer, Cyril, Zum Mindestaltersunterschied bei der Adoption, ZVW 1984, S. 146 – 148.

Heidel, Thomas/**Hüßtege**, Rainer/**Mansel**, Heinz-Peter/**Noack**, Ulrich, Bürgerliches Gesetzbuch: BGB, Band 1: Allgemeiner Teil und EGBGB, 3. Auflage, Baden-Baden 2016 (zit.: *Heidel/Hüßtege/Mansel/Noack/Bearbeiter*, Art. Rn.).

Heiderhoff, Bettina, Rechtliche Abstammung im Ausland geborener Leihmutterkinder, NJW 2014, S. 2673 – 2678.

Heinschneider, Karl/**Kaden**, Erich-Hans/**Wolff**, Martin/**Merk**, Walther, Die Zivilgesetze der Gegenwart, Band 1: Frankreich, Code civil, Mannheim 1932 (zit.: *Heinschneider/Kaden/Wolff/ Merk*, Art.).

Herberger, Maximilian/**Martinek**, Michael/**Rüßmann**, Helmut/**Weth**, Stephan, Juris Praxiskommentar, BGB, Band 4: Familienrecht, herausgegeben von Wolfram Viefhues, 5. Auflage, Saarbrücken 2011 (zit.: JurisPK-BGB/*Bearbeiter*, § Rn.).

Herberger, Maximilian/**Martinek**, Michael/**Rüßmann**, Helmut/**Weth**, Stephan, Juris Praxiskommentar, BGB, Band 6: Internationales Privatrecht, herausgegeben von Ingo Ludwig, 4. Auflage, Saarbrücken 2009 (zit.: JurisPK-BGB/*Bearbeiter*, Art. Rn.).

Herberger, Maximilian/**Martinek,** Michael/**Rüßmann,** Helmut/**Weth**, Stephan, Juris Praxiskommentar, BGB, Band 6: Internationales Privatrecht, herausgegeben von Ingo Ludwig, 4. Auflage, Saarbrücken 2009 (zit.: JurisPK-BGB/*Bearbeiter*, Art. Rn.).

Hillenkamp, Ferdinand, Zur Adoption unehelicher Kinder durch ihre Großeltern, ZblJugR 1953, S. 14 – 19.

Hoffmann, Birgit, Perspektiven von Vormundschaft und Pflegschaft – Anregungen aus der Betreuung, JAmt 2005, S. 113 – 119.

Hohloch, Gerhard, Adoption des nichtehelichen Enkelkindes durch die Großeltern, JuS 1996, S. 1033 – 1034.

Hölzel, Wolf-Michael, Verfahren nach §§ 2 und 3 AdWirkG – Gerichtliche Feststellung der Anerkennung ausländischer Adoptionen und Umwandlung schwacher Auslandsadoptionen, StAZ 2003, S. 289 – 296.

Isensee, Josef/**Kirchhof**, Paul, Handbuch des Staatsrechts der Bundesrepublik Deutschland, Heidelberg 1988 (zit.: *Isensee/Kirchhof/Bearbeiter*, § Rn.).

Jakobs, Horst Heinrich/**Schubert**, Werner, Die Beratung des Bürgerlichen Gesetzbuchs in systematischer Zusammenstellung der unveröffentlichten Quellen, Familienrecht II, §§ 1564 – 1921, Berlin, New York 1989.

Jarass, Hans D./**Pieroth**, Bodo, Grundgesetz für die Bundesrepublik Deutschland, 13. Auflage, München 2014 (zit.: *Jarass/Pieroth/Bearbeiter*, GG, Art. Rn.).

Jordan, Peter, Heilung des Mangels des Altersunterschiedes nach § 180 Abs. 2 ABGB, ÖA 1992, S. 43 – 48.

Kaindl, Markus/**Schipfer**, Rudolf Karl, Familien in Zahlen 2014, Statistische Informationen zu Familien in Österreich, Wien 2014 (Österreichisches Institut für Familienforschung).

Kaiser, Dagmar/**Schnitzler**, Klaus/**Friederici**, Peter/**Schilling**, Roger, BGB Familienrecht, Nomos Kommentar, Band 4: §§ 1297 – 1921, 3. Auflage, Baden-Baden 2014 (zit.: *Kaiser/Schnitzler/Friederici/Schilling/Bearbeiter*, Familienrecht, § Rn.).

Kaser, Max/**Knütel**, Rolf, Römisches Privatrecht: Ein Studienbuch, 20. Auflage, München 2014.

Klöpfer, Michael, Der Vorbehalt des Gesetzes im Wandel, JZ 1984, S. 685 – 695.

Knur, Alexander, Die Reform des Adoptionsrechts, DNotZ 1962, S. 571 – 591.

Knur, Alexander, Zur Reform der Adoption Volljähriger, DNotZ 1959, S. 284 – 304.

Knütel, Rolf, Rechtseinheit in Europa und römisches Recht, ZEuP 1994, S. 244 – 276.

Kodek, Georg/**Schwimann**, Michael, ABGB, Praxiskommentar, Band 1: §§ 1 – 284 ABGB, 4. Auflage, Wien 2012 (zit.: *Kodek/Schwimann/Bearbeiter*, § Rn.).

Kodek, Georg/**Schwimann**, Michael, ABGB, Praxiskommentar, Band 1 a, Ergänzungsband zu Band 1: KindNamRÄG 2013, 5. Auflage, Wien 2013 (zit.: *Kodek/Schwimann/Bearbeiter*, § Rn.).

Kolmasch, Wolfgang, Starrer Mindestaltersunterschied bei der Adoption verfassungswidrig, ZaK 2015/74, 17.2.2015 Heft 3/15.

König, Norbert, Die Annahme eines Kindes im Ausland: Zur Anerkennung und Wirkung ausländischer Adoptionsentscheidungen in der Bundesrepublik Deutschland, Diss. Freiburg, Berlin 1979.

Kroppenberg, Inge, Adoptio naturam imitatur – Grenzfragen der Annahme als Kind in historisch-dogmatischem Kontext, Artikel vom 19.3.2012, in: forum historiae iuris. (zit.: *Kroppenberg*, http://www.forhistiur.de/zitat/1203kroppenberg.htm, Rn.).

Kroppenberg, Inge, Unvereinbarkeit des Verbots der sukzessiven Stiefkindadoption durch eingetragene Lebenspartner mit dem Grundgesetz, NJW 2013, 2161 – 2163.

Kurtz, Diana-Catharina, Das Institut der Adoption im preußischen Allgemeinen Landrecht und im französischen Code civil zwischen Rezeption römisch-katholischer Prinzipien und verändertem Familienverständnis, Diss. Kiel, Frankfurt am Main 2006.

Lauff, Werner/**Arnold**, Matthias, Der Gesetzgeber und das „Retortenbaby“: Rechtspolitische Probleme der In-Vitro-Fertilisation, ZRP 1984, S. 279 – 283.

Leavy, Morton L./**Weinberg**, Roy David, Law of Adoption, fourth edition, Dobbs Ferry, N.Y. 1979.

Lecheler, Helmut, Der Schutz der Familie: Fehlentwicklungen bei der Konkretisierung eines Grundrechts, FamRZ 1979, S. 1 – 8.

Lienbacher, Georg/**Wielinger**, Gerhard, Öffentliches Recht: Jahrbuch 2011, Wien 2011 (zit.: *Bearbeiter*, in: Öffentliches Recht, Jahrbuch 2011, S.).

Lipp, Martin/**Wagenitz**, Thomas, Das neue Kindschaftsrecht, Kommentar, Stuttgart 1999.

Lothar, Michael/**Morlok**, Martin, Grundrechte, 4. Auflage, Baden-Baden 2014.

Lüderitz, Alexander, Das neue Adoptionsrecht, NJW 1976, S. 1865 – 1871.

Lüderitz, Alexander, Die Rechtsstellung ehelicher Kinder nach Trennung ihrer Eltern im künftigen Recht der Bundesrepublik Deutschland, FamRZ 1975, S. 605 – 614.

Lüderitz, Alexander, Verbot von Kinderhandel und Ersatzmuttervermittlung durch Änderung des Adoptionsvermittlungsgesetzes, NJW 1990, S. 1633 – 1636.

Lüderitz, Alexander, Vorschläge zur Auslegung und Änderung des Rechts der Annahme an Kindes Statt, Karlsruhe 1972.

Luther, Gerhard, Das italienische sachliche und internationale Adoptionsrecht nach dem Gesetz vom 4.5.1983, StAZ 1983, S. 333 – 339.

Luthin, Horst, Kinderhandel – Ein Beispiel aus der Praxis –, FamRZ 1991, S. 652 – 653.

Machleid, Wilhelm, Nichtigkeit und Anfechtbarkeit des Adoptionsvertrages: Zur Reform des Adoptionsrechts, FamRZ 1956, S. 361 – 365.

Mangoldt, Hermann von (Begr.)/Klein, Friedrich, Kommentar zum Grundgesetz, Band 1: Präambel, Art. 1 bis 19, 6. Auflage, München 2010 (zit.: *Von Mangoldt/Klein/Bearbeiter*, GG-Kommentar, 6. Auflage, Art. Rn.).

Marquardt, Joachim, Das Privatleben der Römer, Erster Teil: Die Familie, Darmstadt 1964.

Massfeller, Franz, Das gesamte Familienrecht: Sammlung aller familienrechtlichen Vorschriften mit Hinweisen unter besonderer Berücksichtigung des Gleichbehandlungsgesetzes, Berlin 1958.

Maurer, Hans-Ulrich, Das Gesetz zur Regelung von Rechtsfragen auf dem Gebiet der internationalen Adoption und zur Weiterentwicklung des Adoptionsvermittlungsrechts, FamRZ 2003, S. 1337 – 1351.

Mende, Ursula, Neuregelung des Adoptionsrechts, ZblJugR 1970, S. 189 – 196.

Meyer-Ladewig, Jens, EMRK: Europäische Menschenrechtskonvention, Handkommentar, 3. Auflage, Baden-Baden 2011.

Meysen, Thomas, Vormund – Heim/Pflegeperson – ASD: Wer hat hier was zu sagen? Rechte und Pflichten der Beteiligten am Hilfeprozess aus juristischer Sicht, JAmt 2005, S. 105 – 113.

Mommsen, Theodor, Römisches Staatsrecht, Erster Band, 3. Auflage, Basel 1952.

Motive zu dem Entwurfe eines Bürgerlichen Gesetzbuches für das Deutsche Reich, Band 4: Familienrecht, Amtliche Ausgabe, Berlin und Leipzig 1888 (Nachdruck 1983).

Mugdan, Benno, Die gesamten Materialien zum Bürgerlichen Gesetzbuch für das Deutsche Reich, Band 4: Familienrecht, Berlin 1899 (Neudruck 1979).

Münch, Ingo von (Begr.)/Kunig, Philip (Hrsg.), Grundgesetz-Kommentar, Band 1: Präambel bis Art. 69, 6. Auflage, München 2012 (zit.: *Von Münch/Kunig/Bearbeiter*, GG-Kommentar, 6. Auflage, Art. Rn.).

Münchener Kommentar zum Bürgerlichen Gesetzbuch, herausgegeben von Kurt Rebmann, Band 8: Familienrecht II (§§ 1589 – 1921), 3. Auflage, München 1992 (zit.: MüKo-*Bearbeiter*, Familienrecht II, 3. Auflage, § Rn.).

Münchener Kommentar zum Bürgerlichen Gesetzbuch, herausgegeben von Franz Jürgen Säcker und Roland Rixecker, Band 8: Familienrecht II (§§ 1589 – 1921), 6. Auflage, München 2012 (zit.: MüKo-*Bearbeiter*, Familienrecht II, 6. Auflage, § Rn.).

Münchener Kommentar zum Bürgerlichen Gesetzbuch, herausgegeben von Franz Jürgen Säcker, Roland Rixecker und Hartmut Oetker, Band 10: Internationales Privatrecht I, Europäisches Kollisionsrecht, Einführungsgesetz zum Bürgerlichen Gesetzbuche (Art. 1 – 24), 6. Auflage, München 2015 (zit.: MüKo-*Bearbeiter*, Internationales Privatrecht I, 6. Auflage, Art. Rn.).

Muscheler, Karlheinz, Das Recht der Stieffamilie, FamRZ 2004, S. 913 – 921.

Muscheler, Karlheinz, Familienrecht, 3. Auflage, München 2013.

Neukirchen, Christoph, Die rechtshistorische Entwicklung der Adoption, Diss. Köln, Frankfurt am Main 2005.

Niehaus, Frank, Alter und steigende Lebenserwartung: Eine Analyse der Auswirkungen auf die Gesundheitsausgaben, Köln 2006.

Nussberger, Angelika, Altersgrenzen als Problem des Verfassungsrechts, JZ 2002, S. 524 – 532.

Oberloskamp, Helga, Das Märchen von der bösen Stiefmutter, ZKJ 2008, S. 484 – 493.

Oberloskamp, Helga, Die Ersetzung der Einwilligung der leiblichen Eltern in die Annahme ihres Kindes (§ 1748 BGB) – Ein Vergleich der Rechtsprechungspraxis vor und nach der Reform vom 14.8.1973 –, ZblJugR 1980, S. 581 – 598.

Ottnad, Adrian/**Schnabel**, Reinhold, Rente mit 67: Konsequenzen für Versicherte, Rentensystem und Arbeitsmarkt, Deutsches Institut für Altersvorsorge, Köln 2006.

Palandt, Otto, Bürgerliches Gesetzbuch, 76. Auflage, München 2017 (zit.: *Palandt/Bearbeiter*, BGB, 74. Auflage, §/Art. Rn.).

Paulitz, Harald, Adoption: Positionen, Impulse, Perspektiven, 2. Auflage, München 2006.

Paulitz, Harald, Adoption – Reizwort oder Zauberformel?, ZfJ 1997, S. 126 – 132.

Pernice, Alfred, Marcus Antistius Labeo: Das Römische Privatrecht im ersten Jahrhunderte der Kaiserzeit (Theodor Mommsen zum sechzigsten Geburtstag), Band 1, Halle 1873.

Peters, Ernst, Erleichterung der Annahme an Kindes Statt, Der deutsche Rechtspfleger 1950, S. 450 – 454.

Pieroth, Bodo/**Schlink**, Bernhard, Staatsrecht II: Grundrechte, 30. Auflage, Heidelberg 2014.

Pietzcker, Jost, Vorrang und Vorbehalt des Gesetzes, JuS 1979, S. 710 – 715.

Planck, Gottlieb, Familienrecht, Die Vorlagen der Redaktoren für die erste Kommission zur Ausarbeitung des Entwurfs eines Bürgerlichen Gesetzbuches, Familienrecht, Teil 2: Beendigung der Ehe, Recht der Abkömmlinge, Vormundschaftsrecht, herausgegeben von Werner Schubert, Berlin, New York 1983.

Poll, Jens/**Jurisic**, Zaklina, Recht und medizinischer Fortschritt: Die höchstrichterliche deutsche Zivilrechtsprechung zu neuen biomedizinischen Technologien, JR 1999, S. 226 – 234.

Pötzsch, Olga, Geburtenfolge und Geburtenabstand – neue Daten und Befunde, Statistisches Bundesamt, Wirtschaft und Statistik, Wiesbaden 2012.

Pötzsch, Olga, Statistisches Bundesamt: Geburten in Deutschland, Wiesbaden 2012.

Prütting, Hanns (Hrsg.)/**Helms**, Tobias, FamFG: Gesetz über das Verfahren in Familiensachen und in den Angelegenheiten der freiwilligen Gerichtsbarkeit mit Gesetz über Gerichtskosten in Familiensachen, Kommentar (mit Fam GKG), 3. Auflage, Köln 2014 (zit.: *Prütting/Helms/ Bearbeiter*, § Rn.).

Rauscher, Thomas, Familienrecht, 2. Auflage, Heidelberg 2008.

Reinhardt, Jörg/**Kemper**, Rainer/**Weitzel**, Wolfgang, Adoptionsrecht: AdVermiG, AdÜbAG, AdWirkG, BGB, EGBGB, FamFG, Handkommentar, Baden-Baden 2012 (zit.: HK-AdoptR/ *Bearbeiter*, § Rn.).

Reinhardt, Jörg, Die Praxis der Anerkennung ausländischer Adoptionsentscheidungen aus der Sicht der Adoptionsvermittlung, JAmt 2006, S. 325 – 329.

Reinhardt, Jörg, Gewollt oder nicht? Die private Adoption von Kindern aus dem Ausland, ZRP 2006, S. 244 – 247.

Reinhardt, Jörg, Spannungsfeld von Kafala und internationaler Adoptionsvermittlung: Machtwort oder Übergangslösung?, JAmt 2011, S. 180 – 186.

Renner, Günter, Zur aufenthaltsrechtlichen Stellung des von einem deutschen Staatsangehörigen adoptierten Ausländers, ZAR 1981, S. 128 – 134.

RGRK, Das Bürgerliche Gesetzbuch mit besonderer Berücksichtigung der Rechtsprechung des Reichsgerichts und des Bundesgerichtshofes, Kommentar, Band 4, 2. Teil, Familienrecht, 10./11. Auflage, Berlin 1964 (zit.: RGKR/ *Bearbeiter*, 10./11. Auflage, § Anm.).

RGRK, Das Bürgerliche Gesetzbuch mit besonderer Berücksichtigung der Rechtsprechung des Reichsgerichts und des Bundesgerichtshofes, Kommentar, Band 4, 4. Teil, §§ 1741 – 1921, 12. Auflage, Berlin 1999 (zit.: RGRK/ *Bearbeiter*, 12. Auflage, § Rn.).

Rieck, Jürgen, Ausländisches Familienrecht: Eine Auswahl von Länderdarstellungen, 12. Auflage, München 2015 (zit.: *Rieck/Bearbeiter*, Ausländisches Familienrecht, Land, Rn.).

Rieck, Jürgen, Nachbeurkundung einer Auslandsgeburt bei Leihmutterschaft, FamFR 2012, S. 166 – 167.

Roth-Stielow, Klaus, Adoptionsgesetz, Adoptionsvermittlungsgesetz: Kommentar, Stuttgart 1976.

Rummel, Peter, Kommentar zum Allgemeinen Bürgerlichen Gesetzbuch, Wien 2000 (zit.: *Rummel/ Bearbeiter*, § Rn.).

Sachs, Michael, Grundgesetz: Kommentar, 6. Auflage, München 2011 (zit.: *Sachs/ Bearbeiter*, GG, 6. Auflage, Art. Rn.).

Savigny, Friedrich Carl von, System des heutigen Römischen Rechts, Band 3, Berlin 1840 (Nachdruck 1973).

Schlüter, Wilfried, BGB-Familienrecht, 14. Auflage, Heidelberg 2012.

Schmidt-Bleibtreu, Bruno (Begr.)/**Hofmann**, Hans (Hrsg.), GG: Kommentar zum Grundgesetz, 13. Auflage, Köln 2014 (zit.: *Schmidt-Bleibtreu/Hofmann/ Bearbeiter*, GG-Kommentar, 13. Auflage, Art. Rn.).

Schnitzerling, Manfred, Die Fortentwicklung der Adoption seit der Jahrhundertwende, StAZ 1960, S. 57 – 60.

Schnyder, Bernhard, Zur Revision des Vormundschaftsrechts, ZVW 1975, S. 41 – 54.

Schoch, Friedrich (Hrsg.), Besonderes Verwaltungsrecht, 15. Auflage, Berlin 2013 (zit.: *Schoch/Bearbeiter*, Besonderes Verwaltungsrecht, x. Kapitel, Rn.).

Schubert, Werner, Die Projekte der Weimarer Republik zur Reform des Nichtehelichen-, des Adoptions- und des Ehescheidungsrechts, Paderborn u.a. 1986.

Schuhmacher, Klaus, Fortpflanzungsmedizin und Zivilrecht, FamRZ 1987, S. 313 – 324.

Schwab, Dieter, Familienrecht, 22. Auflage, München 2014.

Schwarzhaupt, Elisabeth, Das Familienrechtsänderungsgesetz von 1961, Teil 1: Änderungen des Bürgerlichen Rechts, FamRZ 1961, S. 329 – 332.

Schweizerische Landeskonferenz für Sozialwesen: Kommission Familienrecht, Kindes- und Adoptionsrecht, Zürich 1981 (zit.: *Bearbeiter*, Titel, in: Kindes- und Adoptionsrecht, S.).

Siems, Dorothea, Justizministerin plant liberaleres Adoptionsrecht, in: „Die Welt" vom 29.5.2010 (zit.: *Siems*, in: „Die Welt" vom 29.5.2010).

Soergel, Hans Theodor, Bürgerliches Gesetzbuch mit Einführungsgesetz und Nebengesetzen, Band 19/1, Familienrecht 3/1: §§ 1589 – 1615 n, 13. Auflage, Stuttgart 2012 (zit.: *Soergel/Bearbeiter*, Familienrecht 3/1, § Rn.).

Soergel, Hans Theodor, Bürgerliches Gesetzbuch mit Einführungsgesetz und Nebengesetzen, Band 20, Familienrecht 4: §§ 1741 – 1921, 13. Auflage, Stuttgart 2000 (zit.: *Soergel/Bearbeiter*, Familienrecht 4, § Rn.).

Statistisches Bundesamt, Bevölkerung und Erwerbstätigkeit, Statistik der rechtskräftigen Beschlüsse in Eheauflösungssachen (Scheidungsstatistik), Fachserie 1 Reihe 1.4, Wiesbaden 2014.

Statistisches Bundesamt, Frauen schieben Familiengründung länger auf, „Zeit" vom 8.12.2014 (zit.: Statistisches Bundesamt, in: „Zeit" vom 8.12.2014).

Staudinger, Julius von, Kommentar zum Bürgerlichen Gesetzbuch mit Einführungsgesetz und Nebengesetzen, Buch 1: Allgemeiner Teil, §§ 134 – 163 (Allgemeiner Teil 4), Neubearbeitung 2007, Berlin 2003 (zit.: *Staudinger/ Bearbeiter*, Allgemeiner Teil, § Rn.).

Staudinger, Julius von, Kommentar zum Bürgerlichen Gesetzbuch mit Einführungsgesetz und Nebengesetzen, IV. Band: Familienrecht, Teil 3 b: §§ 1705 – 1921,

10./11. Auflage, Berlin 1969 (zit.: *Staudinger/Bearbeiter*, Adoption, 10./11. Auflage, § Rn.).

Staudinger, Julius von, Kommentar zum Bürgerlichen Gesetzbuch mit Einführungsgesetz und Nebengesetzen, Buch 4: Familienrecht, §§ 1741 – 1772 (Adoption), Neubearbeitung, Berlin 2007 (zit.: *Staudinger/Bearbeiter*, Adoption, § Rn.).

Staudinger, Julius von, Kommentar zum Bürgerlichen Gesetzbuch mit Einführungsgesetz und Nebengesetzen, Buch 4: Familienrecht, §§ 1773 – 1895 (Vormundschaftsrecht), Neubearbeitung, Berlin 2014 (zit.: *Staudinger/Bearbeiter*, Vormundschaftsrecht, § Rn.).

Staudinger, Julius von, Kommentar zum Bürgerlichen Gesetzbuch mit Einführungsgesetz und Nebengesetzen, Einführungsgesetz zum Bürgerlichen Gesetzbuche/IPR: Art. 19 – 24 EGBGB; ErwSÜ (Internationales Kindschaftsrecht, Erwachsenenschutzübereinkommen), Neubearbeitung, Berlin 2014 (zit.: *Staudinger/Bearbeiter*, Art. Rn.).

Steiger, Thomas, Das neue Recht der internationalen Adoption und Adoptionsvermittlung: Einführung, Erläuterung, Materialien, Köln 2002.

Stettler, Martin, Traité de droit privé suisse, Vol. III, tome II, 1, Le droit suisse de la filiation, Fribourg Suisse 1987.

Studie des Instituts für soziale Arbeit (ISA) e.V. zur Vormundschaft in Deutschland, Reformbedarf bei Amtsvormundschaften: Mangel an fachlichen Standards und verlässlicher Betreuung, JAmt 2004, S. 228 – 229.

Süß, Rembert, Ratifikation der Haager Adoptionskonvention – Folgen für die notarielle Praxis, MittBayNot 2002, S. 88 – 92.

Umbach, Dieter/**Clemens**, Thomas, Grundgesetz: Mitarbeiterkommentar und Handbuch, Band 1: Art. 1 – 37 GG, Heidelberg 2002 (zit.: *Umbach/Clemens/Bearbeiter*, Art. Rn.).

Verbrugge, Lois M., Long Live but Worsening Health? Trends in Health and Mortality of Middle-aged and Older Persons, in: Milbank Memorial Fund Quarterly, 62, 1984, S. 195 – 233.

Wehr, Matthias, Grundfälle zu Vorrang und Vorbehalt des Gesetzes, JuS 1997, S. 419 – 424.

Weinreich, Gerd (Hrsg.)/**Klein**, Michael, Fachanwaltskommentar Familienrecht, 5. Auflage, Köln 2013 (zit.: *Weinreich/Klein/Bearbeiter*, Fachanwaltskommentar Familienrecht, 5. Auflage, § Rn.).

Weitzel, Wolfgang, Das Haager Adoptionsübereinkommen vom 29.5.1993: Zur Interaktion der zentralen Behörden, NJW 2008, S. 186 – 190.

Wilms, Heinrich, Staatsrecht II: Grundrechte, Stuttgart 2010.

Winroither, Eva/**Weiser**, Ulrike, Adoption: Der lange Weg zum Kind, „Die Presse" vom 15.3.2014 (zit.: *Winroither/Weiser*, in: „Die Presse" vom 15.3.2014).

Zimmermann, Michael J., Internationale Adoptionen, Verfahren und materielle Anforderungen – Teil 2, NZFam 2016, S. 249 – 254.

Zur Nieden, Margarete, Mängel des Adoptionsrechts, FamRZ 1956, S. 68 – 70.

Abkürzungsverzeichnis

a.A.	andere Ansicht/Auffassung
ABGB	Österreichisches Allgemeines Bürgerliches Gesetzbuch
Abs.	Absatz
a.F.	alte Fassung
AdoptG	Adoptionsgesetz
Adoptions-VO	Adoptionsverordnung
AdoV	Adoptionsverordnung
AdÜbAG	Adoptionsübereinkommens-Ausführungsgesetz
AdVermiG	Adoptionsvermittlungsgesetz
AdWirkG	Adoptionswirkungsgesetz
AEUV	Vertrag über die Arbeitsweise der europäischen Union
AG	Amtsgericht
AGJ	Arbeitsgemeinschaft der Jugendämter
AGJJ	Arbeitsgemeinschaft für Jugendpflege und Jugendfürsorge
Alt.	Alternative
AmtlBull	Amtliches stenographisches Bulletin der Bundesversammlung
NR	Nationalrat
StR	Ständerat
Anm.	Anmerkung
Art.	Artikel
BayObLG	Bayerisches Oberstes Landesgericht
BBl	Bundesblatt
BEEG	Gesetz zum Elterngeld und zur Elternzeit
BGB	Bürgerliches Gesetzbuch
BGB-E	Entwurf eines neuen Bürgerlichen Gesetzbuches
BGBl. I, II	Bundesgesetzblatt mit oder ohne Ziffer = Teil 1; mit II = Teil II
BGE	Schweizerisches Bundesgericht
BGer	Schweizerisches Bundesgericht
BGH	Bundesgerichtshof
BGHZ	Entscheidungen des Bundesgerichtshofs in Zivilsachen
BlgNR	Beilagen zu den stenographischen Protokollen des Nationalrats
BMJ	Bundesministerium der Justiz
BT-Drucks.	Bundestags-Drucksache

BtG	Betreuungsgesetz
BVerfG	Bundesverfassungsgericht
BVerfGE	Entscheidungen des Bundesverfassungsgerichts
BVerwG	Bundesverwaltungsgericht
BVerwGE	Entscheidungen des Bundesverwaltungsgerichts
BVG	Bundesverfassungsgesetz
CC	Code Civil
CDU	Christlich Demokratische Union
DAVorm	Der Amtsvormund
DDR	Deutsche Demokratische Republik
DIV	Deutsches Institut für Vormundschaftswesen e.V.
DJT	Deutscher Juristentag
DIJuF	Deutsches Institut für Jugendhilfe und Familienrecht e.V.
EFG	Entscheidungen der Finanzgerichte
EF-Z	Zeitschrift für Ehe- und Familienrecht
EG	Europäische Gemeinschaft
EGBGB	Einführungsgesetz zum Bürgerlichen Gesetzbuch
EGMR	Europäischer Gerichtshof für Menschenrechte
EMRK	Europäische Menschenrechtskonvention
ErläutRV	Erläuterungen zur Regierungsvorlage
ESchG	Embryonenschutzgesetz
EU	Europäische Union
EuAdAb	Europäisches Adoptionsübereinkommen
EuGH	Europäischer Gerichtshof
EuGHMR	Europäischer Gerichtshof für Menschenrechte
EU-GRC	Europäische Grundrechtecharta
e.V.	eingetragener Verein
f., ff.	folgende
FamFG	Gesetz über das Verfahren in Familiensachen und in den Angelegenheiten der freiwilligen Gerichtsbarkeit
FamFR	Zeitschrift für Familienrecht und Familienverfahrensrecht
FamRÄndG	Familienrechtsänderungsgesetz
FamRZ	Zeitschrift für das gesamte Familienrecht
FG	Finanzgericht
FGPrax	Praxis der Freiwilligen Gerichtsbarkeit
FN/Fn	Fußnote
FPR	Familie, Partnerschaft, Recht
FS	Festschrift

GG	Grundgesetz
GP	Gesetzgebungsperiode
HAÜ	Haager Übereinkommen über den Schutz von Kindern und die Zusammenarbeit auf dem Gebiet der internationalen Adoption
Hs.	Halbsatz
i.d.F.	in der Fassung
IPRax	Praxis des Internationalen Privat- und Verfahrensrecht
IPRspr	Die deutsche Rechtsprechung auf dem Gebiet des internationalen Privatrechts
i.V.m.	in Verbindung mit
JAmt	Das Jugendamt
JMinBl	Justizministerialblatt
JR	Juristische Rundschau
Jura	Juristische Ausbildung
JuS	Juristische Schulung
JZ	Juristenzeitung
KG	Kammergericht
KindNamRÄG	Kindschafts- und Namensrechtsänderungsgesetz
KindRG	Kindschaftsrechtsreformgesetz
KRK	Kinderrechtskonvention der Vereinten Nationen
KSchG	Gesetz zum Schutze von Kindern und Jugendlichen ohne Vormund
KSÜ	Haager Minderjährigenschutzübereinkommen
LG	Landesgericht/Landgericht (Deutschland)
LGZ	Landesgericht für Zivilsachen
LPartG	Lebenspartnerschaftsgesetz
LS	Leitsatz
Mitt.	Mitteilung
MittAGJJ	Mitteilungen der Arbeitsgemeinschaft für Jugendhilfe und Jugendfürsorge
MittBayNot	Mitteilungen des Bürgerlichen Notarvereins, der Notarkasse und der Landesnotarkasse Bayern
mwN	mit weiteren Nachweisen
n. Chr.	nach Christus
NEhelG	Gesetz über die rechtliche Stellung der nichtehelichen Kinder
n.F.	neue Fassung
NJW	Neue Juristische Wochenschrift

NJWE-RR	NJW-Rechtsprechungsreport
No	Number
NotBZ	Zeitschrift für notarielle Beratungs- und Beurkundungspraxis
Nr.	Nummer
ÖA	Der österreichische Amtsvormund, Fachzeitschrift für Vormundschaftswesen und Jugendwohlfahrt
OGer	Obergericht (gefolgt von der amtlichen Abkürzung des Kantons (Bsp.: OGer ZH)
ÖJZ	Österreichische Juristen-Zeitung
OGH	Oberster Gerichtshof
OLG	Oberlandesgericht
Pra	Die Praxis des Bundesgerichts
RGBl	Reichsgesetzblatt
Rn.	Randnummer
Rspr.	Rechtsprechung
sec.	section
S.	Satz
SGB VIII	Sozialgesetzbuch Achtes Buch – Kinder- und Jugendhilfe
SJZ	Schweizerische Juristenzeitung (Zürich)
SPD	Sozialdemokratische Partei Deutschlands
StAZ	Das Standesamt
SZ	Süddeutsche Zeitung
UN	United Nations (Vereinte Nationen)
USA	United States of America (Vereinigte Staaten von Amerika)
USC	Universität von Südkalifornien
VfGH	Verfassungsgerichtshof
VfSlg	Sammlung der Erkenntnisse und wichtigen Beschlüsse des Verfassungsgerichtshofes
VG	Verwaltungsgericht
vgl.	vergleiche
VN	Vereinte Nationen
Vor	Vorbemerkung
VwVfG	Verwaltungsverfahrensgesetz
Zak	Zivilrecht aktuell
z.B.	zum Beispiel
ZblJugR	Zentralblatt für Jugendrecht und Jugendwohlfahrt
ZEuP	Zeitschrift für Europäisches Privatrecht
ZfJ	Zentralblatt für Jugendrecht

ZGB	Schweizerisches Zivilgesetzbuch
ZGB TUR	Türkisches Zivilgesetzbuch
Ziff.	Ziffer
ZJK	Zeitschrift für Kindschaftsrecht
ZRP	Zeitschrift für Rechtspolitik
ZSR	Zeitschrift für Sozialreform, Zeitschrift für schweizerisches Recht
ZVW	Zeitschrift für Vormundschaftswesen
ZZW	Zeitschrift für Zivilstandswesen

A. Einleitung

„Adoptio naturam imitatur".[1] Dieser Grundsatz, der aus dem Römischen Recht stammt und demzufolge „die Adoption die Natur nachahmen solle", hat auch heute noch einen erheblichen Einfluss auf das Adoptionsverfahren.

Seitdem das Bürgerliche Gesetzbuch in Kraft getreten ist, hat sich die soziale Bedeutung des Adoptionsrechts grundlegend geändert. Die Annahme eines Kindes verfolgt nicht mehr den Zweck, Fortbestand des Namens und des Vermögens zu sichern, sondern dem Kind eine harmonische und lebenstüchtige Familie zu bieten, in der es mit der notwendigen Geborgenheit und den besten Entwicklungsbedingungen heranwachsen kann, was ihm in seiner Ursprungsfamilie verwehrt wurde.[2] Die Adoption ist damit ein Rechtsinstitut, um Kindern, die in verarmten und sozial prekären Verhältnissen aufwachsen, ein Leben jenseits dieser Umstände zu ermöglichen. Immer wieder kommt es vor, dass Kinder in Familien leben, in denen sie vernachlässigt oder misshandelt werden. Betrachtet man darüber hinaus die kriegsverbrecherischen und gewalttätigen Vorkommnisse in zahlreichen afrikanischen und asiatischen Staaten, zeigt sich, dass Handlungsbedarf besteht und alles Erforderliche getan werden muss, um möglichst vielen Kindern ein stabiles und fürsorgliches Umfeld in einkommensstärkeren Familien zu verschaffen. Möglich machen dies die Inlands- und Auslandsadoption. Die rechtlichen Adoptionsvoraussetzungen werden durch das BGB bereitgehalten. Die Annahme als Kind ist zulässig, wenn sie dem Wohl des Kindes dient und zu erwarten ist, dass zwischen dem Annehmenden und Anzunehmenden ein Eltern-Kind-Verhältnis entsteht (§ 1741 Abs. 1 S. 1 BGB). Dieser Grundsatz muss von den Adoptionsvermittlungsstellen und den Familiengerichten bei jedem Adoptionsverfahren beachtet werden. Die Annahme Volljähriger ist eine gesetzliche Ausnahme, die eigenen und strengeren Voraussetzungen unterliegt (§§ 1767 ff. BGB).[3] So kann ein Volljähriger nur dann als Kind angenommen werden, wenn die Annahme sittlich gerechtfertigt ist; dies ist insbesondere anzunehmen, wenn zwischen dem Annehmenden und dem Anzunehmenden ein Eltern-Kind-Verhältnis bereits entstanden ist (§ 1767 I). § 1741 Abs. 1 S. 1 und § 1767 Abs. 1 BGB zeigen, dass der Gesetzgeber großen Wert auf das Kindeswohl und das Vorhandensein eines Eltern-Kind-Verhältnisses legt.

---

1 Inst. 1, 11, 4 „adoptio enim naturam imitatur…"; sowie D. 1, 7, 40, 1.

2 BT-Drucks. 7/3061, S. 1.

3 *Muscheler*, Familienrecht, § 41 Rn. 707.

Eine Adoption ist aus der Sicht der Adoptiveltern immer mit positiven und zugleich mit negativen Erfahrungen verbunden: Positiv in dem Sinne, dass der Kinderwunsch verheirateter Paare, die auf natürlichem Wege keine Kinder bekommen können, Lebenswirklichkeit wird; negativ in dem Sinne, dass sich das gesamte Adoptionsverfahren über mehrere Jahre hinweg erstrecken kann und dass ein etwaiger erfolgreicher Ausgang stets unsicher ist. Außerdem stammt das potentielle Adoptivkind gegebenenfalls aus einer Ursprungsfamilie, die nicht in der Lage war, sich um dessen Bedürfnisse zu kümmern und mit der es möglicherweise traumatische Erlebnisse verbindet. Insbesondere deshalb ist es die Aufgabe der Adoptionsvermittlungsstellen, geeignete Eltern für das Kind zu finden. Dazu müssen sich die Adoptionsvermittlungsstellen anhand von unterschiedlichen Qualifikationsmerkmalen ein umfassendes Bild von den Adoptionsbewerbern machen, damit das Kind anschließend von einem geeigneten Adoptionspaar aufgenommen werden kann, bei dem es die Geborgenheit findet, die es für seine Entwicklung benötigt.[4] Das Kindeswohl – unter anderem in § 1666 BGB normiert – stellt hierbei das höchste Gebot dar. Die einzelnen persönlichen Merkmale sind – bis auf wenige Ausnahmen – im BGB gesetzlich nicht geregelt. Eine der Ausnahmen betrifft das Mindestalter, das in § 1743 BGB fixiert ist. Danach muss der Annehmende das 25., in den Fällen des § 1741 Abs. 2 S. 3 BGB das 21. Lebensjahr vollendet haben (§ 1743 S. 1 BGB). In den Fällen des § 1741 Abs. 2 S. 2 muss ein Ehegatte das 25. Lebensjahr, der andere Ehegatte das 21. Lebensjahr erreicht haben (§ 1743 S. 2 BGB).

Dem Wortlaut des § 1743 BGB nach existiert im deutschen Rechtssystem eine den Mindestaltersabstand (so § 1744 BGB a.F.) und die Höchstaltersgrenze betreffende Regelung bislang nicht. In der Praxis obliegt den Adoptionsvermittlungsstellen ein gewisser Gestaltungsspielraum. In Bezug auf die Höchstaltersgrenze gilt eine Empfehlung der Bundesarbeitsgemeinschaft der Landesjugendämter, wonach der Adoptionsantrag abzulehnen ist, wenn der Altersabstand zwischen den potentiellen Adoptiveltern und dem Kind größer als 40 Jahre ist.[5] Die Adoptionsvermittlungsstellen folgen also beim Höchstalter strengen „Maßstäben", sodass ältere Menschen demgemäß immer geringere Chancen auf einen erfolgreichen Ausgang eines Adoptionsverfahrens haben. Die Große Koalition hält die jetzige Rechtslage ausdrücklich für reformbedürftig. Infolgedessen haben CDU,

---

4 BT-Drucks. 7/3061, S. 15.

5 Empfehlungen zur Adoptionsvermittlung, 6. Auflage, 6.4.2.2. Alter, S. 27 (abrufbar unter: http://www.bagljae.de/downloads/109_empfehlungen-adoptionsvermittlung_2009.pdf {zuletzt am 7.5.2017}); vgl. auch OLG Oldenburg vom 3.11.1995 – 5 W 187/95 = FamRZ 96, 895.

CSU und SPD am 27. November 2013 in ihrem Koalitionsvertrag vereinbart, dass sie unter Berücksichtigung von Kindeswohlgesichtspunkten das Adoptionsverfahren weiterentwickeln, das Adoptionsvermittlungsgesetz modernisieren und die Strukturen der Adoptionsvermittlung stärken wollen.[6] Zwar hat es schon seit mehr als 40 Jahren zahlreiche Gesetzesmodifizierungen gegeben, um das Adoptionsrecht zu reformieren und das Hauptaugenmerk stärker auf das Kindeswohl zu richten; doch deren erfolgreiche Umsetzung tangierte indessen lediglich einzelne Abschnitte.[7] Ein einheitliches Meinungsbild zu dem Problem der Altersgrenzen hat sich seither nicht herausbilden können.

Die prekäre Situation älterer Adoptionsbewerber verdeutlicht zudem ein Blick auf die gegenwärtigen Adoptionsstatistiken. Betrachtet man nämlich die aktuellen Adoptionszahlen des Statistischen Bundesamtes, dann zeigen diese, dass im Vergleich zu den letzten Jahren insgesamt ein Rückgang zu verzeichnen ist: Die Zahl der Adoptionen ist im Jahr 2013 auf insgesamt 3793 zurückgegangen, nachdem im Jahr 2012 insgesamt 3886 Adoptionen durchgeführt worden sind, also 2,4 % mehr als im Jahr 2013.[8] Dies verwundert in Anbetracht der Tatsache, dass mit der Modifizierung des Adoptionsrechts zum 1.1.1977 ein signifikanter Adoptionsanstieg einherging. Denn im Jahre 1978 wurden 11224 Adoptionen registriert;[9] verglichen mit den heutigen Zahlen ist ein Rückgang von etwa 66 % zu verzeichnen. Den statistischen Erhebungen zufolge übersteigt die Adoptionsbewerberzahl erkennbar die Anzahl an Kindern, die für eine Vermittlung in Frage kommen.[10] Dies macht es für die Vermittlungsstellen umso schwieriger,

---

6 Siehe Koalitionsvertrag zwischen CDU, CSU und SPD, S. 99 (abrufbar unter: http://www.bundesregierung.de/Content/DE/_Anlagen/2013/2013-12-17-koalitionsvertrag.pdf;jsessionid=6451F89AD932E859696C036315836D69.s1t1?__blob=publicationFile&v=2 {zuletzt am 7.5.2017}).

7 BT-Drucks. 7/3061, S. 15.

8 Statistisches Bundesamt, Statistik der Adoptionen, Wiesbaden 2015 (abrufbar unter: https://www-genesis.destatis.de/genesis/online/link/tabelleErgebnis/22521-0001 {zuletzt am 7.5.2017}); 3132 Inlandsadoptionen (2012: 3085) und 661 Auslandsadoptionen (2012: 801). Den weiteren Rücklauf der Adoptionszahlen zeigen auch statistische Erhebungen des Bundesamtes für die Berichtsjahre 2010 (4021 Adoptionen) und 2011 (4060 Adoptionen).

9 *Evers/Friedemann*, Handbuch der Adoption, S. 53.

10 Vgl. Übersicht bei MüKo-*Maurer*, Familienrecht II, Vor § 1741 Rn. 7; Vgl. auch statistische Erhebungen des Bundesamtes (abrufbar unter: https://www.destatis.de/DE/PresseService/Presse/Pressemitteilungen/2014/08/PD14_275_225.html{zuletzt am 7.5.2017}): Am Jahresende 2013 waren insgesamt 817 Kinder und Jugendliche für eine Adoption vorgemerkt (2012 sogar 959). Die Bewerberzahl belief sich im

den Anforderungen entsprechende Adoptionsbewerberpaare für das zu adoptierende Kind zu finden. Diese Prämisse gilt vor allen Dingen für unter dreijährige Kinder,[11] die von Fremden adoptiert werden. Es stellt sich die Frage, womit dieser kontinuierliche Adoptionsrückgang zusammenhängt. Ein Grund kann die generelle Abnahme der Zahl der Geburten sein: Der Kinderwunsch ist heutzutage nicht mehr so groß, wie das früher noch der Fall war. Dies hat zur Folge, dass es weniger Kinder gibt, die vermittelt werden können. Außerdem entscheiden sich Ehepaare oder alleinstehende und ungewollt schwanger gewordene Frauen des Öfteren bewusst gegen die Weggabe des Kindes: das liegt vor allem daran, dass es zahlreiche staatliche Einrichtungen gibt, auf deren Unterstützung Verlass ist (beispielsweise durch Kinder- und Jugendhilfen). Auch die Zahl der Abtreibungen nimmt immer weiter ab, da der Staat stets darum bemüht ist, der jüngeren Generation gegenüber seiner Aufklärungspflicht in Bezug auf Verhütungstechniken nachzukommen. Darüber hinaus darf nicht außer Acht gelassen werden, dass mit der stets zunehmend begehrten Stiefkind- und Verwandtenadoption die Fremdadoption gleichzeitig an Bedeutung verliert.[12] Im Jahr 2013 waren mehr als 59 % der Adoptionen Stiefkindadoptionen (2232).[13] Lediglich 38 % der Adoptionen waren Fremdadoptionen, also Adoptionen, bei denen keinerlei verwandtschaftliche Beziehungen zwischen dem Annehmenden und Anzunehmenden bestehen (1448).[14] Der Anteil an Verwandtenadoptionen beläuft sich auf insgesamt 3 % (113).[15] Schließlich kann Anlass für den Adoptionsrückgang das Zurückstellen der Kinderwünsche junger Männer und Frauen aus karrieretechnischen Gründen sein, um zunächst eine finanzielle Grundlage zu schaffen. Nach den Erhebungen des Statistischen Bundesamtes zu den Geburten in Deutschland waren verheiratete Mütter im Jahre 2009 bei der Geburt ihres ersten Kindes durchschnittlich 29,98 Jahre alt, 2011 dagegen durchschnittlich

Jahr2013 auf 5362 (2012: 5671). Daraus folgt, dass es 2013 pro Kind sieben (2012: 6) Bewerbungen gab.

11 Vgl. statistische Erhebungen des Bundesamtes: Insgesamt 35 % der Kinder waren im Jahr 2013 im Zeitpunkt der Adoption unter drei Jahre alt (2012: 34 %). Hier bestehen erhebliche Differenzierungen im Hinblick auf die Frage, ob zwischen dem Kind und den Adoptiveltern ein Verwandtschaftsverhältnis besteht oder nicht. Der Anteil an Fremdadoptionen von unter dreijährigen Kindern lag im Jahr 2013 bei 64 %, der Anteil an Stiefkind- oder Verwandtenadoptionen insgesamt bei 16 %.

12 Detaillierte statistische Hinweise in *Staudinger/Frank*, Adoption, Vor §§ 1741 ff. Rn. 28 und § 1767 Rn. 4.

13 Im Jahr 2012 mit 2215 Stiefkindadoptionen 57 %.

14 Im Jahr 2012 mit 1543 Fremdadoptionen immerhin 40 %.

15 Im Jahr 2012 mit 128 Verwandtenadoptionen ebenfalls 3 %.

30,13 Jahre.[16] Infolgedessen sind Mütter heute bei der ersten Geburt durchschnittlich fünf Jahre älter als in den 1960er Jahren.[17] Diese Statistik zeigt, dass der Kinderwunsch in der heutigen Gesellschaft oft erst im fortgeschrittenen Alter aufkommt. Diese Befunde dokumentieren auch, dass die Höchstaltersgrenze, die keine Gesetzesgrundlage hat, sondern einer Handhabung der Adoptionsvermittlungsstellen entspringt, für potentielle Adoptionsbewerber eine erhebliche Rechtsunsicherheit darstellt.

Vor diesem Hintergrund ist es ein Desiderat, Mindest- und Höchstalter sowie den Mindestaltersabstand genauer zu untersuchen. Dabei wird besonderes Augenmerk auf die Frage gerichtet, ob die aktuellen Altersgrenzen reformbedürftig sind.

Ausgangspunkt der Arbeit bildet das Verständnis des Adoptionsrechts im Zeitpunkt des Inkrafttretens des BGB. Es sollen die verschiedenen Altersstufen, die im Laufe der Zeit mit den vereinzelten Reformen des Adoptionsrechts einhergegangen sind, dargelegt und die entsprechenden Intentionen des Gesetzgebers herausgearbeitet werden. Hierbei scheint dem Umstand, dass bereits vor dem Inkrafttreten des Bürgerlichen Gesetzbuches ein Mindestalter für Adoptionswillige bestand, eine beträchtliche Rolle zuzukommen. Denn bereits vor dem Inkrafttreten des BGB musste ein Adoptionsbewerber mindestens 50 Jahre alt sein, um erst in den Kreis der Qualifizierten zu gelangen. Heute hat sich diese Rechtslage gänzlich geändert: Gemäß § 1743 S. 1 BGB muss der Annehmende das 25., in den Fällen des § 1741 Abs. 2 S. 3 das 21. Lebensjahr vollendet haben. Vergleicht man die Ursprungsregelung mit der heutigen, dann zeigt sich, dass der Gesetzgeber mit der Adoption früher eine vollkommen andere Intention verfolgte als heute. Die ursprüngliche Fassung sollte eindeutig den Adoptiveltern zugutekommen: Derjenige, der Kinderlosigkeit als Mangel empfand, sollte neben altruistischen Motiven seine Zuneigung einem Wahlverwandten schenken und in ihm Namen und das Lebenswerk fortwirken lassen oder einem leiblichen Kind ein Geschwister verschaffen können.[18] Derartige Eigeninteressen werden mit der

16 *Emmerling*, Geburten, Sterbefälle, Eheschließungen 2011, Statistisches Bundesamt, Wirtschaft und Statistik, Dezember 2012, S. 1065, 1067 (abrufbar unter: https://www.destatis.de/DE/Publikationen/WirtschaftStatistik/Bevoelkerung/GeburtenSterbefaelleEhe2011_122012.pdf?__blob=publicationFile {zuletzt am 7.5.2017}).

17 *Pötzsch*, Statistisches Bundesamt, Geburten in Deutschland – Ausgabe 2012, S. 10 ff. (abrufbar hier: https://www.destatis.de/DE/Publikationen/Thematisch/Bevoelkerung/Bevoelkerungsbewegung/BroschuereGeburtenDeutschland0120007129004.pdf?__blob=publicationFile {zuletzt am 7.5.2017}).

18 MüKo-*Maurer*, Familienrecht II, Vor § 1741 Rn. 2.

heute geltenden gesetzlichen Normierung nicht mehr bezweckt. Das Adoptionsrecht in seiner jetzigen, durch das AdoptG von 1976 geprägten Fassung ist daher ausschließlich auf die Belange des Anzunehmenden zugeschnitten;[19] wie § 1741 Abs. 1 S. 1 zeigt, steht im Adoptionsrecht das Kindeswohl an oberster Stelle.

§ 1743 BGB hat außerdem einen Funktionswandel durchlaufen, der mit unterschiedlichen gesellschaftspolitischen Intentionen einherging. Infolgedessen sind bei der Untersuchung auch sämtliche gesellschaftliche Entwicklungen zu berücksichtigen, die das Adoptionsrechtsinstitut erheblich mit beeinflussten. Wesentlich für das Verständnis des § 1743 BGB ist in diesem Zusammenhang auch das Familienverhältnis, das der Adoption zugrunde liegt.

Gegenstand der Arbeit bildet ferner der Mindestaltersabstand zwischen dem Annehmenden und dem Anzunehmenden, der gesetzlich nicht normiert ist. Während bis zum FamRÄndG von 1961 in § 1744 BGB a.F. noch ein Mindestaltersabstand von 18 Jahren festgelegt war, obliegt die Entscheidung heute den Adoptionsvermittlungsstellen. In diesem Zusammenhang werden für unterschiedliche Adoptionsformen entsprechende Empfehlungen der Bundesarbeitsgemeinschaft der Jugendämter festgelegt. Um deren Ausarbeitung soll es hierbei primär gehen.

Einen wichtigen Untersuchungsgegenstand bildet weiterhin das Höchstalter bei der Adoption, zu dem sich noch kein anerkanntes Meinungsbild gebildet hat. Die Arbeit soll an die unterschiedlichen Kommentierungen, die gerichtlichen Entscheidungen und nicht zuletzt an den Meinungsstand der Großen Koalition und die Stellungnahmen der Bundesarbeitsgemeinschaft der Jugendämter anknüpfen. Zudem sollen die Vor- und Nachteile der Höchstaltersgrenze (insbesondere bei der Auslandsadoption: Privatadoption und Leihmutterschaft) gegenübergestellt werden. Dem folgt eine kritische Analyse mit der Höchstaltersgrenze in rechtlicher Hinsicht. Mithilfe der juristischen Methoden der klassischen Auslegung wird ermittelt, ob die heute gängige Adoptionspraxis mit dem Verfassungsrecht in Einklang zu bringen ist. Nachdem eine Auseinandersetzung mit der Höchstaltersgrenze in verfassungsrechtlicher Hinsicht erfolgte, ist zu ermitteln, ob es noch andere Kriterien gibt, denen mehr Beachtung zukommen muss und die demnach die zur Zeit geltende Höchstaltersgrenze obsolet machen. In diese Richtung gehen zahlreiche Gerichtsentscheidungen zur Befähigung von Adoptionsbewerbern.

Anschließend folgt ein Vergleich mit anderen Rechtsordnungen, um dann anhand der neu gewonnenen Erkenntnisse den Reformbedarf hervorzuheben.

---

19 *Muscheler*, Familienrecht, § 41 Rn. 706.

Die erlangten Ergebnisse sollen am Ende der Arbeit in einen Reformvorschlag umgesetzt werden. Dazu soll im Besonderen ein neuer Lösungsansatz entwickelt werden, der dazu prädestiniert ist, das aktuelle Problem der Altersgrenzen in Deutschland zu beheben. Der Reformbedarf wird anhand des Adoptionsverfahrens des ehemaligen Bundeskanzlers Gerhard Schröder deutlich, der das erste Kind aus Russland mit seiner damaligen Frau Doris im Jahr 2004 annahm. Zum Adoptionszeitpunkt war Gerhard Schröder selbst 60 Jahre und seine Frau 41 Jahre alt.[20] Das zweite Kind adoptierten sie nur zwei Jahre später (also mit 62 und 43 Jahren).[21] Ein ähnlich gelagerter Fall betrifft eine Adoption durch den Ex-Fußballmanager Reiner Calmund (64 Jahre alt) und seine Frau Sylvia (42 Jahre alt). Diese konnten die zweijährige Nisha aus Thailand im Januar 2013 in Adoptionspflege nehmen.[22]

---

20 *Fröhlingsdorf/Mayr/Meyer/Schmid/Verbeet*, in: „Der Spiegel" vom 23.8.2004, abrufbar: http://www.spiegel.de/spiegel/print/d-31900126.html (zuletzt am 7.5.2017).

21 Vgl. „FAZ", Ehepaar Schröder adoptiert zweites russisches Kind vom 17.8.2006, abrufbar unter: http://www.faz.net/aktuell/gesellschaft/menschen/persoenlich-ehepaar-schroeder-adoptiert-zweites-russisches-kind-1356851.html (zuletzt am 7.5.2017).

22 „Die Welt", Reiner Calmund: Die Adoption ist perfekt, vom 19.2.2013, abrufbar unter: http://www.welt.de/newsticker/leute/stars/article113765613/Reiner-Calmund-Die-Adoption-ist-perfekt.html (zuletzt 7.5.2017).

B. Leitprinzipien des Adoptionsrechts

Das Bürgerliche Gesetzbuch vom 18.08.1896, das am 1.1.1900 in Kraft getreten ist, ermöglichte Deutschland zum ersten Mal ein einheitliches Privatrecht.[23] Mit dem Inkrafttreten des BGB fand auch das Institut der Adoption erstmals eine gesamtstaatliche Regelung in dem neuen deutschen Rechtssystem.[24] Nichtsdestotrotz war die Adoption im Vergleich zu anderen Rechtsinstituten auch zum Zeitpunkt der Entstehung des BGB als praktisch unbedeutend anzusehen.[25] Die maßgebenden Motive, die zur Entstehung des Adoptionsrechtsinstituts beigetragen haben, hatten zum Zeitpunkt des Inkrafttretens des BGB keine große Relevanz.[26]

Für die Aufnahme des Adoptionsrechts in das BGB sprachen die Vorteile, die eine Adoption in sozialer und sittlicher Beziehung bewirkten.[27] „Wohlhabende und edeldenkende Personen", die eine Ehe ohne Kinder lebten, sollten die Möglichkeit haben, „ihre Zuneigung einem Wahlverwandten zu schenken und in ihm Namen und Lebenswerk fortwirken zu lassen".[28] Dadurch, dass der Adoption minderjähriger Kinder in sozialer und moralischer Hinsicht eine gewisse Bedeutung zukam, beabsichtigte die Adoption zugleich einen fürsorgerischen Zweck.[29] Es sollte „mittellosen, aber von Natur begabten Kindern eine große Wohltat in materieller wie in geistiger Beziehung" zukommen.[30] Außerdem hatte die Aufnahme der Adoption in das BGB eine Reduzierung der Zahl illegitimer Kinder zur Folge.[31]

---

23 *Neukirchen*, S. 84.

24 *Neukirchen*, S. 84.

25 Vgl. *Schnitzerling*, StAZ 1960, 57: „Es werden eher weniger als mehr wie 1000 Adoptionen jährlich in Deutschland abgeschlossen worden sein"; *Diederichsen*, StAZ 1977, 303: „bis zum Jahre 1910 gab es im gesamten Deutschen Reich jährlich nicht mehr als 500 bis 600 Kindesannahmen"; vgl. auch *Renner*, ZAR 1981, 129.

26 So auch *Hecker*, S. 49 f.

27 *Planck*, Familienrecht, Teil 2, S. 798

28 Motive zu dem Entwurfe eines Bürgerlichen Gesetzbuches, Band IV, S. 952.

29 So auch *Neukirchen*, S. 85; vgl. *Engler*, Auf dem Weg zu einem neuen Adoptionsrecht, S. 25.

30 Motive zum BGB IV, S. 952.

31 *Neukirchen*, S. 85 f.

Den sozialen und fürsorgerischen Charakter der Adoption hat der Gesetzgeber von 1896 bei der Gestaltung der Rechtsvorschriften nicht ausreichend berücksichtigt. Die Erwachsenenadoption stand noch im Vordergrund.[32]

Das Mindestalter hat in seiner geschichtlichen Entwicklung eine Vielzahl von Gesetzesmodifizierungen durchlaufen. Es zeigt sich in erster Linie der Wandel der Adoption von einem „Mittel der Tradierung von Familiennamen und Familiengut“ zu einem „Instrument der Sozialpolitik“, das stets darum bemüht ist, hilfsbedürftigen Kindern das Aufwachsen in einer intakten Familie zu ermöglichen.[33] Vor dem AdoptG vom 1.1.1977 verfolgte das Adoptionsrecht das Ziel, kinderlosen Ehepaaren den Fortbestand des Namens und des Vermögens zu sichern: Von der Aufrechterhaltung des Kindeswohls als Zielvorstellung der Minderjährigenadoption war keine Rede.[34] Heute aber verfolgt das Adoptionsrecht nicht zuvörderst das Begehren von Adoptionswilligen, ihren Kinderwunsch zu realisieren, auch wenn der ernstliche Wunsch nach einem Kind naturgemäß ein wichtiges Eignungskriterium ist,[35] der soziale Grundgedanke der Adoption liegt im Wesentlichen in der Fürsorge für Kinder, zu der die leiblichen Eltern nicht im Stande waren.[36] Damit versuchen die adoptionsrechtlichen Vorschriften etwaige Missbrauchsversuche zu unterbinden und dem Kind unter Berücksichtigung seines Wohls und seiner Interessen beste soziale Entwicklungsmöglichkeiten zu bieten.

I. Das Mindestalter vor Inkrafttreten des BGB

In der Absicht, für die Adoptionsbefähigung handfeste Fakten zu schaffen, hat der Gesetzgeber bereits frühzeitig Wert auf eine altersabhängige Eignung zur Adoption gelegt.[37] Demgemäß musste der Annehmende nach § 1744 BGB a.F. das 50. Lebensjahr vollendet haben.[38] Orientierungsmaßstab für die ursprüngliche

---

32 *Neukirchen*, S. 86; vgl. *Jakobs/Schubert*, S. 765, 771.

33 *Staudinger/Frank*, Adoption, § 1743 Rn. 1.

34 BT-Drucks. 7/5087, S. 1 und 4; vgl. auch *Kurtz*, S. 13.

35 VG Hamburg vom 18.12.2001 – 13 VG 2780/2001 = JAmt 2002, 464; VG Hamburg vom 1.12.2005 – 13 K 3059/05 = JAmt 2006, 367; *Kaiser/Schnitzler/Friederici/Schilling/Dahm*, Familienrecht, Vor §§ 1741 – 1772 Rn. 6, § 1741 Rn. 5.

36 OLG Schleswig vom 13.09.2007 – 2 W 227/06 = FamRZ 2008, 1104, 1107; BT-Drucks. 7/5087, S. 4; zum früheren Sinn und Zweck, im Interesse der Annehmenden mittels Adoption Fortbestand von Namen und Vermögen zu sichern: BT-Drucks. 7/3061, S. 15; Vgl. auch Kindeswohlprüfung in § 1741 Abs. 1 S. 1 BGB.

37 *Soergel/Liermann*, Familienrecht 4, § 1743 Rn. 2.

38 *Paulitz*, ZfJ 1997, 126, 129; MüKo-*Maurer*, Familienrecht II, § 1743 Rn. 1; *Staudinger/Frank*, Adoption, § 1743 Rn. 1, 2; BT-Drucks. 7/3061, S. 31 f.; vgl. auch *Mugdan*, Die

Altersregelung war das Begehren der Annehmenden, „auf diesem Wege das Andenken an ihren Namen und ihre Familie fortzupflanzen".[39] Diese Normierung verfolgte primär die Intention, über die hoch angelegte Altersgrenze „die Wahrscheinlichkeit der Erzielung eigener Kinder" zu verringern;[40] man ging nämlich davon aus, „dass in diesem Alter die Zeugungskraft, wenn auch nicht aufgehoben, doch geschwächt und die Wahrscheinlichkeit der Erzielung eigener Kinder auf dem Wege der ehelichen Zeugung geringer geworden ist".[41] Die Kindesannahme sollte lediglich ein „subsidiäres Mittel" zur Schaffung eines Eltern-Kind-Verhältnisses sein.[42] § 1741 BGB a.F. wurde vor diesem Hintergrund durch § 1744 a.F. nur insoweit ergänzt, dass eine Adoption ausschließlich gestattet war, wenn der Annehmende keine Kinder hatte.[43] Nur mit Vollendung des 50. Lebensjahres war die Wahrscheinlichkeit, dass der Annehmende eigene leibliche Kinder bekommt, als sehr gering einzustufen.[44] Demnach verfolgte der Gesetzgeber mit der ursprünglichen Normierung nicht die Vermittlung von minderjährigen Kindern.[45] Die Erwachsenenadoption wurde als Regelfall angesehen und basierte auf einem Vertrag zwischen Adoptiveltern und Adoptivkind. Nichtsdestotrotz bestand gemäß § 1745 BGB a.F. die Möglichkeit, im Verwaltungsverfahren (zuständig waren die Landesverwaltungsbehörden)[46] vom Erfordernis der Vollendung des 50. Lebensjahres befreit zu werden, wenn der Annehmende zumindest volljährig war,[47] und wenn die „individuellen Verhältnisse" Grund zu der Annahme geben, dass er keine

gesamten Materialien zum BGB, Band 4, S. 509, wonach der Mann das 60. Lebensjahr vollendet haben musste, um ein Kind zu adoptieren (vgl. hierzu auch *Staudinger/Engler*, Familienrecht, § 1744 BGB a.F., Rn. 1).

39 Motive zu dem Entwurfe eines Bürgerlichen Gesetzbuches, Band IV, S. 952.

40 Motive zu dem Entwurfe eines Bürgerlichen Gesetzbuches, Band IV, S. 960.

41 *Mugdan*, Die gesamten Materialien zum BGB, Band 4, S. 509; *Staudinger/Engelmann*, Familienrecht, § 1744 aF Anm. 1.

42 BT-Drucks. 3/530, S. 20; Motive zu dem Entwurfe eines Bürgerlichen Gesetzbuches, Band IV, S. 960.

43 *Staudinger/Frank*, Adoption, § 1743 Rn. 1.

44 BGHZ 2, 62 = NJW 1951, 706, 706; RGRK/*Dickescheid*, § 1744 Anm. 1.

45 *Glässing*, Voraussetzungen der Adoption, S. 44.

46 *Bosch*, FamRZ 1984, 829, 831; zu den Einzelheiten siehe auch *Staudinger/Engelmann*, Familienrecht, Anm. 2 zu § 1745; *Hecker*, S. 76 Fn. 2.

47 *Staudinger/Frank*, Adoption, § 1743 Rn. 1; Ein Antrag von Planck zu § 1567 Abs. 2 des Entwurfs, den Dispens ausnahmslos und nicht nur im Falle der Volljährigkeit des Annehmenden für zulässig zu erachten, wurde nicht unterstützt, vgl. *Jakobs/Schubert*, S. 772.

leiblichen Kinder mehr bekommen konnte.[48] Zusätzlich musste der Adoptionswillige nach einer Ausführungsverordnung des Justizministers vom 27.8.1925[49] und später nach Nr. 8 der Durchführungsbestimmung vom 27.7.1934[50] zu § 11 der Vereinheitlichungsverordnung vom 31.5.1934[51], die sich im Gegensatz zu den Motiven zum BGB auf einen engen biologischen Standpunkt stellte, ein amtsärztliches Zeugnis über die voraussichtliche Kinderlosigkeit vorlegen; in bestimmten Situationen war nach 10-jähriger kinderloser Ehe ein Dispens möglich.[52] Diese Ausnahme offenbart, dass der Altersunterschied zwischen Annehmenden und Anzunehmenden „in der Nachbildung eines leiblichen Eltern-Kind-Verhältnisses zwar eine natürliche Vorgabe ist, andererseits jedoch eine exakte Grenzziehung des Altersabstandes rational schwer begründbar und empirisch generell kaum feststellbar ist."[53] Dies zeigt, dass es vorzugsweise im Interesse aller anzunehmenden Kleinkinder eine vielversprechende Lösung ist, den Altersabstand vom Annehmenden zum Anzunehmenden zu reduzieren und damit dem normalen Altersunterschied zwischen Adoptiveltern und Adoptivkind anzupassen.[54]

II. Das Mindestalter in seiner weiteren Entwicklung

Der deutsche Gesetzgeber von 1896 war sich „im Anschluss an die meisten partikularrechtlichen Normen" von Anfang an dessen bewusst, dass neben den Volljährigen auch Minderjährige angenommen werden sollten, „um deren Interesse und um ein tief empfundenes geistiges Bedürfnis der Adoptiveltern zu befriedigen".[55] Der Stellenwert der Adoption „in sozialer und moralischer Hinsicht" wurde in den Motiven zum BGB besonders hervorgehoben. Somit wäre es unzutreffend, allein darauf abzustellen, dass die Adoption nach alter Rechtsansicht im Besonderen den Bedürfnissen der Anzunehmenden diente, „einen Erben zu gewinnen", der den Namen des Stammes weiterführt.[56]

48 *Neukirchen*, S. 94 f.

49 JMinBl 1925, S. 337.

50 RGBl I. S. 738 – Bestimmungen zur Durchführung der Verordnung zur Vereinheitlichung der Zuständigkeit in Familien- und Nachlasssachen.

51 RGBl I. S. 472 – Verordnung zur Vereinheitlichung der Zuständigkeit in Familien- und Nachlasssachen.

52 *Lüderitz*, Adoption, S. 36.

53 *Soergel/Liermann*, Familienrecht 4, § 1743 Rn. 2; *Lüderitz*, NJW 1976, 1867.

54 *Soergel/Liermann*, Familienrecht 4, § 1743 Rn. 2.

55 Motive zu dem Entwurfe eines Bürgerlichen Gesetzbuches, Band IV, S. 952; *Bosch*, FamRZ 1984, 829, 830.

56 *Bosch*, FamRZ 1984, 829, 830; vgl. auch *Engler*, Auf dem Weg zu einem neuen Adoptionsrecht, S. 65 f.

1. Reformbestrebungen bis zum 2. Weltkrieg

Nicht lange nach dem Inkrafttreten des BGB hat man sich für eine grundlegende Reform des Adoptionsrechts ausgesprochen. Hierbei standen im Wesentlichen zwei Punkte im Vordergrund: Nachdem durch Art. 109 Abs. 3 der Weimarer Reichsverfassung vom 11.08.1919 die Bezeichnung als Adel zum Bestandteil des bürgerlichen Namens gemacht wurde und damit eine Übertragung durch Adoption durchführbar war, kam es zunehmend zu Kindesannahmen, die nur zur Namensübertragung erfolgten.[57]

Des Weiteren stand bereits vor dem 1. Weltkrieg, vor allem unter dem Eindruck der Kriegsfolgen der Aspekt der Kinderfürsorge im Fokus. Vertreter der Jugendfürsorge bestanden infolgedessen auf eine Reform mit dem Ziel, das Institut der Adoption rechtlich vermehrt als Mittel der Fürsorge auszugestalten.[58] Deswegen forderten sie eine Herabsetzung des Mindestalters des Annehmenden, eine Erleichterung der Befreiung vom Alterserfordernis und die Einführung der Befreiung vom Erfordernis der Kinderlosigkeit, um die Minderjährigenadoption zu vereinfachen.[59] Es folgte zunächst der „Entwurf eines Gesetzes über die unehelichen Kinder und die Annahme an Kindesstatt" von 1922,[60] der vom Reichskabinett im Dezember 1924 verabschiedet wurde. Dieser Entwurf bildete die Grundlage für den Entwurf der Reichsregierung „über die unehelichen Kinder und die Annahme an Kindesstatt", der am 22.05.1925 dem Reichsrat vorgelegt wurde. Der Entwurf sah unter anderem vor, das Mindestalter von 50 auf 40 Jahre herabzusetzen.[61]

2. Die Entwicklung des Adoptionsrechts nach dem 2. Weltkrieg

Bereits nach dem 1. Weltkrieg, hauptsächlich aber nach dem 2. Weltkrieg ist die Volljährigenadoption im Vergleich zur Minderjährigenadoption zunehmend unbedeutender geworden. Der fürsorgerische Aspekt der Adoption trat stets in den Vordergrund; speziell Kriegswaisen und unehelichen Kindern sollte ein Elternhaus zur Verfügung gestellt werden.[62] 50-jährige Personen erklärten sich

57 *Knur*, DnotZ 1959, 289 (für Beispiele vgl. S. 290 f.).
58 *Neukirchen*, S. 108.
59 *Staudinger/Engler*, Adoption, Vorbem. zu §§ 1741 ff. Rn. 26.
60 *Staudinger/Engler*, Adoption, Vorbem. zu §§ 1741 ff. Rn. 27.
61 *Staudinger/Engler*, Adoption, Vorbem. zu §§ 1741 ff. Rn. 27; Reichsratsdrucksache Nr. 108, Tagung 1925. Zum genauen Inhalt des Regierungsentwurfs vgl. *Schubert*, Projekte der Weimarer Republik, S. 153 ff., vor allem S. 170 ff.
62 RGRK/*Dickescheid*, § 1744 Anm. 1.

immer seltener dazu bereit, ein Kind zu adoptieren, zumal die große Altersdifferenz zum Adoptivkind und der Lebenszuschnitt der Adoptiveltern nicht mit der Herstellung eines Eltern-Kind-Verhältnisses, das durch die Adoption bezweckt werden sollte, im Einklang stand.[63] Die Adoptierenden setzten sich im Großen und Ganzen aus Ehepaaren oder Einzelpersonen zusammen, die noch nicht das 50. Lebensjahr vollendet hatten. Infolgedessen wurde zunehmend der Befreiungstatbestand des § 1745 BGB a.F. geltend gemacht. Der Dispens vom Mindestalterserfordernis, dessen Erteilung bislang in den speziellen Durchführungsbestimmungen vom 27.7.1934[64] geregelt und der Justizverwaltung übertragen war, sollte nunmehr im Verfahren der freiwilligen Gerichtsbarkeit der richterlichen Entscheidungsbefugnis obliegen. Eine Befreiung sollte gewährt werden, wenn der Annehmende aller Voraussicht nach keine leiblichen Kinder bekommen würde oder wenn er das leibliche Kind seines Ehegatten adoptieren wollte.[65] Der Entwurf der Reichsregierung von 1929 und der Entwurf von 1955 hatten sich für eine Reduzierung des Mindestalters des Annehmenden auf 40 Jahre ausgesprochen.[66] Hierdurch konnte einerseits eine relativ verlässliche Prognose dahingehend getroffen werden, ob die Annehmenden noch leibliche Kinder bekämen und andererseits sollte jüngeren Ehepaaren die Adoption erleichtert werden.[67] Ein weiter herabgesetztes Mindestalter wurde im Hinblick auf die Situation des angenommenen Kindes als bedenklich angesehen, da die Adoptiveltern doch noch ein leibliches Kind bekommen könnten. Infolgedessen hatte der Familienrechtsänderungsentwurf empfohlen, keinen Dispens unterhalb der 40-Jahre-Altersgrenze zu bewilligen.[68] Erwähnenswert ist zudem der Vorschlag, allgemein nur noch die Adoption von Minderjährigen für zulässig zu erachten,[69] da die Volljährigenadoption häufig zu unlauteren Zwecken – „Namensübertragung gegen Zahlung einer Vergütung in Geld“ – missbraucht wurde.[70]

---

63 RGRK/*Dickescheid*, § 1744 Anm. 1.

64 RGBl I. S. 738.

65 *Finke*, FamRZ 1958, 405.

66 *Finke*, FamRZ 1958, 405; *Glässing*, Voraussetzungen der Adoption, S. 51.

67 *Schnitzerling*, StAZ 1960, 58.

68 *Finke*, FamRZ 1955, 57.

69 *Finke*, FamRZ 1958, 405; vgl. § 2 der Adoptions-VO der DDR vom 29.11.1956 (Sowjetzonale Verordnung über die Annahme an Kindes statt, GBl I. S. 1326), auch abgedruckt bei *Massfeller*, Das gesamte Familienrecht, S. 1265.

70 *Machleid*, FamRZ 1956, 361, 362.

3. Die Einführung der Befreiungsmöglichkeit vom Erfordernis der Kinderlosigkeit

Parallel ermöglichte § 1 des Adoptionserleichterungsgesetzes von 8.8.1950[71] eine Befreiung vom Erfordernis der Kinderlosigkeit[72] unter der Prämisse, dass durch die Adoption weder die Interessen etwaiger ehelicher Kinder noch die Interessen des Anzunehmenden gefährdet werden;[73] vermögensrechtliche Motive durften nach § 4 dieses Gesetzes nicht bestimmend sein. § 5, wonach es keiner besonderen Befreiung vom Alterserfordernis nach §§ 1744, 1745 BGB a.F. bedurfte, bedeutete, dass ein Alter der Annehmenden unter 50 Jahre der Regelfall war.[74] Problematisch war die Geltungsdauer des Adoptionserleichterungsgesetzes. Dieses wurde durch das Gesetz über die weitere Verlängerung der Geltungsdauer des Gesetzes zur Erleichterung der Annahme an Kindes statt vom 14.2.1953[75] zunächst bis zum 31.12.1955[76] und zuletzt durch das Gesetz vom 30.12.1955[77] bis zum Ende des Jahres 1960 verlängert.[78] Die Dispensmöglichkeit bewirkte, dass der Ausnahmefall häufiger eintrat als die Regel.[79]

4. Das Familienrechtsänderungsgesetz von 1961

Das Gesetz zur Vereinheitlichung und Änderung familienrechtlicher Vorschriften vom 11.08.1961[80] brachte nunmehr die bereits lang erwarteten Reformen.

Abweichend vom Regierungsentwurf[81] wurde durch das Familienrechtsänderungsgesetz von 1961[82] das Mindestalter der Annehmenden schließlich doch auf

---

71 BGBl I. S. 356, Nr. 34 vom 10.8.1950.

72 RGRK/*Dickescheid*, § 1744 Anm. 1; *Bosch*, FamRZ 1984, 829, 832.

73 *Staudinger/Engler*, Familienrecht, § 1745 Rn. 3.

74 RGRK/*Dickescheid*, § 1744 Anm. 1; Zum genauen Inhalt vgl. *Peters*, Rechtspfleger 1950, 450 ff.

75 BGBl I. S. 23.

76 *Finke*, FamRZ 1955, 57.

77 BGBl I. S. 868.

78 *Zur Nieden*, FamRZ 1956, 68.

79 *Becker*, NJW 1950, 92.

80 BGBl I. S. 1221.

81 BT-Drucks. 3/530, S. 4 und 20: Der Regierungsentwurf wollte das Alter lediglich auf 40 Jahre reduzieren. Andererseits hat man sich im Anschluss an die österreichische Gesetzesvorlage für eine Reduzierung des Mindestalters auf 30 Jahre für den Wahlvater und 28 Jahre für die Wahlmutter ausgesprochen (*Lüderitz*, Adoption, S. 35).

82 BGBl I. S. 1221.

35 Jahre herabgesetzt,[83] um vorwiegend im Interesse der Anzunehmenden den Altersabstand von Adoptiveltern und Adoptivkind dem zwischen natürlichen Eltern und Kind anzunähern.[84] Man zielte auf ein Alter ab, in dem Eltern zum einen schon eigene Kinder hatten und Verantwortung für diese übernahmen, zum anderen aber noch jung und belastbar waren, um eine angemessene Betreuung des Adoptivkindes zu gewährleisten.[85] Durch den neu eingefügten § 1745 b BGB wurde des Weiteren die Dispensmöglichkeit vom Mindestalterserfordernis zur Dauereinrichtung gemacht.[86]

Mit dem FamRÄndG wurde zugleich beschlossen, die Dispensmöglichkeit vom Erfordernis der Kinderlosigkeit nach § 1745 a BGB langfristig in das BGB aufzunehmen, „um die Adoption eines Stiefkindes zu ermöglichen oder um dem einzigen leiblichen Kinde die Vorteile der gemeinsamen Erziehung mit einem angenommenen Kinde zu verschaffen".[87] Dies entsprach dem Funktionswandel der Adoption, der sich wegen des Befreiungstatbestandes in der Rechtspraxis bereits durchsetzte.[88] Die Sicherstellung, dass potentielle Adoptiveltern ohne leibliche Abkömmlinge bleiben würden, stand nicht mehr im Fokus: Es ging vielmehr darum, „eine gewisse Persönlichkeitsreife sowie eine Konsolidierung der Lebens- und Familienverhältnisse auf Seiten des Annehmenden abzuwarten".[89] Nichtsdestotrotz bewirkten die Vorschriften, die eine Befreiungsmöglichkeit vorsahen, ein gewisses Maß an Willkür.[90]

§ 1744 S. 3 BGB a.F. machte die Minderjährigenadoption zum Grundsatz und die Erwachsenenadoption zur Ausnahme – eine bedeutende Änderung des Adoptionsrechtsinstituts. Die Adoption hatte einen Funktionswandel dahingehend durchlaufen, überwiegend kleine Kinder zu adoptieren. „Die Adoption wurde nüchterner, menschlicher, lebenswärmer gedacht."[91] Es ging nicht mehr – wie

---

83 *Bosch*, FamRZ 1984, 829, 832.

84 *Staudinger/Frank*, Adoption, § 1743 Rn. 2; *Soergel/Liermann*, Familienrecht 4, § 1743 Rn. 2.

85 *Knur*, DNotZ 1962, 574.

86 *Neukirchen*, S. 115.

87 *Finke*, FamRZ 1958, 405.

88 *Lüderitz*, Adoption, S. 35.

89 *Staudinger/Frank*, Adoption, § 1743 Rn. 2.

90 *Lüderitz*, Adoption, S. 36 f.; vgl. AG Gelsenkirchen vom 08.03.1963 – 11 X 333/63 = FamRZ 1963, 456: Das Amtsgericht Gelsenkirchen hatte einem Ehepaar, das 27 und 22 Jahre alt war und das keine leiblichen Kinder zu erwarten hatte, keine Befreiung erteilt, da nach Intention des Gesetzgebers erst mit 35 Jahren die notwendige Reife für die Adoption vorlag.

91 *Arndt*, NJW 1960, 855.

bei der Erwachsenenadoption – um den traditionellen Zweck, einen Erben für den Annehmenden zu finden, auch wenn das Motiv der Kinderlosigkeit sowie egoistische und materielle Beweggründe nach wie vor ausschlaggebend für die Kindesannahme waren.[92] Nichtsdestotrotz erlangte die Fürsorge- und Schutzfunktion gegenüber dem anzunehmenden Kind einen hohen Stellenwert.[93]

Das Europäische Übereinkommen über die Adoption von Kindern, das am 24.04.1967 von der Bundesrepublik Deutschland unterzeichnet wurde, gab Grund zur Annahme, das Adoptionsrecht weitergehend zu verbessern, da das zu diesem Zeitpunkt geltende Recht vom Inhalt des EuAdAb erheblich abwich. Eine Änderung war vor allem mit Blick auf die bevorstehende Ratifizierung – die 1980 erst erfolgte – unumgänglich.[94]

5. Das Adoptionsgesetz

Mit dem Gesetz zur Änderung von Vorschriften des Adoptionsrechts vom 14.08.1973[95] wurde im Rahmen einer Vorab-Novelle das Mindestalter des Annehmenden in §§ 1744 Abs. 1, 1745 b BGB weiter von 35 auf 25 Jahre herabgesetzt.[96]

Mit dem Adoptionsgesetz wurde das ganze Adoptionsrecht neu kodifiziert. Wesentliche Änderungen waren die Einführung der Volladoption und die Ersetzung des Vertragssystems durch das Dekretsystem. Weiterhin wurde die Minderjährigenadoption als Regelfall angesehen. Die Adoption eines Kindes sollte „einem Kind, das ein gesundes Zuhause entbehren muss, eine Familie geben".[97]

Das Kindeswohl wurde zur zentralen Adoptionsvoraussetzung. Nach § 1741 Abs. 1 S. 1 BGB musste die Adoption dem Kindeswohl dienen und die Annahme eines Eltern-Kind-Verhältnisses erwarten lassen.[98] Mit § 1741 Abs. 2 BGB wurde die gemeinschaftliche Adoption durch Ehegatten der Einzeladoption durch eine unverheiratete Person vorangestellt und als Regelfall angesehen, da das Aufwachsen in einer vollständigen Familie die besten Bedingungen für die Kindesentwicklung bot.[99] Vom Erfordernis der Kinderlosigkeit hat das AdopG

---

92 *Neukirchen*, S. 116.

93 *Neukirchen*, S. 116; vgl. auch *Schwarzhaupt*, FamRZ 1961, 329.

94 *Engler*, Auf dem Weg zu einem neuen Adoptionsrecht, S. 28 f.; BT-Drucks. 5/2370, S. 79.

95 BGBl I. S. 1013.

96 MüKo-*Lüderitz*, Familienrecht II, 3. Auflage, Vor 1741 Rn. 20; *Neukirchen*, S. 119.

97 BT-Drucks. 7/3061 S. 1.

98 Vgl. *Lüderitz*, NJW 1976, 1866, der „soziale Elternschaft" meinte, also Fürsorge und Erziehung, wie sie typischerweise von natürlichen Eltern zu leisten ist.

99 *Lüderitz*, NJW 1976, 1867.

abgesehen. Es entsprach vielmehr dem Kindeswohl, wenn das Adoptivkind mit Geschwistern heranwächst.[100] Die generelle Reduzierung der Mindestaltersgrenze auf 25 Jahre für die Annahme durch eine Einzelperson, die durch die Vorab-Novelle eingeführt wurde, wurde beibehalten, um das Wohl des Kindes zu fördern.[101] Gemäß § 1743 Abs. 1 BGB a.F. musste der Annehmende nur das 21. Lebensjahr vollendet haben, wenn er sein nichteheliches Kind oder ein Kind seines Ehegatten annehmen wollte oder wenn bei einer gemeinschaftlichen Adoption einer der beiden Ehegatten schon 25 Jahre alt war.[102]

---

100 BT-Drucks. 7/3061, S. 29.

101 *Bischof*, JurBüro 1976, 1574.

102 *Neukirchen*, S. 123 f.; Etwaige geäußerte Zweifel von *Engler*, FamRZ 1975, 128 wurden nicht berücksichtigt.

C. Rechtliche Voraussetzungen einer Adoption

Angesichts der Tatsache, dass mit der Adoption weitreichende Folgen sowohl für den Anzunehmenden als auch für den Annehmenden und deren Familien verbunden sind, müssen Adoptionsbewerber für eine aussichtsreiche Adoption zahlreiche Voraussetzungen erfüllen. Diese sind in den §§ 1741 ff. BGB normiert. Wichtig ist in diesem Zusammenhang die Abgrenzung zwischen der Minderjährigen- und der Volljährigenadoption, die von den Adoptionswilligen abweichende Befähigungsnachweise verlangen.

I. Minderjährigenadoption

Die Annahme als Kind ist zulässig, wenn sie dem Wohl des Kindes dient und zu erwarten ist, dass zwischen dem Annehmenden und dem Kind ein Eltern-Kind-Verhältnis entsteht (§ 1741 Abs. 1 S. 1 BGB). Die Mitwirkung an einer gesetzes- oder sittenwidrigen Vermittlung oder Verbringung eines Kindes zum Zwecke der Annahme ist nicht erlaubt, es sei denn, sie ist für das Wohl des Kindes erforderlich (§ 1741 Abs. 1 S. 2 BGB). Im statusrechtlichen Sinne muss zwischen der Einzel- und Ehegattenadoption differenziert werden: Ein nicht Verheirateter kann das Kind ausschließlich alleine annehmen (Einzeladoption im Sinne von § 1741 Abs. 2 S. 1 BGB), ein Ehepaar dagegen nur gemeinschaftlich (Ehegattenadoption im Sinne von § 1741 Abs. 2 S. 2 BGB).[103] Zudem muss der Anzunehmende annahmefähig sein: Das bedeutet konkret, dass dieser nicht das leibliche Kind des Annehmenden sein darf; die Stiefkindadoption ist als gesetzlicher Regelfall von § 1741 Abs. 2 S. 3 BGB anerkannt.[104] Berücksichtigungsfähig ist auch die Probezeit des § 1744 BGB. Danach soll die Annahme in der Regel erst dann ausgesprochen werden, wenn der Annehmende das Kind eine angemessene Zeit in Pflege gehabt hat. Ferner sind die obligatorischen Einwilligungen sämtlicher am Adoptionsverfahren Beteiligter einzuholen. Dies betrifft im Wesentlichen die Einwilligung des Kindes (§ 1746 BGB), auch die Einwilligung der Kindeseltern (§ 1747 BGB) und darüber hinaus die Einwilligung des Ehegatten des Annehmenden bei der Kindesannahme durch einen Ehegatten allein (§ 1749 Abs. 1 S. 1 BGB) sowie die Einwilligung des Ehegatten bei der Annahme eines Verheirateten

103 Vgl. hierzu *Schlüter*, BGB-Familienrecht, § 26 II 3 Rn. 417 f.
104 *Muscheler*, Familienrecht, § 41 Rn. 712.

(§ 1749 Abs. 2 BGB).[105] Formell ergeht der Beschluss durch das Familiengericht auf einen Antrag, den der Annehmende im Sinne von § 1752 BGB stellen muss. Das Familiengericht spricht die Annahme dann durch Dekret aus.[106] Nach § 189 S. 1 FamFG hat das Gericht eine fachliche Äußerung der Adoptionsvermittlungsstelle, die das Kind vermittelt hat, einzuholen, die darüber Auskunft gibt, ob das Kind und die Familie des Annehmenden für die Annahme geeignet sind. Die einzelnen Rechtswirkungen der Adoption richten sich nach §§ 1754 ff. BGB. Nimmt ein Ehepaar ein Kind an oder nimmt ein Ehegatte ein Kind des anderen Ehegatten an, so erlangt das Kind die rechtliche Stellung eines gemeinschaftlichen Kindes der Ehegatten (§ 1754 Abs. 1 BGB). Zugleich erlöschen gemäß § 1755 S. 1 BGB mit der Annahme das Verwandtschaftsverhältnis des Kindes und seiner Abkömmlinge zu den bisherigen Verwandten und die sich aus ihm ergebenden Rechte und Pflichten.

II. Volljährigenadoption

Die Volljährigenadoption ist ein Rechtsinstitut, das in der „deutschen Rechtstradition sehr tief verwurzelt“ ist.[107] Der Gesetzgeber hat die Minderjährigen- und Volljährigenadoption als gleichwertig nebeneinander stehend angesehen. In den Motiven zum BGB heißt es einerseits, dass „die Annahme Minderjähriger an Kindes Statt in sozialer und moralischer Hinsicht den größten Wert hat, sie vorzugsweise als Bedürfnis empfunden wird und im praktischen Leben am meisten vorkommt“, andererseits betrachtete man die Volljährigenadoption als ein Mittel, um insbesondere unverheirateten Personen den „berechtigten Wunsch“ zu erfüllen, „das Andenken an ihren Namen und ihre Familie fortzusetzen“.[108] An die Zulässigkeitserfordernisse der Volljährigenadoption wird ein strengerer Maßstab angelegt als an die der Minderjährigenadoption. Nach § 1767 Abs. 1 BGB kann ein Volljähriger als Kind angenommen werden, wenn die Annahme sittlich gerechtfertigt ist: Dies ist anzunehmen, wenn zwischen Annehmenden und Anzunehmenden bereits ein Eltern-Kind-Verhältnis entstanden ist. Ein derartiges Verhältnis spricht für ein familienbezogenes Motiv als Hauptzweck, sodass darüber hinaus keine weiteren Motive für die Adoption vorliegen müssen (§ 1767 Abs. 2 Hs. 2 BGB); die sittliche Rechtfertigung wird dann ohne

105 Vgl. dazu *Schwab*, Familienrecht, § 69 Rn. 819 ff.

106 *Dethloff*, Familienrecht, § 15 Rn. 46.

107 *Frank*, FamRZ 2007, 1693, 1694.

108 Motive zu dem Entwurfe eines Bürgerlichen Gesetzbuches, Band IV, S. 952; *Frank*, FamRZ 2007, 1693, 1694.

weiteres unwiderlegbar vermutet.[109] Besteht noch kein Eltern-Kind-Verhältnis, dann muss als Hauptzweck ein familienbezogenes Motiv in erheblicher Weise überwiegen: Das kann beispielsweise die Fortführung des Lebenswerkes oder die Betreuung und Unterstützung bei Krankheit oder im Alter sein, in Betracht kommen auch sonstige wirtschaftliche oder ausländerrechtliche Nebenzwecke.[110] Auch bei der Volljährigenadoption muss in maßgeblicher Weise auf das Wohl des Anzunehmenden geachtet werden; das ergibt sich aus § 1767 Abs. 2 BGB, der auf § 1741 Abs. 1 S. 1 BGB verweist. Die Annahme eines Volljährigen erfolgt nach § 1768 Abs. 1 S. 1 BGB auf Antrag des Annehmenden und Anzunehmenden vom Familiengericht durch Beschluss. Für die Volljährigenadoption bedarf es im Übrigen der Einwilligung der Ehegatten (§§ 1767 Abs. 2, 1749 BGB). Im Gegensatz zur Minderjährigenadoption wird bei der Volljährigenadoption kein Gutachten des Jugendamtes benötigt; auch auf eine Einwilligung der leiblichen Eltern oder des Anzunehmenden und auf die Einhaltung einer Probezeit wird verzichtet.[111] Die Rechtswirkungen einer Volljährigenadoption ergeben sich aus den §§ 1770 ff. BGB und unterscheiden sich grundlegend von denen einer Minderjährigenadoption. Sie erstrecken sich nicht auf die Verwandten des Annehmenden (§ 1770 Abs. 1 S. 1 BGB). Der Ehegatte des Annehmenden wird nicht mit dem Angenommenen und dessen Ehegatte nicht mit dem Annehmenden verschwägert (§ 1770 Abs. 1 S. 2 BGB). Die Verwandtschaft mit den leiblichen Verwandten bleibt bestehen (§ 1770 Abs. 2 BGB).

Die Volljährigenadoption ist heute noch in der Schweiz – selbst wenn deren Voraussetzungen durch ein Reformgesetz aus dem Jahr 1972 in erheblicher Weise erschwert worden sind – (Art. 266 Abs. 1 ZGB), in Österreich (§ 180 a Abs. 1 S. 3 ABGB) und in Frankreich (Art. 360 Abs. 1 CC) möglich. Auch in sämtlichen Staaten der USA ist die Volljährigenadoption anerkannt (vgl. § 3 Uniform Adoption Act). Unbekannt ist sie allerdings in den ehemaligen sozialistischen Ländern (z.B. Polen, Russland und Tschechien) und in Großbritannien und den Niederlanden.[112]

---

109 Schleswig-Holsteinisches Oberlandesgericht vom 3.6.2009 – 2 W 26/09 = OLG Schleswig FGPrax 2009, 269, 270 = FamRZ 2010, 46; MüKo-*Maurer*, Familienrecht II, § 1767 Rn. 16.

110 OLG Schleswig vom 3.6.2009 – 2 W 26/09; OLG Zweibrücken vom 9.9.2005 – 3 W 121/05 = OLG Zweibrücken FGPrax 2006, 21 = FamRZ 2006, 572, 573; Bayerisches Oberstes Landgericht vom 18.5.2004 – 1Z BR 030/04, 1Z BR 30/04 = FamRZ 2005, 546, 547; LG Saarbrücken vom 26.9.2008 – 5 T 187/08; OLG München vom 19.12.2008 – 31 Wx 49/08, 31 Wx 049/08 = FamRZ 2009, 1335.

111 *Muscheler*, Familienrecht, § 41 Rn. 724.

112 *Frank*, FamRZ 2007, 1693, 1694.

D. Die Altersgrenzen bei der Adoption nach dem heutigen BGB

Besondere Beachtung muss dem Alter der Adoptionsbewerber zukommen. Ein zu hohes Alter ist nämlich in dem Sinne für das Adoptionsverfahren relevant, dass es für Adoptionsvermittlungsstellen bereits als Ausschlusskriterium dienen kann. Dabei muss zwischen dem Mindest- und Höchstalter differenziert werden. Ersteres ist gesetzlich in § 1743 BGB normiert. Nach § 1743 S. 1 Hs. 1 BGB muss der Annehmende das 25. Lebensjahr vollendet haben. Von diesem Grundsatz werden zwei Ausnahmen zugelassen: In den Fällen des § 1741 Abs. 2 S. 3 BGB, also wenn ein Ehegatte das Kind des anderen Ehegatten annimmt, genügt es, wenn dieser das 21. Lebensjahr vollendet hat (§ 1743 S. 1 Hs. 2 BGB). Zudem reicht bei der Annahme durch ein Ehepaar die Vollendung des 21. Lebensjahres durch einen der Ehegatten aus, wenn der andere Ehegatte mindestens 25 Jahre alt ist (§ 1743 S. 2 BGB).

Weder von einem Mindestaltersabstand zwischen Annehmenden und Anzunehmenden noch von einem Höchstalter der Adoptionsbewerber oder einem Höchstaltersabstand ist im BGB die Rede. Diese Altersgrenzen sollen nach der Intention des Gesetzgebers durch die Adoptionsvermittlungsstellen, die einen gewissen Gestaltungsspielraum haben, festgelegt werden. Die Vermittlungsstellen führen nämlich die Elterneignungsprüfung durch und können demnach durch Einzelfallentscheidungen am besten beurteilen, ab welcher Altersgrenze keine natürliche Eltern-Kind-Beziehung gewährleistet und das Wohl des Kindes gefährdet ist. Um die Entwicklung eines geschwisterähnlichen Verhältnisses zu vermeiden und von einem Eltern-Kind-Verhältnis sprechen zu können, ist ein Altersunterschied empfehlenswert, der der natürlichen Generationenfolge entspricht, also mindestens 15 Jahre betragen sollte.[113] In Bezug auf das Höchstalter ist auf die Empfehlung der Bundesarbeitsgemeinschaft der Landesjugendämter zu verweisen, wonach der Altersunterschied maximal 40 Jahre betragen soll.

---

113 *Kaiser/Schnitzler/Friederici/Schilling/Dahm*, Familienrecht, § 1741 Rn. 17; MüKo-*Maurer*, Familienrecht II, § 1741 Rn. 29.

I. Die Mindestaltersgrenzen

1. Die Mindestaltersgrenzen bei der Inlandsadoption

a) Das Mindestalter

Die heute geltende Fassung des § 1743 BGB wurde – wie vom Gesetzgeber gewollt – mit der Zwecksetzung des KindRG[114] und dem Betreuungsgesetz (BtG)[115] in Einklang gebracht[116] und substituiert die Regelung des § 1743 Abs. 1 – Abs. 4 BGB a.F., die durch das AdoptG[117] von 1976 geschaffen worden war.[118] Während in sprachlicher Hinsicht erhebliche Änderungen vorgenommen worden sind, ist der Inhalt trotz alledem gleich geblieben:[119] § 1743 S. 1 BGB n.F. entspricht inhaltlich § 1743 Abs. 2 und Abs. 3 Alt. 2 BGB a.F., § 1743 S. 2 BGB n.F. deckt sich mit § 1743 Abs. 1 BGB a.F.[120] § 1743 Abs. 3 Alt. 1 BGB a.F. betraf das Alterserfordernis, wenn es um die Adoption des eigenen nichtehelichen Kindes ging. Die heute geltende Rechtslage kennt einen solchen Adoptionstypus nicht; § 1743 Abs. 3 Alt. 1 BGB a.F. wurde deshalb ersatzlos gestrichen.[121] Auch § 1743 Abs. 4 BGB a.F., nach dem der Annehmende unbeschränkt geschäftsfähig sein musste, wurde gegenstandslos gestrichen, weil die Vorschrift überflüssig war.

Je nach Art der Adoption im Sinne von § 1741 BGB kommt dem 21. oder 25. Lebensjahr eine Relevanz zu (§ 1743 BGB). Grundsätzlich muss der Annehmende das 25. Lebensjahr vollendet haben. Wird ein Kind gemeinsam durch ein Ehepaar angenommen, dann muss einer der Ehegatten das 25., der andere Ehegatte das 21. Lebensjahr vollendet haben. Nimmt ein Ehegatte allein das Kind seines Ehegatten an, dann muss der annehmende Ehegatte das 21. Lebensjahr vollendet haben.

---

114 Vom 16.12.1997 (BGBl I. S. 2949).

115 Vom 12.9.1990 (BGBl I. S. 2002).

116 *Soergel/Liermann*, Familienrecht 4, § 1743 Rn. 1; Durch die Vorabnovelle vom 14.8.1973 (BGBl I. S. 1013) wurde diese adoptionsrechtliche Novellierung konstatiert. Die Vorabnovelle modernisierte das Mindestalter in § 1744 mit einer Reduzierung auf 25 Jahre – mit der Möglichkeit der Befreiung bei Annahme des eigenen nichtehelichen Kindes oder des Kindes des Ehegatten (§ 1745 b BGB a.F.). Anschließend wurde durch das AdoptG von 1976 diese Regelung in § 1743 Abs. 2 (seit dem KindRG § 1743 S. 1 BGB) übernommen. Vgl. hierzu *Lüderitz*, NJW 1976, 1865.

117 Vom 7.7.1976 (BGBl I. S. 1749).

118 *Soergel/Liermann*, Familienrecht 4, § 1743 Rn. 1.

119 BT-Drucks. 13/4899, S. 112.

120 BT-Drucks. 13/4899, S. 112.

121 *Staudinger/Frank*, Adoption, § 1741 Rn. 52.

Nimmt ein Lebenspartner das Kind seines Lebenspartners an, dann findet § 1743 BGB über § 9 Abs. 7 S. 2 LPartG analoge Anwendung. Der Wortlaut der Verweisung bringt nicht explizit zum Ausdruck, welches Alter gemeint ist. Da jedoch die adoptionsrechtliche Stellung von Lebenspartnern an diejenige von Ehegatten angepasst werden soll, ist auf die Vollendung des 21. Lebensjahres abzustellen, da die Lebenspartnerschaft ähnlich wie die Ehe nach § 15 LPartG durch richterliche Entscheidung aufgehoben wird.[122] Durch die Altersbegrenzung in § 1743 BGB soll verhindert werden, dass zu junge Menschen Verantwortung übernehmen und dabei Bedeutung und Tragweite ihres Handelns unterschätzen.[123] Für eine Adoption wird ein Mindestmaß an Reife und erzieherischen Fertigkeiten verlangt, die zwar noch entwicklungsfähig sind, deren Entwicklung aber ungewiss vorherzusagen ist.[124] Darüber hinaus soll aus Kindeswohlgesichtspunkten bezweckt werden, dass insbesondere Kleinkinder von jungen Eltern adoptiert werden können.[125] Das Kind soll „in eine harmonische und lebenstüchtige Familie aufgenommen"[126] und ihm soll im Sinne von Art. 4 Abs. 2 des Europäischen Übereinkommens über die Adoption von Kindern (EuAdAb) durch die Adoption ein beständiges und ausgeglichenes Zuhause vermittelt werden. Die Altersbegrenzung auf 21 Jahre durch entsprechend junge Menschen geht in Anbetracht der Begründung, mit der das Mindestalter von 25 Jahren gerechtfertigt wird, relativ weit und überrascht: Die Altersgrenze ist „geboten, weil die Familienverhältnisse in der annehmenden Familie konsolidiert sein sollen und an die innere Reife eines Annehmenden besondere Anforderungen gestellt werden müssen".[127] Gleichwohl ist eine Reduzierung des Mindestalters des Annehmenden auf 21 Jahre notwendig: Die „Konsolidierung der Familienverhältnisse" und „innere Reife des Annehmenden" können nicht angenommen werden, wenn es möglich wäre, dass ein 21-jähriger Mann nach kurzer Ehedauer das Kind seiner 18-jährigen Ehefrau adoptiert.[128]

§ 1743 BGB ersetzt nicht die Prüfung der Reife zur Annahme eines Kindes im Rahmen des § 1741 BGB.[129] Da verlässliche empirische Daten zur „Reife zur

122 MüKo-*Maurer*, Familienrecht II, § 1743 Rn. 6.
123 BT-Drucks. 7/3061, S. 31 f.
124 *Soergel/Liermann*, Familienrecht 4, § 1743 Rn. 4.
125 *Mende*, ZblJugR 1970, 189, 191.
126 *Engler*, FamRZ 1975, 125, 127.
127 *Engler*, FamRZ 1975, 125, 128.
128 *Engler*, FamRZ 1975, 125, 128.
129 *Kaiser/Schnitzler/Friederici/Schilling/Dahm*, Familienrecht, § 1741 Rn. 17.

Kindererziehung“ fehlen,[130] ist jeder Grenzziehung ein gewisses Maß an Willkür eigen.[131] Ausländische Rechtsordnungen verzichten zum Teil auf ein ausdrückliches Mindestalter, teils wird das Mindestalter niedriger,[132] teils jedoch auch höher[133] angesetzt.[134] Vielfach wird es der erzieherischen und charakterlichen Eignung der Annehmenden überlassen, ob die Adoption dem Kindeswohl dient.[135] Die deutsche Gesetzesregelung befolgt mit dem Mindestalter von 25 Jahren bzw. 21 Jahren die von Art. 9 Abs. 1 S. 2 EuAdAb vorausgesetzte Mindestaltersgrenze: Denn das Mindestalter darf gemäß Art. 9 Abs. 1 S. 2 EuAdAbk nicht unter 21 Jahren und nicht über 30 Jahren liegen.[136] Es kann nicht geleugnet werden, dass dieser Regelung etwas Willkürliches innewohnt.[137] Orientierungsmaßstab ist die internationale Tendenz, die hohen Mindestaltersgrenzen für Annehmende zwar zu senken, aber ungeachtet dessen doch höher anzusetzen als das Volljährigkeitsalter.[138] Das Mindestalter von 21 Jahren indiziert damit, dass die Reife vorhanden ist, die für die Adoption zwingende Voraussetzung ist. Hierdurch wird auch dem mit der Kindesannahme verfolgten Ziel der Begründung eines Eltern-Kind-Verhältnisses und der Wahrung des Kindeswohls

---

130 MüKo-*Maurer*, Familienrecht II, § 1743 Rn. 2.

131 *Lipp/Wagenitz*, Das neue Kindschaftsrecht, § 1743 Rn. 3.

132 Art. 6 Abs. 2 italienisches Gesetz vom 4.5.1983: 18 Jahre.

133 § 180 österreichisches ABGB: 30 Jahre für Mann, 28 Jahre für Frau; Art. 343, 343-1 französisches c.c. idF des Gesetzes vom 22.12.1976: Gemeinschaftlich nach 2-jähriger Ehe, einzeln mit 28 Jahren; Art. 264 b schweizerisches ZGB: 35 Jahre oder 5-jährige Ehe.

134 Die gesetzliche Regelung folgt seit der Vorabnovelle mit der Regelgrenze den überwiegenden Vorschlägen im inländischen Schrifttum. Vgl. auch Thesen der AGJ zur Neuregelung des Adoptionsrechts, MittAGJJ (Mitteilungsblatt der AGJJ 57/58), Dezember 1969, S. 32–35 (These 7.2); CDU/CSU BT-Drucks. VI/2591; *Lüderitz*, Adoption, S. 35.

135 *Engler*, Auf dem Weg zu einem neuen Adoptionsrechts, S. 65.

136 Anders noch Art. 7 Abs. 1 S. 2 EuAdAbk von 1967, wonach das Mindestalter nicht unter 21 Jahren und nicht über 35 Jahren liegen durfte.

137 *Staudinger/Frank*, Adoption, § 1743 Rn. 3; kritisch *Gernhuber/Coester-Waltjen*, Familienrecht, § 68 Rn. 32 f.; vgl. auch *Lüderitz*, Rn. 37, der das festgesetzte Mindestalter von 35 als willkürlich bezeichnete.

138 *Staudinger/Frank*, Adoption, § 1743 Rn. 3; zum Beispiel Frankreich Art. 343-1 c.c.: Einzelpersonen älter als 28 Jahre; Österreich § 180 ABGB: „Wahlvater“ 30 und „Wahlmutter“ 28 Jahre alt; Großbritannien Adoption and Children Act 2002 Sec 55, 51: Einzelpersonen mindestens 21 Jahre, bei Ehegatten einer mindestens 21 Jahre, der andere mindestens 18 Jahre; Spanien Art. 175 c.c.: 25 Jahre, bei Ehegatten mindestens einer 25 Jahre.

Rechnung getragen.[139] Mit § 1743 BGB soll also dafür Sorge getragen werden, dass die Persönlichkeit der potentiellen Adoptiveltern in einer Annahmefamilie möglichst gefestigt ist: So soll eine „Stabilisierung der Gewohnheiten" und eine Reduzierung von Widersprüchen erzielt werden.[140]

aa) Mindestaltersgrenze bei der Volljährigenadoption

Es stellt sich die Frage, ob § 1743 BGB auch für die Adoption eines Volljährigen gilt. Dies wird nicht einheitlich beantwortet. Dabei muss zunächst die Regelung in § 1768 Abs. 1 S. 2 BGB beachtet werden, die der allgemein gehaltenen Verweisung des § 1767 Abs. 2 S. 1 BGB auf die sinngemäße Anwendung der Vorschriften über die Minderjährigenadoption vorgeht.[141] Nach § 1768 Abs. 1 S. 2 BGB sind §§ 1742, 1744, 1745, 1746 Abs. 1, 2, 1747 nicht anzuwenden. Nicht ausdrücklich genannt wird § 1743 BGB. Für eine Anwendbarkeit des § 1743 BGB auf die Erwachsenenadoption spricht also der eindeutige Wortlaut des § 1768 Abs. 1 S. 2 i.V.m. § 1767 Abs. 2 S. 1 BGB. Gleichwohl kann man sich auch für eine Unanwendbarkeit des § 1743 BGB aussprechen, weil diese Vorschrift keinen Raum für eine sinngemäße Anwendung bietet.[142] § 1743 BGB läuft bei der Volljährigenadoption „naturgemäß praktisch leer".[143] Für gewöhnlich erfüllen nämlich die Annehmenden bei einer Erwachsenenadoption die Altersvoraussetzungen. Für den Fall, dass die Annehmenden jünger sind als der volljährige Anzunehmende, wird der Adoptionsantrag schon deshalb zurückgewiesen, weil die Begründung eines Eltern-Kind-Verhältnisses nicht erwartet werden kann oder weil die sittliche Rechtfertigung der Adoption fehlt.[144]

bb) Dispensmöglichkeit

Bei der heute als Regelfall anerkannten Minderjährigenadoption schreibt der Gesetzgeber in § 1743 BGB für die Person des Annehmenden ein Mindestalter

---

139 *Kaiser/Schnitzler/Friederici/Schilling/Dahm*, Familienrecht, § 1743 Rn. 1; MüKo-*Maurer*, Familienrecht II, § 1743 Rn. 3.

140 MüKo-*Maurer*, Familienrecht II, § 1743 Rn. 1; *Kaiser/Schnitzler/Friederici/Schilling/Dahm*, Familienrecht, § 1743 Rn. 2.

141 MüKo-*Maurer*, Familienrecht II, § 1767 Rn. 23.

142 MüKo-*Maurer*, Familienrecht II, § 1768 Rn. 7.

143 *Staudinger/Frank*, Adoption, § 1767 Rn. 12, 31; vgl. zur Volljährigenadoption auch die Entscheidung des AG Rüdesheim vom 19.07.2007 – 4 XVI 1/07 = MittBayNot 2008, 57.

144 MüKo-*Maurer*, Familienrecht II, § 1767 Rn. 24.

vor. Ein Dispens vom Mindestalter des § 1743 BGB ist nicht möglich,[145] weil sonst das schon geringe Alterserfordernis weiter gesenkt werden würde.[146] Dies ist im Interesse der Verfahrensvereinfachung zu befürworten.[147] Auch der Rechtsausschuss des Deutschen Bundestages hat sich im Verlauf der Beratungen der Vorabnovelle gegen die Formulierung der Altersgrenze als Soll- statt als Mussvorschrift ausgesprochen, weil er die Gefahr vermeiden wollte, dass es in der Rechtspraxis zu weiteren Senkungen der Altersgrenzen kommt.[148]

Zwar lässt sich nicht bestreiten, dass § 1743 BGB eine klare und unmissverständliche Regelung beinhaltet, ganz unproblematisch ist sie jedoch nicht. Bei der Reform des Adoptionsrechts im Jahre 1976 war man sich zwar überwiegend darüber einig, dass das 25. Lebensjahr als Regelalter angesehen werden sollte. War vor der Reform des Adoptionsrechts ein Dispens bis zum 21. Lebensjahr möglich, wurde dieser Regelungsinhalt trotz anderslautender Vorschläge gestrichen.[149] Man kann zwar prima facie von einer vertretbaren gesetzgeberischen Handlungsweise sprechen, die bei näherer Betrachtung aber nicht ganz nachvollziehbar ist, wenn bei einem verheirateten Ehepaar das Fehlen der persönlichen Reife des einen Ehegatten ohne Weiteres durch das höhere Lebensalter des anderen Ehegatten ausgeglichen werden kann.[150] Eine Rechtsordnung, die im Allgemeinen bei Vollendung des 18. Lebensjahres von „sozialer Reife" (und Ehemündigkeit) ausgeht, „sollte sich tunlichst weiterer Schranken enthalten, die auf dem Hintergrund voller elterlicher Sorge kraft genetischer Elternschaft mit Eintritt der Mündigkeit doch nicht überzeugen"[151] (im Einzelfall kann eine frühzeitig getroffene Adoptionsentscheidung unter Heranziehung von § 1741 Abs. 1 BGB unterbunden werden). Genau wie die Ehe kann auch die genetische Elternschaft keine frühere soziale Reife begründen.[152] Eine Vorschrift, die im Regelfall

145 BT-Drucks. 7/3061, S. 31; BT-Drucks. 7/5087, S. 10; *Soergel/Liermann*, Familienrecht 4, § 1743 Rn. 3; so auch die Vorabnovelle von 1973.

146 MüKo-*Lüderitz*, Familienrecht II, § 1743 Rn. 4; Vgl. auch BT-Drucks. 7/716, S. 2; BT-Drucks. 7/3061, S. 31; Vgl. auch Bericht des Rechtsausschusses BT-Drucks. 7/5087, S. 10.

147 Lüderitz, NJW 1986, 1865, 1867.

148 BT-Drucks. 7/3061, S. 31.

149 *Staudinger/Frank*, § 1743 Rn. 7; Vgl. auch Thesen der AGJ zur Neuregelung des Adoptionsrechts, MittAGJJ (Mitteilungsblatt der AGJJ 57/58), Dezember 1969, S. 32–35 (These 7.2).

150 *Staudinger/Frank*, Adoption, § 1743 Rn. 7.

151 *Gernhuber/Coester-Waltjen*, Familienrecht, § 68 Rn. 32 f.

152 *Gernhuber/Coester-Waltjen*, Familienrecht, § 68 Rn. 32 f.

von einem Mindestalter von 25 Jahren ausgeht, aber für Ausnahmefälle eine Dispensmöglichkeit offen lässt, wäre überzeugender gewesen.

cc) Mindestehedauer

Aus dem Lebensalter kann nicht geschlussfolgert werden, dass auch die Ehe der Adoptionsbewerber die gebotene Stabilität aufweist. Die Adoption eines Kindes durch Ehegatten erfordert im Hinblick auf das Wohl des Kindes eine stabile Ehe.[153] Es kam deswegen der Vorschlag auf, die Adoption erst nach Ablauf einer bestimmten Ehedauer (beispielsweise nach 5 Jahren) zuzulassen, um Eheleute, die eine nicht gefestigte Ehe führen, vom Adoptionsverfahren vollständig auszuschließen. Auch der Deutsche Bundestag hat derartige Überlegungen über eine Sperre angestellt.[154]

Allerdings setzt das Europäische Adoptionsübereinkommen keine Mindestehedauer fest. Auch der Entwurf verzichtete darauf, eine bestimmte Ehedauer als Adoptionsvoraussetzung vorzuschreiben.[155] Aus der Dauer der Ehe kann nicht eine künftige Stabilität abgeleitet werden.[156] Etwa 60 % aller Scheidungen werden nach 5 Jahren Ehe ausgesprochen. Daher kann die Ehedauer nur ein Aspekt bei der Beurteilung der Ehestabilität sein. Der Prognose, ob die Ehe der Adoptionsbewerber dauerhaft bestehen wird, muss bei der Gesamtwertung des zu erwartenden Annahmeverhältnisses, also bei der Kindeswohlprüfung, ausreichend Rechnung getragen werden. Eine starre Regelung ist hierzu kaum imstande und kann auch ohne Dispensmöglichkeit höchstwahrscheinlich nicht eingeführt werden.[157] Aus diesem Grunde ist in Deutschland im Vergleich zu anderen Rechtsordnungen[158] eine explizite Mindestehedauer keine Adoptionsvoraussetzung.[159]

Auch wenn ein Adoptionserfordernis dieser Art in das AdoptG von 1976 nicht aufgenommen wurde, wurde eine gesetzliche Normierung bei den Reformarbeiten berechtigterweise in Erwägung gezogen.[160] Es besteht nämlich die Möglichkeit,

153 *Erman/S. C. Saar*, BGB, § 1741 Rn. 10; MüKo-*Maurer*, Familienrecht II, § 1741 Rn. 21; *Soergel/Liermann*, Familienrecht 4, § 1741 Rn. 9.

154 BT-Drucks. 7/3061, S. 28.

155 BT-Drucks. 7/3061, S. 29.

156 *Kaiser/Schnitzler/Friederici/Schilling/Dahm*, Familienrecht, § 1741 Rn. 38; *Palandt/Götz*, BGB, § 1741 Rn. 13.

157 BT-Drucks. 7/3061, S. 29.

158 Frankreich: 2 Jahre; Italien: 3 Jahre; Portugal: 4 Jahre.

159 *Oberloskamp*, ZKJ 2008, 484, 489.

160 Vgl. Thesen der AGJ zur Neuregelung des Adoptionsrechts, MittAGJJ Nr. 57/58 [1969], These 7.2; *Mende* ZblJugR 1970, 189, 192.

dass das Kind einer Ehe, die erst vor kurzer Zeit geschlossen worden ist, anvertraut wird,[161] ein Problem, das bei der Kindeswohlüberprüfung des § 1741 BGB besonders zu berücksichtigen ist.[162] Die zuständige Behörde hat nach Art. 4 Abs. 2 EuAdAb darauf zu achten, dass die Adoption dem Kind ein beständiges und harmonisches Zuhause verschafft. Es entspricht nicht dem Kindeswohl, „wenn das Kind in eine zerrüttete Ehe hineinadoptiert wird"; aus diesem Grunde muss eine „angemessene" Anzahl an Ehejahren bestanden haben, „um die Prognose wagen zu können, dass es gut gehen wird".[163] Die Ehedauer spielt vor diesem Hintergrund für das Adoptionsverfahren eine beträchtliche Rolle.

Demzufolge gibt es gute Gründe für und gegen eine entsprechende Regelung. Es handelt sich hierbei jedenfalls um ein Problem, mit dem sich der Gesetzgeber im Rahmen von Reformarbeiten zumindest intensiver auseinandersetzen muss.

dd) Beschränkte Geschäftsfähigkeit eines Ehegatten

Probleme können sich dann ergeben, wenn ein Ehepaar eine gemeinschaftliche Adoption begehrt und der eine Ehegatte beschränkt geschäftsfähig ist oder das 21. Lebensjahr noch nicht erreicht hat, während der andere Ehegatte bereits 25 Jahre alt ist.[164] Das Kind wird dann das Kind des 25-jährigen Ehegatten (§ 1741 Abs. 2 S. 4 BGB). Dies kann rechtspolitische Bedenken auslösen.

Die damalige amtliche Begründung des Regierungsentwurfes[165] zeigt, dass der Gesetzgeber von 1997 von einer Einzeladoption durch den einen Ehegatten ausging, wenn der andere Ehegatte das 16., aber noch nicht das 18. Lebensjahr vollendet hat. Diese irrtümliche Ausgangsüberlegung wurde in formaler Hinsicht mit einer Verweisung auf die ursprüngliche Gesetzesfassung des § 1741 Abs. 2 S. 3 Alt. 2 BGB a.F., die bis zum KindRG[166] Geltung hatte, begründet, wonach eine Einzeladoption auch dann möglich war, wenn der andere Ehegatte das Kind deshalb nicht adoptieren konnte, weil er in seiner Geschäftsfähigkeit beschränkt ist.[167] Diese Regelung verfolgte eine Privilegierung volljähriger

161 *Soergel/Liermann*, Familienrecht 4, § 1743 Rn. 3; *Engler*, FamRZ 1975, 125, 128.
162 *Soergel/Liermann*, Familienrecht 4, § 1743 Rn. 3; *Lüderitz*, NJW 1976, 1865, 1865.
163 *Oberloskamp*, ZKJ 2008, 484, 489.
164 Zwar ordnet § 1303 Abs. 1 BGB an, dass die Ehe nicht vor Eintritt der Volljährigkeit eingegangen werden soll. Hiervon macht § 1303 Abs. 2 BGB eine Ausnahme: Das Familiengericht kann auf Antrag Befreiung erteilen, wenn der Antragsteller das 16. Lebensjahr vollendet hat und sein künftiger Ehegatte volljährig ist.
165 BT-Drucks. 13/4899, S. 111.
166 Vom 16.12.1997 (BGBl I. S. 2968).
167 *Frank*, FamRZ 1998, 393, 397; *Staudinger/Frank*, Adoption, § 1741 Rn. 38 f.

Ehegatten, die das vom Gesetzgeber normierte Mindestalter für eine erfolgreiche Adoption erreichten, gleichwohl aber wegen beschränkter Geschäftsfähigkeit des anderen Ehegatten die formalen Adoptionsvoraussetzungen insgesamt nicht erfüllen konnten.[168] Bis zum Inkrafttreten des Betreuungsgesetzes (BtG) am 1.1.1992 konnte dieser Sachverhalt auch Volljährige betreffen und anschließend bis zum Inkrafttreten des KindRG ausschließlich noch 16- bis 18-Jährige, sodass die Kindesannahme bei einem Alter des anderen Ehegatten zwischen 18 und 21 Jahren schon aufgrund von § 1743 BGB abzulehnen war. Dass durch das KindRG die Einzeladoption durch einen über 25-jährigen Ehegatten auch dann gewährleistet wurde, wenn der andere Ehegatte unter 21 Jahre alt war, erschien in Anbetracht eines unbedingten Adoptionsverlangens sachgemäß.[169] Angesichts dieser Tatsache hätte mit dem Inkrafttreten des BtG der Verweis auf den beschränkt geschäftsfähigen Ehegatten ersatzlos gestrichen werden müssen, was nicht gesehen wurde.[170] Geht der Gesetzgeber schon irrtümlicherweise davon aus, dass die alte Gesetzeslage für die beschränkte Geschäftsfähigkeit des Ehegatten des Annehmenden eine Ausnahmeregelung vorgesehen hatte, dann wäre es tatsächlich praktischer gewesen, diese unnötige Regelung abzuschaffen, statt sie auf die Altersstufe der 18- bis 21-Jährigen auszuweiten. Letztlich wird man von einem unter 21-jährigen Ehegatten, der als zu jung für eine Adoption gilt, im Vergleich zu einem geschäftsunfähigen Ehegatten erwarten können, dass dieser zumindest in faktischer Weise eine gewisse Mitverantwortung trägt (nicht nur bis zur Vollendung des 21. Lebensjahres).[171] Eine die beschränkte Geschäftsfähigkeit betreffende Regelung war demnach nicht mehr notwendig. Da dem BGB in § 106 i.V.m. § 2 nur noch die altersbedingte beschränkte Geschäftsfähigkeit bekannt ist und der Annehmende nach § 1743 BGB jedenfalls 21 Jahre alt sein muss, kommen Adoptionen durch beschränkt Geschäftsfähige nicht mehr in Frage.[172] Würde das Mindestalter des anderen Ehegatten herabgesetzt werden, dann würde dies eine Förderung und Favorisierung von Frühadoptionen zur Folge haben.[173]

168 *Frank*, FamRZ 1998, 393, 397.

169 *Erman/S.C. Saar*, BGB, § 1743 Rn. 2.

170 *Frank*, FamRZ 1998, 393, 397; *Staudinger/Frank*, Adoption, § 1741 Rn. 38 f.

171 *Staudinger/Frank*, Adoption, § 1741 Rn. 39.

172 *Soergel/Liermann*, Familienrecht II, § 1743 Rn. 1.

173 *Erman/S.C. Saar*, BGB, § 1743 Rn. 2.

ee) Geschäftsunfähigkeit eines Ehegatten

Mit § 1743 BGB n.F., der sowohl dem Ziel des KindRG als auch dem BtG angepasst wurde, wird dem Umstand ausreichend Rechnung getragen, dass sich eine Differenzierung zwischen beschränkter Geschäftsfähigkeit und Geschäftsunfähigkeit – wie von §§ 1741 Abs. 2 S. 3, 1743 Abs. 4 BGB a.F. vorgesehen – erübrigt hat, weil Adoptionsbewerber die Adoptionsfähigkeit erst mit mindestens 21 Jahren erlangen. Infolgedessen konnte § 1743 Abs. 4 BGB a.F. ersatzlos gestrichen werden. Die Adoption setzt nämlich nach § 1752 BGB einen persönlichen Antrag voraus, das heißt, der Annehmende muss verfahrensfähig sein. Die Verfahrensfähigkeit ist bei einem Geschäftsunfähigen wegen § 104 Nr. 2 BGB nicht gegeben, sodass kein wirksamer Antrag gestellt werden kann.[174] Stellvertretung ist wegen § 1752 Abs. 2 S. 1 BGB unmöglich.

Seitdem das BtG die Entmündigung abgeschafft hat, wird bei Volljährigen nicht mehr deren vollständige Geschäftsfähigkeit gerichtlich festgestellt. Selbst wenn die Betreuung angeordnet wird, bleibt die Geschäftsfähigkeit hiervon ausnahmslos unberührt; den Behörden obliegt dann ein eigener Kompetenzbereich, um zu überprüfen, ob der Betreute geschäftsfähig oder -unfähig ist. Nichts anderes gilt im Sinne von § 1741 Abs. 2 S. 4 BGB für das Adoptionsverfahren, bei dem durch das Gericht vorweg die Verfahrensfähigkeit als Zulässigkeitserfordernis für den Antrag gemäß § 1752 Abs. 1 BGB festgestellt werden müsste.[175] Auch im Falle eines Einwilligungsvorbehaltes nach § 1903 BGB für eine geschäftsfähige Person hätte diese Anordnung als solche keinerlei Einfluss auf die Adoption. Dafür spricht der Umstand, dass es sich bei dem Adoptionsantrag um eine Verfahrenshandlung und nicht um eine Willenserklärung handelt. Ausschließlich bei der Kindeswohlprüfung müsste die Betreuungs- und die Einwilligungsvorbehaltsanordnung zur Kenntnis genommen werden.[176]

ff) Adoptionsrecht von Müttern nichtehelicher Kinder bei Volljährigkeit

§ 1743 Abs. 3 Alt. 1 BGB a.F. regelte das Alter, wenn es um die Adoption des eigenen nicht ehelichen Kindes ging. Mit Rücksicht auf die Stellungnahme des Bundesrates manifestierte sich der Entschluss, im fortwährenden Gesetzgebungsverfahren zu überprüfen, ob der Mutter eines nichtehelichen Kindes ein Adoptionsrecht schon vor Vollendung des 21. Lebensjahres zukommen sollte.[177]

---

174 BT-Drucks. 13/4899, S. 112.

175 *Soergel/Liermann*, Familienrecht 4, § 1743 Rn. 1.

176 *Soergel/Liermann*, Familienrecht 4, § 1743 Rn. 1.

177 BT-Drucks. 7/3061, S. 73.

Diese Anregung blieb allerdings unberücksichtigt.[178] Würde die Mutter ihr nicht eheliches Kind adoptieren, dann hätte dies gravierende rechtliche Konsequenzen. Dadurch würde dem Kind sein Unterhaltsanspruch und das Erbrecht gegenüber seinem Vater entzogen werden. Eine Entscheidungsbefugnis von diesem Ausmaß sollte die Mutter eines nicht ehelichen Kindes erst dann eingeräumt werden, wenn der weitere Lebensverlauf in konkreter Weise absehbar war. Vor Vollendung des 21. Lebensjahres schien dies sehr unwahrscheinlich. Auch der Umstand, dass mit 18 Jahren die Volljährigkeit erreicht ist, konnte dem nicht entgegenstehen. Von 18-Jährigen kann nur eine Verantwortungsübernahme eigener Angelegenheiten erwartet werden; geht es um die Verantwortungsübernahme eines Dritten, dann bedarf dies eines erhöhten Reifegrades, was allerdings erst mit Vollendung des 21. Lebensjahres möglich sein wird.[179] Denn jemand, der gerade erst 18 Jahre alt geworden ist, unterliegt nicht mehr der elterlichen Sorge im Sinne von §§ 1626 ff. BGB und benötigt zunächst etwas Zeit, um sich an die Führung eines selbstständigen und von Eigenverantwortung getragenen Lebensabschnittes zu gewöhnen.

Eine Befreiungsmöglichkeit wurde nicht in Erwägung gezogen. Auch für die Gerichte und Behörden war es schwierig festzustellen, ob die Mutter eines nicht ehelichen Kindes vor Vollendung des 21. Lebensjahres die notwendige Reife besaß, um Entscheidungen von solch erheblichem Ausmaß eigenständig treffen zu können.[180] Zudem wurde aus demselben Grund von dem Ausschuss nicht weiter auf den Vorschlag eingegangen, es bei der Ehegattenadoption für ausreichend zu erachten, wenn ein Ehegatte das 25. Lebensjahr und der andere Ehegatte die Volljährigkeit erreicht hat.[181] § 1743 Abs. 3 Alt. 1 BGB a.F. wurde durch das KindRG von 1997 ersatzlos gestrichen. Im heute geltenden Adoptionsrecht kann weder die Mutter noch der Vater „das eigene nichtehelich geborene Kind als Kind annehmen".[182]

gg) Förderung von Stiefkindadoptionen durch § 1743 S. 1 Hs. 2 BGB

In Anbetracht der beträchtlichen Scheidungszahlen sind mehr als die Hälfte aller Adoptionen Stiefkindadoptionen. Die Stiefkindadoption verfolgt das Ziel, familiäre Verhältnisse, die de facto bereits existieren, auf eine Stufe zu bringen,

178 BT-Drucks. 7/5087, S. 9 f.
179 BT-Drucks. 7/5087, S. 10.
180 BT-Drucks. 7/5087, S. 10.
181 BT-Drucks. 7/5087, S. 10.
182 *Staudinger/Frank*, Adoption, § 1741 Rn. 52 mit weiteren Ausführungen zum NEhelG von 1969.

die mit dem Idealbild der Beteiligten am ehesten in Einklang steht. Infolge dieses Umstandes ist die Stiefkindadoption für das Kind in besonderer Weise wünschenswert und vorteilhaft. Dies bringt der Gesetzgeber in § 1743 S. 1 Hs. 2 BGB dadurch zum Ausdruck, dass Stiefkindadoptionen schon mit der Vollendung des 21. Lebensjahres möglich sind.[183] Es reicht also aus, wenn der annehmende Teil das 21. Lebensjahr vollendet hat; das Alter des anderen Ehegatten spielt dabei keine Rolle, es schließt nicht einmal eine mögliche Minderjährigkeit aus.[184] Die Regelung „erklärt sich aus der pragmatischen Erkenntnis, dass auch das Gesetz mit der Natur nicht über die wünschenswerte Erziehungsfähigkeit eines leiblichen Elternteils rechten kann und ein (zu) junger Adoptivelternteil für ein Stiefkind immer noch besser ist als keiner".[185]

Klingt diese Regelung zunächst nach einer Privilegierung für die Beteiligten, verbergen sich dahinter bei genauer Betrachtungsweise erhebliche Probleme.[186] § 1743 S. 1 Hs. 2 BGB kann mit den anderen strikten Altersvorgaben nicht in Einklang gebracht werden.[187] Eine durch § 1743 S. 1 Hs. 2 BGB (sowie § 9 Abs. 7 S. 2 LPartG) bezweckte Förderung dieses Adoptionstypus dürfte als missglückt angesehen werden. Denn das Gestatten der Stiefkindadoption in einem so jungen Alter wirft insoweit Bedenken auf, als sich die früh eingegangene eheliche Bindung erst noch bewähren muss und die im ersten Eheglück übernommene Elternschaft möglicherweise bald bereut werden kann.[188] Stiefkinder werden in den meisten Fällen nicht um des Annehmenden willen selbst, sondern vielmehr dem Ehepartner zuliebe adoptiert.[189] Meistens wird dabei außer Acht gelassen, dass mit einer Stiefkindadoption eine „lebenslange elterliche Verantwortung ohne Rücksicht auf den Bestand der Stiefehe" einhergeht.[190] Sobald aber die Ehe zu Brüche geht, bleibt der adoptierende Stiefelternteil unwiderruflich mit sämtlichen Unterhaltspflichten belastet, deren Übernahme gewöhnlich nur in dem Vertrauen auf den Bestand der Ehe erfolgte; auch der gesetzliche Pflichtteilsanspruch des

183 *Frank*, FamRZ 2007, 1693, 1695.

184 *Lipp/Wagenitz*, Das neue Kindschaftsrecht, § 1743 Rn. 5.

185 *Lipp/Wagenitz*, Das neue Kindschaftsrecht, § 1743 Rn. 5.

186 *Staudinger/Frank*, Adoption, § 1741 Rn. 42; *Paulitz*, Adoption, S. 120 ff.; *Muscheler*, FamRZ 2004, 913; *Enders*, FPR 2004, 60.

187 *Lipp/Wagenitz*, Das neue Kindschaftsrecht, § 1743 Rn. 5.

188 MüKo-*Maurer*, Familienrecht II, § 1743 Rn. 5; Bedenken auch bei *Lipp/Wagenitz*, Das neue Kindschaftsrecht, § 1743 Rn. 5: jedoch ist ein „zu junger Adoptivelternteil für ein Stiefkind immer noch besser als gar keiner."; *Engler*, FamRZ 1975, 125, 128.

189 *Staudinger/Frank*, Adoption, § 1743 Rn. 8.

190 *Staudinger/Frank*, Adoption, § 1741 Rn. 44.

Stiefkindes wird von einer Ehescheidung nicht berührt.[191] Selbst die Kenntnis von Rechtsfolgen solchen Ausmaßes durch den Stiefelternteil zum Zeitpunkt der Adoption ändert nichts daran, dass deren Eintritt im Scheidungsfall vom Betroffenen ernsthaft nicht gewollt sein wird. Anknüpfungspunkt dafür sind mehrere Gerichtsentscheidungen: In diesen ging es um Stiefelternteile, die nach der Ehescheidung vergeblich versuchten, die Kindesannahme rückgängig zu machen.[192] Die Stiefkindadoption begründet eine faktische Eltern-Kind-Beziehung, die vom Bestand der Ehe abhängt. Dieses Verhältnis zwischen dem Kind und dem Annehmenden sollte nicht beliebig durch ein künstliches überlagert und erst recht nicht gefördert werden.[193] Darüber hinaus ist das Hauptanliegen der Beteiligten immer wieder das Bedürfnis, mit der Stiefkindadoption den außenstehenden leiblichen Elternteil so weit wie möglich aus dem Eltern-Kind-Verbund hinauszudrängen.[194] Der leibliche Elternteil kann sein Interesse am Kind meistens nur dadurch ausdrücken, dass er pünktlich Unterhalt zahlt und sein Umgangsrecht wahrnimmt. Infolgedessen ist eine Ersetzung der Einwilligung, die verweigert wurde, problematisch.[195] Stiefkindadoptionen, die nicht vom leiblichen Elternteil gewollt sind, haben das BVerfG[196] und der BGH[197] daher zu Recht als kritisch angesehen. Eine Einwilligungsersetzung kommt nur unter ganz bestimmten Voraussetzungen (in Fällen der Drittadoption) in Betracht. Ansonsten kann davon ausgegangen werden, dass die Stiefkindadoption nicht dem Kindeswohl entsprechen wird.[198] Ein weiteres Beweiszeichen dafür, dass Stiefkindadoptionen eine Kindeswohlgefährdung bewirken können, ist, dass rechtliche Auseinandersetzungen, die ausschließlich die leiblichen Eltern betreffen, „auf dem Rücken" des Kindes ausgetragen werden, was sich auf die Entwicklung des Kindes negativ auswirkt und von den leiblichen Eltern nicht bemerkt wird. Infolgedessen ist man sich in der Literatur dahingehend einig, dass die Aufrechterhaltung des

191 *Staudinger/Frank*, Adoption, § 1743 Rn. 8 und § 1741 Rn. 42 ff.

192 OLG Oldenburg vom 05.05.2003 – 5 W 58/03 = FamRZ 2004, 399; BayObLG vom 25.03.1999 – 1 Z BR 151/98 = FamRZ 2000, 768; OLG Düsseldorf vom 19.06.1997 – 25 Wx 24/97 = FamRZ 1998, 1196; OLG Karlsruhe vom 21.08.1995 – 11 Wx 52/94 = FamRZ 1996, 434; *Frank*, FamRZ 2007, 1693, 1695.

193 *Staudinger/Frank*, Adoption, § 1743 Rn. 8.

194 *Frank*, FamRZ 2007, 1693, 1695.

195 *Frank*, FamRZ 2007, 1693, 1695.

196 BVerfG NJW 2006, 827 = FamRZ 2006, 94.

197 BGHZ 162, 357 = FamRZ 2005, 891.

198 *Frank*, FamRZ 2007, 1693, 1695.

Verhältnisses des Kindes zu beiden Elternteilen für das Funktionieren einer Stieffamilie unabdingbar ist.

hh) Alter anderer Adoptionsbeteiligter

Dem Wortlaut des § 1743 BGB gemäß gibt es für den Anzunehmenden kein Mindestalter, das obligatorisch einzuhalten ist. Das Gesetz unterscheidet also insoweit nur zwischen der Minderjährigen- und Volljährigenadoption.[199]

Auch das Alter der leiblichen Elternteile ist für die Adoption bedeutungslos; damit können diese auch jünger sein als der Annehmende selbst. Die leiblichen Eltern können allerdings nach § 1747 Abs. 2 S. 1 BGB in die Adoption erst dann einwilligen, wenn das Kind 8 Wochen alt ist. Dadurch sollen Eltern vor unüberlegten Entscheidungen, die sie später bereuen, geschützt werden. Oft befinden sich die Mütter infolge der Schwangerschaft und Geburt in psychisch besonders labilen Situationen. Auch sollen die Adoptiveltern und das Adoptivkind vor einer möglichen Korrektur der übereilten Einwilligungsentscheidung geschützt werden.[200] Darüber hinaus muss gemäß § 1744 BGB die Adoptionspflegezeit abgewartet werden.

ii) Zeitpunkt des Vorliegens des Mindestalters

Wie alle adoptionsrechtlichen Erfordernisse[201] muss auch das Mindestalter zum Zeitpunkt der Familiengerichtsentscheidung erreicht sein, vgl. § 1752 BGB.[202] Das Familiengericht wird von seiner Pflicht zur Kindeswohlprüfung nicht entbunden und muss die Erziehungsgeeignetheit der Annehmenden von Amts wegen untersuchen und den Adoptionsantrag im Falle fehlender Eignung ablehnen.[203] Der Adoptionsantrag kann auch vor Eintritt der Vollendung des Mindestalters gestellt werden.[204] Denkbar ist es auch, schon zu Beginn der

199 Vgl. hierzu *Soergel/Liermann*, Familienrecht 4, § 1743 Rn. 4.

200 *Gernhuber/ Coester-Waltjen*, Familienrecht, § 68 VI Rn. 66.

201 OLG München vom 07.04.2010 – 31 Wx 3/10 = FamRZ 2010, 2087; *Kaiser/Schnitzler/Friederici/Schilling/Dahm*, Familienrecht, § 1743 Rn. 4.

202 *Staudinger/Frank*, Adoption, § 1743 Rn. 6; BGHZ 2, 62 = NJW 1951, 706, 706 und LGBochum vom 28.12.1964 – 7 T 522/64 = StAZ 1966, 173 jeweils zum alten Recht; *Erman/S.C. Saar*, BGB, § 1743 Rn. 1.

203 MüKo-*Maurer*, Familienrecht II, § 1743 Rn. 3; *Erman/S.C.Saar*, BGB, § 1743 Rn. 1; Ein entsprechender formaler Adoptionsbefähigungsnachweis findet auch nach § 7 AdVermiG durch die Jugendämter statt.

204 *Soergel/Liermann*, Familienrecht 4, § 1743 Rn. 4.

Adoptionspflege die widerlegbar vermutete Reife zu verlangen.[205] Das Mindestalter ist aber gerade im Rahmen der Adoptionspflege in § 1744 BGB fixiert. Darüber hinaus ist der materielle Inhalt der Bedingung eines Mindestalters schon nach § 7 AdVermiG durch die Prüfung der Geeignetheit vor dem Eintritt der Adoptionspflege gewährleistet.[206] Sollte das Mindestalter zum Zeitpunkt der Antragstellung noch nicht vorliegen, dann kann der Adoptionsantrag als unbegründet zurückgewiesen werden,[207] falls der Adoptionsantragsteller das erforderliche Alter erst in weiter Zukunft erreichen wird und die Gerichtsermittlungen aller Voraussicht andauern werden.[208] Eine durch das Gericht ausgesprochene Adoption, die durch Nichtbeachtung der Mindestaltersgrenze gegen § 1743 BGB verstößt, stellt keinen derartig gravierenden Fehler dar, dass die Adoption gleichsam unwirksam wäre;[209] der Adoptionsbeschluss ist nach § 197 Abs. 3 FamFG unanfechtbar und es ist nach § 1763 Abs. 1 BGB keine Aufhebung von Amts wegen gerechtfertigt.[210]

jj) Verfassungsmäßigkeit des § 1743 BGB

Fraglich ist, ob die Mindestaltersschranke des § 1743 BGB verfassungsgemäß ist. In Betracht kommt zum einen eine Verletzung von Art. 3 Abs. 1 GG wegen Altersdiskriminierung und zum anderen ein Verstoß gegen Art. 6 Abs. 1 Alt. 2 GG.

(1) Verstoß gegen Art. 3 Abs. 1 GG

Eine Altersdiskriminierung setzt eine Ungleichbehandlung zwischen Personen oder Personengruppen voraus, die nicht verfassungsrechtlich gerechtfertigt ist. Wird einem 24-jährigen Adoptionsbewerber die Einzeladoption mangels Einhaltung des Alterserfordernisses des § 1743 S. 1 Hs. 1 BGB versagt, einem 25-Jährigen aber stattgegeben, dann liegt eine ungleiche Behandlung vor. Entsprechendes gilt bei der gemeinschaftlichen Adoption.

Die Ungleichbehandlung ist jedoch verfassungsrechtlich gerechtfertigt: Hierzu muss zunächst der Prüfungsmaßstab ermittelt werden. Erforderlich ist

205 MüKo-*Maurer*, Familienrecht II, § 1743 Rn. 4; dazu auch LG Darmstadt vom 23.02.1977 – 5 T 253/76 = DAVorm. 1977, 375, 379.

206 *Kaiser/Schnitzler/Friederici/Schilling/Dahm*, Familienrecht, § 1743 Rn. 4.

207 MüKo-*Maurer*, Familienrecht II, § 1743 Rn. 4; a.A. *Lipp/Wagenitz*, Das neue Kindschaftsrecht, § 1743 Rn. 6: „als derzeit unzulässig".

208 *Kaiser/Schnitzler/Friederici/Schilling/Dahm*, Familienrecht, § 1743 Rn. 4.

209 *Soergel/Liermann*, Familienrecht 4, § 1743 Rn. 4.

210 *Kaiser/Schnitzler/Friederici/Schilling/Dahm*, Familienrecht, § 1743 Rn. 1; MüKo-*Maurer*, Familienrecht II, § 1743 Rn. 7.

ein Differenzierungsverbot. Für den Fall, dass der deutsche Gesetzgeber Altersschranken normiert, wählt er das Differenzierungsmerkmal „Lebensalter", um Personengruppen voneinander abzugrenzen, die seines Erachtens nach ungleich und somit unterschiedlich zu behandeln sind. Da jede gesetzliche Vorschrift notwendigerweise einer Verallgemeinerung ausgesetzt ist,[211] darf der Gesetzgeber „generalisierende, typisierende und pauschalierende Regelungen" treffen.[212] „Generalisierungen und Abstrahierungen sind gesetzgebungsimmanent",[213] denn eine Konzipierung von abstrakt generellen Normen, die sämtlichen Diskrepanzen des Lebenssachverhalts Rechnung trägt, ist unmöglich.[214] Generalisierungen sind bei der Gesetzgebung unvermeidbar, sodass eine Rechtfertigung grundsätzlich nicht notwendig ist.[215] Das bedeutet jedoch nicht, dass der Gesetzgeber bei Generalisierungen etwaige Grenzen überschreiten darf.[216] Unzulässig ist die Wahl eines bestimmten Differenzierungsmerkmals, wenn der Gesetzgeber hierbei ein absolutes Differenzierungsverbot des Grundgesetzes verletzt.[217] Das Grundgesetz enthält kein Verbot, anhand des Lebensalters zwischen Personen zu differenzieren.[218] Gesetzlich normierte Altersgrenzen legen ein gewisses Lebensmodell und einen typischen Entwicklungsverlauf fest und schaffen in diesem Zusammenhang zweckmäßige Schutzkonzepte.[219] Altersgrenzen sind stets „mit Rücksicht auf Reifungsprozesse" zu betrachten. Mindestaltersgrenzen verfolgen den Zweck, den „Einzelnen vor unter Umständen zu früh und unüberlegt getroffenen lebensprägenden Entscheidungen" zu schützen, „deren Bedeutung sie aufgrund ihres Alters nicht abschätzen können".[220] Der Gesetzgeber rechtfertigt die Mindestaltersgrenze von 25 Jahren damit, „eine gewisse Persönlichkeitsreife" und die „Konsolidierung der Lebens- und Familienverhältnisse"

---

211 Vgl. *Geipel*, Lebensalter im Recht, S. 104; Vgl. BVerfGE 1, 264, 275; 82, 126, 151; 96, 1, 6; 99, 280, 290; 105, 73, 127; 116, 164, 182.

212 *Sachs/Osterloh*, GG, Art. 3 Rn. 108; vgl. auch BVerfGE 11, 245, 254; 14, 76, 101 f.; 17, 1, 23 f.; 42, 176, 185; 49, 280, 282; 63, 119, 128; 71, 146, 157; 72, 302, 329; 78, 214, 226 f.; 78, 249, 287; 84, 348, 359; 87, 234, 255; 96, 1, 6; 98, 365, 385; 99, 280, 290; 100, 59, 90; 100, 138, 174; 101, 297, 309; 103, 310, 319; 105, 73, 127; 113, 167, 236; 116, 164, 183.

213 *Von Münch/Kunig/Gubelt*, GG-Kommentar, Art. 3 Rn. 26; BVerfGE 11, 245, 254.

214 BVerfGE 1, 264, 276; 96, 1, 6.

215 BVerfGE 1, 264, 276; 11, 245, 254; 13, 21, 29; 70, 1, 30.

216 BVerfGE 33, 171, 188; 68, 155, 173; 70, 1, 30; 96, 1, 6.

217 Vgl. *Maunz/Dürig/Dürig*, Art. 3 Abs. 3 Rn. 26.

218 *Geipel*, Lebensalter im Recht, S. 91; So auch *Nussberger*, JZ 2002, 524 f.

219 *Nussberger*, JZ 2002, 524.

220 *Nussberger*, JZ 2002, 524, 525.

gewährleisten zu wollen.[221] Dass die Mindestaltersgrenze von 25 Jahren vom Volljährigkeitsalter abweicht, findet seine Rechtfertigung darin, dass man von jungen Volljährigen eine Verantwortungsübernahme im Hinblick auf die eigenen Angelegenheiten erwarten kann; die Übernahme von Verantwortung für einen anderen Menschen setzt vielmehr eine größere Reife voraus.[222] Nichts anderes kann für das auf 21 Jahre herabgesetzte Mindestalter gelten, wenn zwischen dem Ehegatten des Annehmenden und dem Kind ein Eltern-Kind-Verhältnis besteht, „sodass der annehmende Ehegatte bereits auf der Grundlage einer konsolidierten familiären Situation die Annahme als Kind betreibt und damit an sein Alter geringe Anforderungen gestellt werden können".[223] Für die gemeinschaftliche Adoption eines Kindes durch ein Ehepaar gilt ähnliches: Die Ehegatten müssen nicht beide das 25. Lebensjahr vollendet haben, weil bereits sichergestellt ist, dass der jüngere Ehegattenteil nicht alleinstehend für die Sorge des Kindes aufkommen muss.[224] § 1743 BGB trägt ferner dem empirischen Befund Rechnung, dass die Ehemänner im Vergleich zu ihren Ehefrauen ein höheres Lebensalter aufweisen, „sodass die Forderung eines von beiden Gatten zu erfüllenden Mindestalters faktisch zur ausschließlichen Maßgeblichkeit des Lebensalters des jüngeren Ehegatten führen würde".[225] § 1743 BGB dient dem Gesetzgeber dazu, den jeweiligen Entwicklungsstand von (jugendlichen) Kindern nachzuzeichnen, um deren Entscheidungsbefugnisse in Bezug auf private Anliegen im Vorgriff auf den Eintritt der Volljährigkeit zu erweitern.[226] Die Mindestaltersgrenze des § 1743 BGB ist somit verfassungsgemäß. Zu beachten ist auch die Besonderheit, dass eine Grundrechtsbeeinträchtigung durch die Mindestaltersgrenzen lediglich vorübergehender Natur ist. Insoweit unterscheidet sich das Kriterium des Alters von den in Art. 3 Abs. 3 GG genannten Merkmalen, die sich auf einen dauerhaften Zustand beziehen.[227]

(2) Verstoß gegen Art. 6 Abs. 1 Alt. 2 GG

Die in § 1743 BGB festgesetzte Mindestaltersgrenze verstößt gegen Art. 6 Abs. 1 Alt. 2 GG: Das Vorhaben, zum Zwecke der Familiengründung ein Kind zu adoptieren, wird vom Erreichen einer bestimmten Altersgrenze abhängig gemacht,

221 BT-Drucks. 7/3061, S. 31; *Nussberger*, JZ 2002, 524, 526.
222 BT-Drucks. 7/3061, S. 31; *Geipel*, Lebensalter im Recht, S. 155.
223 *Geipel*, Lebensalter im Recht, S. 156.
224 *Geipel*, Lebensalter im Recht, S. 156.
225 *Geipel*, Lebensalter im Recht, S. 156.
226 *Geipel*, Lebensalter im Recht, S. 488.
227 *Nussberger*, JZ 2002, 524, 526.

wodurch sowohl in den grundrechtlich geschützten Bereich des Adoptierenden als auch des Adoptierten eingegriffen wird. Dem Adoptierenden wird das Recht, jemanden zu adoptieren, altersbedingt verwehrt; der Adoptierte hat nicht die Möglichkeit, vollständiges Mitglied in einer Familie zu werden.[228] Mit einem Verweis auf die zu Art. 3 Abs. 1 GG angestellten Erwägungen kann ohne weiteres von einer verfassungsmäßigen Rechtfertigung ausgegangen werden.

b) Der Mindestaltersabstand

Bis zum FamRÄndG von 1961 hatte der Gesetzgeber in § 1744 BGB a.F. noch einen Mindestaltersabstand von 18 Jahren zwischen Annehmenden und Anzunehmenden vorgeschrieben. Auch wenn eine Vielzahl von ausländischen Rechtsordnungen einen Mindestaltersabstand vorsieht, hat der Gesetzgeber auf eine Übernahme dieser Altersgrenze in das aktuelle BGB verzichtet.[229] Was den Gesetzgeber dazu veranlasst hat, von der Normierung eines Mindestaltersabstandes abzusehen, und wie die Handhabung in der Rechtspraxis aussieht, bedarf einer umfassenden rechtlichen Überprüfung, bei der die ursprüngliche Rechtslage mit der heute geltenden verglichen wird.

aa) Ursprüngliche Rechtslage

Ursprünglich bestand das BGB auf dem nur „subsidiären Charakter der Adoption" (Annahme an Kindes statt)[230] und ließ sich von der preußischen Konzeption der adoptio minus plena auf Vertragsbasis leiten. Gemäß § 1744 BGB a.F. musste zwischen Adoptiveltern und Adoptivkind als Adoptionsvoraussetzung ein Mindestaltersabstand von 18 Jahren eingehalten werden; ansonsten wurde ein Adoptionsantrag abgewiesen. Dieser Mindestaltersabstand richtete sich nach dem Ehemündigkeitsalter.[231]

Das 18. Lebensjahr, das nach heutiger Rechtsauffassung maßgeblich ist, lässt sich sogar bis auf die plena pubertas des Römischen Rechts zurückverfolgen. Nach Römischem Recht wurde zwischen Annehmenden und Anzunehmenden

---

228 Vgl. *Nussberger*, JZ 2002, 524, 526.

229 *Kaiser/Schnitzler/Friederici/Schilling/Dahm*, Familienrecht, § 1741 Rn. 17.

230 *Kroppenberg*, Forum historiae iuris, Artikel vom 19.03.2012, (abrufbar unter: http://www.forhistiur.de/zitat/1203kroppenberg.htm, Rn. 26 {zuletzt am 7.5.2017}; *Mugdan*, Die gesamten Materialien (Anm. 11), S. 509: „subsidiäres Mittel, ein Eltern- und Kindesverhältnis zu begründen".

231 *Kroppenberg*, http://www.forhistiur.de/zitat/1203kroppenberg.htm, Rn. 27.

ein Mindestaltersabstand von 18 Jahren – eine plena pubertas – verlangt.[232] Das Abstellen auf eine plena pubertas verwundert ein wenig. Fraglich ist, warum gerade ein Mindestaltersunterschied von 18 Jahren als Richtschnur gewählt worden ist. Nach Römischem Recht konnte ein Mann nämlich bereits mit vollendetem 14. Lebensjahr den Bund der Ehe eingehen (heute: grundsätzlich mit 18 Jahren, aber nach § 1303 Abs. 2 BGB reicht es, dass ein Ehepaar 16 Jahre alt ist, wenn der andere Ehegatte mindestens 18 Jahre alt ist). Daraus kann geschlossen werden, dass er bereits vor Vollendung des 18. Lebensjahres Kinder bekommen konnte.[233] Würde man sich nach der natürlichen Abstammung richten, dann käme unter Hinzuzählung der neunmonatigen Konzeptionszeit die Vollendung des 15. Lebensjahres heraus; hierbei handelt es sich um einen Maßstab, nach dem sich die adoption plenière in Art. 344 CC richtet: Nach der adoption plenière wird Ehefähigkeit mit Vollendung des 18. Lebensjahres (Art. 144 CC) und Kindererwerbsfähigkeit mit Vollendung des 15. Lebensjahres und mithin ein Mindestaltersabstand bei der Adoption von 15 Jahren angenommen.[234] Zudem erlangten Jünglinge nach prokulianischer Lehre mit Vollendung des 14. Lebensjahres die pubertas, also die Mündigkeit.[235]

Eine plausible Erklärung dafür, dass das Alter von 15 Jahren auf 18 Jahren erhöht worden ist, könnte sich daraus ergeben, dass von der Adoption überwiegend Kleinkinder betroffen sind; hierzu bedarf es eines Annehmenden, der ein ausgereiftes Urteilsvermögen besitzt, was von einem 18-Jährigen, aber nicht von einem 15-Jährigen erwartet werden kann.[236] Allerdings beinhaltet dieser Umstand eine gewisse Widersprüchlichkeit. Blickt man in Bezug auf die

232 Inst. 1, 11, 4: „*Anerkannt ist, dass ein Jüngerer nicht einen Älteren adoptieren kann. Die Adoption ahmt nämlich die Natur nach, und es wäre ungeheuerlich, wenn der Sohn älter ist als der Vater. Deshalb muss, wer einen Sohn durch Arrogation oder durch Adoption (im engeren Sinne) bekommen will, um ein erweitertes Mündigkeitsalter, das heißt um 18 Jahre, älter sein.*“ Corpus Iuris Civilis, übersetzt von *Behrends/Knütel/Kupisch/Seiler*, Band 1: Institutionen), S. 20; D. 1, 7, 40, 1: „*Nicht nur, wer adoptiert, sondern auch wer einen anderen durch durch Arrogation an Kindes statt annimmt, muss älter als der sein, den er durch Adoption oder Arrogation als Sohn bekommen will, und zwar jedenfalls um ein erweitertes Mündigkeitsalter, das heißt, er muss um 18 Jahre älter sein als* der andere.“ Corpus Iuris Civilis, übersetzt von *Behrends/Knütel/Kupisch/Seiler*, Band 2: Digesten 1 – 10, S. 136.

233 *Gaul/Knütel*, S. 8.

234 *Gaul/Knütel*, S. 8.

235 *Gaul/Knütel*, S. 8 f.; *Kaser/Knütel*, Römisches Privatrecht, § 14 Rn. 2; Mädchen waren mit Vollendung des 12. Lebensjahres mündig.

236 *Gaul/Knütel*, S. 9 (mit weiteren Ausführungen zur „Spätentwicklertheorie“).

erforderliche Reife auf das 18. Lebensjahr, dann stellt sich die Frage, warum nach Römischem Recht das 14. Lebensjahr eine Bedeutung von hohem Stellenwert hatte. Das Abstellen auf einen Mindestaltersabstand von 18 Jahren muss anderweitig begründbar sein.[237] Eine solche Begründung könnte in dem Beginn der militärischen Dienstpflicht mit Vollendung des 17. Lebensjahres gesehen werden.[238] Nach damaligem Römischen Recht musste zunächst das 17. Lebensjahr vollendet werden, um Stimmrechtsfähigkeit und Handlungsbefugnisse vor der Volksversammlung zu erlangen.[239] Nebenbei war die feierliche Anlegung der männlichen Toga, die den Eintritt in das Mannesalter (iuventus) zum Ausdruck bringen sollte, erst mit vollendetem 17. Lebensjahr gebräuchlich.[240] Also scheint es nicht ganz unwahrscheinlich zu sein, in der Vollendung des 17. Lebensjahres die wesentliche Altersstufe zu sehen: Sie gewährte die Befähigung zum Militärdienst, politische Selbstständigkeit und privatrechtliche Geschäftsfähigkeit – so auch die aktuelle Rechtslage bei der Vollendung des 18. Lebensjahres.[241] Unter Berücksichtigung dieser Altersstufen lässt sich der Mindestaltersabstand von 18 Jahren nachvollziehbar erklären. Laut Justinian konnte man mit Vollendung des 17. Lebensjahres heiraten und mit Vollendung des 18. Lebensjahres einen Sohn haben. Dieses nach altrömischem Recht frühestmögliche Alter war für Justinian der Grundstein, „um es als plena pubertas zum maßgeblichen Altersunterschied für Arrogation und Adoption zu erheben".[242]

bb) Aktuelle Rechtslage

Auch wenn bis zum FamRÄndG von 1961 in § 1744 BGB a.F. ein Mindestaltersabstand von 18 Jahren zwischen Adoptiveltern und Kind normiert war, wurde mit dem FamRÄndG von einer Übernahme in das aktuelle BGB abgesehen.[243] Denn mit dem Abstellen auf starre Altersgrenzen lässt sich der Grundsatz „adoptio naturam imitatur" nur bedingt verwirklichen. Infolgedessen ist ein entsprechender

---

237 *Gaul/Knütel*, S. 10; *Mommsen*, Römisches Staatsrecht, Band 1, S. 506 FN. 2; *Marquardt*, Das Privatleben der Römer, S. 123 Fn. 1.

238 *Mommsen*, Römisches Staatsrecht, Band 1, S. 506; *Kaser/Knütel*, Römisches Privatrecht, § 14 Rn. 2.

239 *Gaul/Knütel*, S. 10.

240 *Marquardt/Mau*, S. 123, 127.

241 *Marquardt*, S. 131 f.; *Savigny*, System des heutigen Römischen Rechts, Band 3, S. 58 f. hält diese Annahme für „natürlich, und darum nicht unwahrscheinlich", vermisst aber ein „Zeugnis"; vgl. auch *Pernice*, Labeo, Band 1, 1873 (Nachdruck 1963), S. 206.

242 *Gaul/Knütel*, S. 11.

243 Vgl. auch OLG Hamm vom 05.08.2013 – 8 UF 68/13 = NotBZ 2013, 477 mwN.

Mindestaltersabstand nur noch im Zusammenhang mit der Frage, ob die Adoption mit dem Kindeswohl in Einklang steht, zu berücksichtigen.[244]

Die Aufhebung des Mindestaltersabstandes wird nichtsdestotrotz noch heute von einigen Vertretern bedauert.[245] Gernhuber[246] spricht in diesem Zusammenhang von „relativen Altersansätzen" und verlangt gesetzlich normierte Altersdifferenzen zwischen Annehmenden und Kind. Dadurch hätte das Kind ausreichend ältere und mithin als „Eltern" geeignete Erzieher. Für die künftige Eltern-Kind-Beziehung hätte ein Mindestaltersabstand einen hohen Stellenwert. Demzufolge wird ein Mindestaltersabstand von 18 Jahren – auch wenn nicht gesetzlich geregelt – für selbstverständlich gehalten, weil nur dann ein „natürliches" Eltern-Kind-Verhältnis besteht.[247] Ferner kann vom Alter auf die Befähigung geschlossen werden, Versorgungs- und Erziehungsaufgaben adäquat umzusetzen.[248] Relevanz hat das Alter auch für die Entscheidung, ob die Adoption dem Wohl des Kindes entspricht, da Adoptiveltern kontinuierlich eventuellen Belastungen standhalten müssen;[249] das Alter kann damit Auskunft über die entsprechende Gesundheit eines Bewerbers geben.[250] Diese Umstände werden obendrein durch Art. 8 Nr. 3 a.F. des Europäischen Übereinkommens über die Adoption von Kindern bestätigt. Während die Adoption nach Art. 8 Nr. 1 und Nr. 2 a.F. des Übereinkommens dem Kindeswohl zu dienen hatte (Nr. 1) und dem Kind ein beständiges und ausgeglichenes Zuhause verschaffen sollte (Nr. 2), wurden diese Voraussetzungen nach Art. 8 Nr. 3 a.F. des Übereinkommens als nicht erfüllt angesehen, wenn der Altersabstand zwischen Adoptiveltern und Adoptivkind geringer ist als der gewöhnliche Altersunterschied zwischen Eltern und leiblichen Kindern. Ausländische Vorschriften können mithin als Erfahrungswerte und Anknüpfungspunkte dienen.[251] Darüber hinaus hat nach Art. 9

---

244 *Staudinger/Frank*, Adoption, § 1743 Rn. 4; vgl. auch LG Kassel vom 05.10.2005 – 3 T 140/05 = FamRZ 2006, 727 in einem Fall, in dem der Altersunterschied zwischen Kind und Adoptiveltern 85 Jahre betrug; OLG Frankfurt vom 12.6.2003 – 20 W 264/02: abgelehnte Annahme eines Kindes, das aus Libanon stammt, durch deutsche Eheleute im Alter von 75 und 79 Jahren.

245 *Gernhuber/Coester-Waltjen*, Familienrecht, § 68 IV Rn. 33.

246 *Gernhuber/Coester-Waltjen*, Familienrecht, § 68 IV Rn. 33

247 RGRK/*Scheffler*, 10./11. Auflage, § 1744 Anm. 4.

248 LG Kassel vom 05.10.2005 – 3 T 140/05 mwN.

249 OLG Frankfurt vom 12.6.2003 – 20 W 264/02; LG Kassel vom 05.10.2005 – 3 T 140/05; VG Hamburg vom 18.12.2001 – 13 VG 2780/2001 = JAmt 2002, 464.

250 Dies kann ein allgemeiner Test eines Hausarztes belegen: LG Kassel vom 05.10.2005 – 3 T 140/05.

251 MüKo-*Maurer*, Familienrecht II, § 1741 Rn. 29.

Abs. 1 S. 3 EuAdAb n.F. zwischen dem Annehmenden und dem Kind im Hinblick auf das Kindeswohl ein angemessener Altersunterschied zu bestehen, der vorzugsweise mindestens 16 Jahre beträgt, um den typischen Generationenabstand zu wahren.[252] Unterschreitet der Altersabstand die Grenze von 15 Jahren, dann entwickelt sich anstelle eines mütterlichen Verhältnisses ein geschwisterliches ohne jegliche Autoritätsfunktion.[253]

Es stellt sich nun die Frage, ob entsprechende Schlussfolgerungen auch für die Volljährigenadoption gelten. Wie sich aus § 1767 Abs. 1 BGB ergibt, wird auch bei der Erwachsenenadoption ein Eltern-Kind-Verhältnis als eines der Zulässigkeitserfordernisse verlangt: Gefordert wird eine Art Verbundenheit, durch welche auch die Beziehung zwischen natürlichen Eltern und ihren leiblichen Kindern geprägt ist.[254] Während sich bei der Minderjährigenadoption die Begründung eines Eltern-Kind-Verhältnisses relativ problemlos feststellen lässt, erweist sich die Beantwortung dieser Frage bei der Adoption eines Volljährigen als erheblich komplizierter. Die Rechtsprechung zum damaligen Adoptionsrecht schraubte die Erwartungen an eine Eltern-Kind-Beziehung unter Erwachsenen herunter, da „bei Personen in höherem Alter im Allgemeinen eine weniger enge Gemeinschaft zu erwarten ist als bei der Adoption eines Minderjährigen".[255] Heute wird das tatsächliche Zusammenleben von Adoptiveltern und anzunehmenden Erwachsenen als Wesensmerkmal einer Eltern-Kind-Beziehung nicht mehr für ausreichend gehalten.[256] Maßgeblich ist die Bereitwilligkeit zu gegenseitigem Beistand, die zum einen auf Dauer angelegt ist und wie ihn sich zum anderen

252 Vgl. *Lüderitz*, NJW 1976, 1865, 1867.

253 *Kaiser/Schnitzler/Friederici/Schilling/Dahm*, Familienrecht, § 1741 Rn. 17; BayObLG vom 14.10.1997 – 1 Z BR 136/97 = NJWE-FER 1998, 78 (11 Jahre zu gering); OLG Karlsruhe vom 22.08.1990 – 11 W 119/90 = FamRZ 1991, 226, 227 (4,5 Jahre zu gering); OLG Köln vom 08.02.1982 – 16 Wx 122/81 = FamRZ 1982, 844 (7 Jahre zu gering); OLG Schleswig vom 03.06.2009 – 2 W 26/09 = FGPrax 2009, 269 zu einem der Generationenfolge entsprechenden Altersabstand von 20 Jahren; vgl. auch OLG Hamm vom 05.08.2013 – 8 UF 68/13 = NotBZ 2013, 477; KG Berlin vom 27.03.2013 – 17 UF 42/13 = NJW-RR 2013, 774 (12 Jahre zu gering) und KG Berlin vom 22.09.1981 – 1 W 3258/81 = FamRZ 1982, 641, 642 (14 Jahre zu gering).

254 BayObLG vom 14.10.1997 – 1Z BR 136/97.

255 RGZ 147, 220, 223; RGRK/*Dickescheid*, 12. Auflage, § 1767 Rn. 5.

256 BGH NJW 1961, 1461, 1462 f.; *Bosch*, FamRZ 1964, 401, 408; *Staudinger/Engler*, Familienrecht, 10./11. Auflage, § 1754 Rn. 33; *Staudinger/Frank*, Adoption, § 1767 Rn. 15; RGRK/*Dickescheid*, 12. Auflage, § 1767 Rn. 5.

leibliche Eltern und Kinder typischerweise im Sinne von § 1618 a BGB leisten,[257] „eine dauernde innere (seelisch-geistige) Verbundenheit, wie sie zwischen Eltern und Kind nach dessen Volljährigkeit geprägt bleibt“[258] und „ein soziales Familienband, das seinem ganzen Inhalt nach dem durch die natürliche Abstammung geschaffenen ähnelt“.[259] „Wöchentliche Besuche zur Unterstützung eines betagten Annehmenden, gemeinsame Interessen und ein Vertrauensverhältnis sollen nicht ausreichen, ebenso wenig freundschaftliche oder kollegiale Beziehungen.“[260] Wenn greifbare Kriterien dafür, ob ein derart persönlicher Kontakt zwischen Menschen im Erwachsenenalter besteht, nicht existieren, welche ein Eltern-Kind-Verhältnis begründen würden, beschäftigt sich die Rechtsprechung mit Indizien. Demnach soll der Altersabstand zwischen Adoptiveltern und Adoptivkind in etwa dem zwischen Eltern und leiblichen Kindern entsprechen.[261] Ein zu geringer Altersunterschied, der nicht der natürlichen Generationenfolge entspricht, stellt ein Indiz gegen das Vorliegen eines Eltern-Kind-Verhältnisses dar. Solche ernsten Bedenken sind beispielsweise dann anzunehmen, wenn der Anzunehmende lediglich 15 Jahre jünger ist als der Annehmende.[262]

---

257 BayObLG vom 24.07.2002 - 1Z BR 9/02 = NJW-RR 2002, 1658; BayObLG vom 24.07.2002 - 1Z BR 54/02 = FamRZ 2002, 1651, 1652; BayObLG vom 21.05.1985 - 1 Z 30/85 = NJW 1985, 2094, 2095; OLG Zweibrücken vom 09.09.2005 - 3 W 121/05 = FamRZ 2006, 572, 573; OLG Hamm vom, 07.01.2003 - 15 W 406/02 = FamRZ 2003, 1867; OLG Karlsruhe vom 22.07.2005 - 14 Wx 31/05 = NJW-RR 2006, 364.

258 BayObLG vom 29.03.1995 - 1Z BR 72/94 = NJW-RR, 1995, 1287, 1288; BayObLG vom 16.11.1999 - 1Z BR 115/99 = StAZ 2000, 172, 173; OLG Karlsruhe vom 22.07.2005 - 14 Wx31/05.

259 OLG Karlsruhe vom 22.07.2005 - 14 Wx 31/05.

260 KG Berlin vom 22.09.1981 - 1 W 3258/81.

261 *Staudinger/Frank*, Adoption, § 1767 Rn. 15. – Adoption abgelehnt bei Altersunterschied von 4,5 Jahren durch OLG Karlsruhe vom 22.08.1990 - 11 W 119/90; von 3 - 12 Jahren durch OLG Köln vom 01.03.1982 - 16 Wx 9/82 = FamRZ 1982, 642, 643; von 7 Jahren durch OLG Köln vom 08.02.1982 - 16 Wx 122/81 = FamRZ 1982, 844, 845; von 11 Jahren durch BayObLG vom 14.10.1997 - 1Z BR 136/97 = FamRZ 1998, 505; von 14 Jahren durch BayObLG vom 29.02.1980 - 1 Z 2/80 = DAVorm 1980, 503, 507; Adoption bejahend bei Altersunterschied von 6 Jahren durch LG Frankenthal vom 04.08.1997 - 1 T 294/97 = FamRZ 1998, 505, von 11 Jahren durch LG Mannheim Justiz 1977, 134. Zu Recht abgelehnt wurde die Adoption eines fünf Jahre älteren Adoptivkindes in FG Düsseldorf vom 05.07.2000 - 4 K 5245/96 AO = EFG 2000, 1345 (LS).

262 So auch BayObLG vom 14.10.1997 - 1Z BR 136/97.

cc) Mindestaltersabstand bei den verschiedenen Adoptionsformen

(1) Stiefkindadoption

Zwar ist die Einhaltung eines Mindestaltersabstandes von 15 – 20 Jahren zwischen Adoptiveltern und Adoptivkind zur Begründung einer Eltern-Kind-Beziehung empfehlenswert.[263] Im Einzelfall sind auch Ausnahmen möglich: Dies betrifft zunächst die Stiefkindadoption, bei der Annehmender und Anzunehmender für gewöhnlich mehrere Jahre in häuslicher Gemeinschaft gelebt haben, sich trotz geringfügigen Altersunterschiedes tatsächlich ein Eltern-Kind-Verhältnis entwickelt hat[264] und damit eine „soziale Elternschaft" begründet wurde.[265] Das Alter des Stiefelternteils ist in solchen Fällen von geringer Bedeutung: Elementar ist vielmehr das Bestehen einer tatsächlichen Gemeinschaft mit dem Kind.[266] Der Altersunterschied ist nur ein Indiz, neben dem noch andere Kriterien zu berücksichtigen sind.[267] Es muss eine emotionale Bindung zwischen Annehmendem und Anzunehmendem entstanden sein oder ein hoher Reifegrad des Annehmenden die Begründung einer Eltern-Kind-Beziehung künftig erwarten lassen.[268] Ein zu geringer Altersabstand muss auch nicht zwangsweise dem Wohl des Kindes entgegenstehen: Die Adoption dient dem Kindeswohl, wenn „dadurch die Lebensbedingungen des Kindes im Vergleich zu den gegenwärtigen Lebensbedingungen so geändert werden, dass eine merklich bessere

---

263 Vgl. *Soergel/Liermann*, Familienrecht 4, § 1767 Rn. 7.

264 OLG Hamm vom 05.08.2013 – 8 UF 68/13; LG Frankenthal vom 04.08.1997 – 1 T 294/97; KG Berlin vom 27.03.2013 – 17 UF 42/13 alle zur Stiefkindadoption; zur Volljährigenadoption nach 20 Jahren des Zusammenlebens LG Mannheim vom 18.10.1976 – 4 T 118/76 =FamRZ 1979, 80.

265 *Grziwotz*, FamFR 2011, 533, 534.

266 *Gernhuber/Coester/Waltjen*, Familienrecht, § 68 IV 1 Rn. 33; *Grziwotz*, FamFR 2011, 533, 534; zur unmöglichen Nivellierung des zu hohen Alters eines Adoptionsbewerbers durch die Jugend des anderen Bewerbers siehe *Kaiser/Schnitzler/Friederici/Schilling/Dahm*, Familienrecht, § 1741 Rn. 1.

267 LG Frankenthal vom 04.08.1997 – 1 T 294/97.

268 OLG Hamm vom 05.08.2013 – 8 UF 68/13, das in seiner Entscheidung eine Stiefkindadoption trotz Altersunterschieds von 13 Jahren und 7 Monaten zwischen Annehmenden und Anzunehmenden für begründet erklärt hat.

Entwicklung seiner Persönlichkeit zu erwarten ist".[269] Es muss wirtschaftlich und rechtlich zur Verbesserung der Kindeslage kommen.[270]

(2) Volljährigenadoption

Besonderheiten können sich im Zusammenhang mit der Volljährigenadoption ergeben. Ein geringer Altersunterschied ist hier nichts Außergewöhnliches.[271] Das Alter hat bei der Volljährigenadoption ausschließlich eine Indizwirkung, sodass noch andere Aspekte bedacht werden müssen. Entscheidend ist, wie lange der Anzunehmende schon im Haushalt des Eltern- und Stiefelternteils lebt und ob hieraus eine auf Gegenseitigkeit beruhende Unterstützung folgt, also die Bereitwilligkeit, in allen Lebenslagen füreinander da zu sein. Auch das Bestehen einer intakten familiären Beziehung ist ein bedeutendes Kriterium.[272] Nur in solchen Fällen soll die Adoption zum Ausdruck bringen, dass eine Familie als Ganzes besteht. Verfolgt die Kindesannahme das Ziel, bereits bestehende familiäre Bindungen rechtlich zu bestätigen und Erbfolgeregelungen langfristig für die Familie zu finden, liegen familienbezogene Motive vor. Angesichts dieser Umstände wäre es missglückt, dem Altersunterschied große Aufmerksamkeit zukommen zu lassen.[273]

Bei der Volljährigenadoption kann überdies die Frage der sittlichen Rechtfertigung nach § 1767 Abs. 1 BGB problematisch sein. Eine sittliche Rechtfertigung ist vor allem anzunehmen, wenn ein Eltern-Kind-Verhältnis bereits besteht oder ein solches erwartet werden kann. Insbesondere im Fall der Stiefkindadoption wird die sittliche Rechtfertigung der Adoption unabhängig vom Altersunterschied, der ohnehin vom Zufall abhängt, gewohnheitsmäßig angenommen, „da sie die rechtliche Stellung eines gemeinschaftlichen ehelichen Kind erhält"; es

---

269 OLG Hamm vom 05.08.2013 - 8 UF 68/13; so auch BayObLG vom 16.12.1982 - BReg. 1 Z 78/82 = FamRZ 1983, 532, 533; BayObLG vom 16.03.1989 - BReg. 1 a Z 48/88 = FamRZ 1989, 1336, 1337; MüKo-*Maurer*, § 1741 Rn. 16; eine einfache Verbesserung reicht aus nach OLG Hamm vom 14.09.1981 - 15 W 252/80 = FamRZ 1982, 194, 195.

270 OLG Hamm vom 05.08.2013 - 8 UF 68/13.

271 So hat das Landgericht Frankenthal in seinem Urteil vom 4.8.1997 entschieden, dass das Bestehen einer Eltern-Kind-Beziehung als Voraussetzung für eine Erwachsenenadoption nicht aus dem Grund verneint werden kann, dass der Altersunterschied zwischen den Beteiligten lediglich 6 Jahre beträgt und damit eigentlich zu gering ist. - LG Frankenthal vom 04.08.1997 - 1 T 294/97.

272 LG Frankenthal vom 04.08.1997 - 1 T 294/97.

273 LG Frankenthal vom 04.08.1997 - 1 T 294/97.

soll nämlich eine tatsächliche Kindesbeziehung „rechtlich institutionalisiert“ werden.[274] Bei der Stiefkindadoption liegt also die Vermutung nahe, dass diese vorgenommen wird, um den gemeinsamen Familienverbund auch rechtlich zu legalisieren.[275] An der sittlichen Rechtfertigung ändert somit ein geringer Altersunterschied nichts, auch wenn der Altersabstand zutreffenderweise dem zwischen Eltern und leiblichen Kindern entsprechen soll.[276] Das Reichsgericht hat bereits darauf hingewiesen, dass ein geringer Altersunterschied als solcher nicht für die Annahme reicht, „dass die Adoption auf rechtlich einwandfreien Grundlagen beruht.“[277] Ausschlaggebend sind stets die Gesamtumstände des Einzelfalls.[278] Aus dem geringen Altersunterschied resultiert nicht der Verdacht einer missbräuchlichen Adoption. Die Beurteilung der Frage, ob zwischen dem Stiefelternteil und dem Kind ein Eltern-Kind-Verhältnis entstanden ist, richtet sich also nicht nach dem Alter des Kindes, das in die Ehe eingebracht wurde.[279]

Es darf nicht außer Acht gelassen werden, dass die Volljährigenadoption nach § 1767 Abs. 2 i.V.m. § 1741 Abs. 1 BGB mit dem Wohl des Anzunehmenden in Einklang stehen muss. Im Fall der Geschäftsfähigkeit des Anzunehmenden trifft dieser mit dem Annahmeantrag grundsätzlich selbst die Entscheidung darüber,

---

274 LG Frankenthal vom 04.08.1997 – 1 T 294/97.

275 LG Frankenthal vom 04.08.1997 – 1 T 294/97.

276 Vgl. in Bezug auf einen angemessenen Altersunterschied BayObLG vom 14.10.1997 – 1Z BR 136/97: ein zu geringer, nicht der natürlichen Generationenfolge entsprechender Altersunterschied von 11 Jahren ist ein gewichtiges Indiz gegen die Annahme, dass die Begründung eines Eltern-Kind-Verhältnisses zu erwarten ist; OLG Karlsruhe vom 22.08.1990 – 11 W 119/90: ein Altersunterschied von nur 4,5 Jahren steht einer Adoption entgegen; OLG Köln vom 08.02.1982 – 16 Wx 122/81: ein Altersabstand von 7 Jahren lässt nicht erwarten, dass ein Vater-Sohn-Verhältnis entstehen wird; KG Berlin vom 22.09.1981 – 1 W 3258/81: ein Altersunterschied von nur 14 Jahren entspricht nicht einem natürlichen Altersunterschied zwischen Eltern und Kindern und hindert deshalb die Annahme, „dass die Entstehung eines echten, dem natürlichen Eltern-Kind-Verhältnis nachgebildeten Familienbandes zu erwarten ist“.

277 RGZ 147, 220, 226.

278 RGZ 147, 220, 226.

279 LG Frankenthal vom 04.08.1997 – 1 T 294/97; vgl. auch KG Berlin vom 27.3.2013 – 17 UF 42/13, bei dem die Adoption eines 62-jährigen Anzunehmenden durch einen 74-jährigen Annehmenden wegen des geringen Altersabstandes von 12 Jahren keinen Erfolg hatte.

ob die Annahme seinem Wohl entspricht, sodass etwaige vormundschaftsgerichtliche Nachforschungen obsolet sind.[280]

(3) Negativer Altersunterschied

Bereits um die Mitte des 2. Jahrhunderts n. Chr. war die Notwendigkeit, dass der Annehmende älter sein muss als der Anzunehmende, keine Selbstverständlichkeit und damit umstritten. Es gab sogar in den 50er Jahren des ersten vorchristlichen Jahrhunderts einen berühmten Fall, in dem es um die Adoption eines Älteren durch einen Jüngeren ging:[281] Der patrizische Senator Publius Claudius Pulcher ließ sich von dem Plebejer Publius Fonteius, der noch nicht einmal 20 Jahre alt war, adoptieren, um als Plebejer Volkstribun werden zu können. Die Adoption hätte für ungültig gehalten werden müssen, da das Altersverhältnis so beschaffen war, dass der Adoptivvater den Lebensjahren nach die Stellung eines Sohnes hätte einnehmen können. Nichtsdestotrotz wurde die Adoption für wirksam gehalten. Auf die Frage der Wirksamkeit kam es gleichwohl aber nicht an, da die Wirksamkeit von Amtsakten nicht durch Bestellungsmängel beeinträchtigt werden kann.[282]

Auch in der heutigen Rechtspraxis kommen solche Fälle vor. Probleme wirft eine Entscheidung des AG Bielefeld auf,[283] in der es um die Adoption eines 11 Jahre älteren Erwachsenen ging, der seinem geistigen Entwicklungsstand nach auf die gleiche Stufe mit einem 10 – 12-Jährigen zu stellen war. Die Adoption wurde ausgesprochen: „Ein ‚negativer' Altersunterschied schließt nicht das Entstehen eines Eltern-Kind-Verhältnisses gemäß § 1767 Abs. 1 BGB aus, wenn der (volljährige) Anzunehmende aufgrund seines geistigen Entwicklungsstandes einem 10 – 12-jährigen Kinde gleichzustellen ist". Dem „negativen Altersunterschied" kommt infolgedessen nur eine untergeordnete Bedeutung zu. Die Beziehung zwischen Annehmenden und Anzunehmenden muss „subjektiv und

280 LG Frankenthal vom 04.08.1997 – 1 T 294/97.; OLG Köln vom 05.02.1990 – 16 Wx 169/89 = FamRZ 1990, 800; BayObLG vom 22.12.1981 – 1 Z 120/81 = FamRZ 1982, 644, 645; OLG Zweibrücken vom 09.09.2005 – 3 W 121/05; *Staudinger/Frank*, Adoption, § 1767 Rn. 13; RGRK/*Dickescheid*, 12. Auflage, § 1767 Rn. 6; *Erman/Saar*, BGB, § 1767 Rn. 2.

281 *Knütel*, ZEuP 1994, 244, 260 f.

282 Vgl. dazu *Gaul/Knütel*, S. 6 ff. mit weiteren Ausführungen zu der Tatsache, dass es zu Ciceros Zeit keinerlei Hinderungsgründe zivilrechtlicher Art dafür gab, dass ein Älterer durch einen Jüngeren adoptiert wurde; *Knütel*, ZEuP 1994, 244, 260 f.

283 AG Bielefeld vom 24.06.1982 – 2 XVI 47/81 = FamRZ 1982, 961; *Palandt/Götz*, BGB, § 1767 Rn. 7 a.E.; *Knütel*, ZEuP 1994, 260 f.

objektiv ein Abhängigkeitsverhältnis" sein, wie das zwischen Eltern und minderjährigen Kindern typischerweise der Fall ist.[284] Auch in solchen Fällen muss sich die Rechtsprechung mangels handfester Kriterien mit Indizien helfen.

(4) Geschwisteradoption

Generell abzulehnen ist auch die Adoption unter Geschwistern.[285] Wird ein Kind durch ein Geschwisterteil und dessen Ehegatten angenommen, dann erlischt das Verwandtschaftsverhältnis zu den leiblichen Eltern und das Kind erhält ein 3. Großelternpaar, nämlich die Schwiegereltern vom Geschwisterteil. Ausnahmen sollen dann gelten, wenn einer der Beteiligten erheblich älter ist als der andere und schon über einen langen Zeitraum hinweg „Elternaufgaben" übernommen hat, etwa weil die leiblichen Eltern (bei einem Verkehrsunfall) gestorben sind.[286] Insbesondere bei älteren Adoptionswilligen muss stets darauf geachtet werden, ob ein Kind nach einer Berufskarriere und jahrelang gelebter Unabhängigkeit lediglich der Selbstverwirklichung dient.[287]

Bei der Adoption eines volljährigen Geschwisterteils ist wiederum eine leichtere Handhabung möglich: Ein Geschwisterteil, das die Volljährigkeit erreicht hat, kann beispielsweise von einem etwa 13 Jahre älteren Geschwisterteil und dessen Ehegatten adoptiert werden, wenn diese sich dem Anzunehmenden gegenüber stets wie Mutter und Vater verhalten haben. Der Anzunehmende muss von „Kindesbeinen" an anstatt vom leiblichen Elternteil vom Geschwisterteil versorgt worden sein. Zum Ehegatten des Geschwisterteils muss von frühester Kindheit an ein vater- bzw. mutterähnliches enges Verhältnis bestehen, damit die Anzunehmenden als die Ersatzelternteile angesehen werden können. Nur dann kann trotz des geringen Altersunterschiedes von einer Eltern-Kind-Beziehung gesprochen werden.[288]

284 AG Bielefeld vom 24.06.1982 – 2 XVI 47/81.

285 MüKo-*Maurer*, Familienrecht II, § 1741 Rn. 17.

286 Zur gemeinschaftlichen Adoption durch ein Geschwisterpaar: *Kaiser/Schnitzler/Friederici/Schilling/Dahm*, Familienrecht, § 1741 Rn. 44; *Dieckmann* ZblJugR 1980, 567, 568 FN. 6: „Geschwisteradoptionen sind allenfalls bei einem großen Altersunterschied erwägenswert".

287 Zu Motiven außer der Fürsorge für das Kind *Kaiser/Schnitzler/Friederici/Schilling/Dahm*, Familienrecht, § 1741 Rn. 1.

288 So das LG Bonn vom 20.7.2000 – 4 T 414/00 = FamRZ 2001, 120, wo es um die Adoption eines Volljährigen durch seine in Deutschland lebende 13 Jahre ältere Schwester und ihren 21 Jahre älteren Ehemann ging; allerdings unter Verkennung des kollisionsrechtlichen Gehalts des Falles; vgl. auch JurisPK/*Heiderhoff*, § 1767 Rn. 9.

2. Mindestaltersgrenzen bei der Auslandsadoption

Die Auslandsadoption gewinnt heute zunehmend an Bedeutung. Um die Frage des anwendbaren Sachrechts zu klären, muss zunächst – vor dem Hintergrund, dass die Kindesannahme in den seltensten Fällen noch auf einem Vertrag zwischen Annehmenden und Kind basiert (Vertragsadoption), sondern auf einem staatlichen Hoheitsakt – zwischen der Inlandsadoption mit einer Auslandsberührung und der reinen Auslandsadoption unterschieden werden.[289]

Unter einer Inlandsadoption mit einer Auslandsberührung versteht man ein im Inland zu vollziehendes Adoptionsverfahren, an dem Ausländer beteiligt sind, also die Annahme eines die deutsche Staatsangehörigkeit nicht besitzenden ausländischen Kindes durch ein deutsches Ehepaar in Deutschland. Bei einer solchen Adoption richtet sich das maßgebliche Recht nach Art. 22, 23 EGBGB.

Die reine Auslandsadoption, bei der ein deutsches Ehepaar in einem anderen Land ein aus diesem stammendes Kind annimmt, kann nach Maßgabe des Haager Adoptionsübereinkommens über den Schutz von Kindern und die Zusammenarbeit auf dem Gebiet der internationalen Adoption vom 29.5.1993[290] zustande kommen. Dieses HAÜ entfaltet nur für internationale Adoptionen Geltungskraft, das bedeutet für solche Kindesannahmen, bei denen das Kind mit der Adoption in ein anderes Land verbracht werden soll.[291] An einem solchen Adoptionsverfahren sind also insgesamt zwei verschiedene Staaten, der Heimatstaat des zu adoptierenden Kindes und der Aufnahmestaat, in dem die Annehmenden leben, beteiligt. Berücksichtigungsfähig ist, dass das HAÜ – anders als das EGBGB – keine Kollisionsnorm enthält, also weder die internationale Zuständigkeit noch das Recht, das auf Auslandsadoptionen anwendbar ist, regelt.[292] Sofern beide Staaten Vertragsstaaten des HAÜ sind, richtet sich die Kindesannahme nach den Vorschriften des HAÜ; insbesondere muss die grenzüberschreitende Adoption gemäß Art. 23 Abs. 1 HAÜ in den anderen Vertragsstaaten anerkannt werden, sobald die rechtlich zuständige Behörde des Staates, in dem das Adoptionsverfahren stattfindet, beglaubigt, dass die Adoption entsprechend dem HAÜ zustande gekommen ist. Auslandsadoptionen, die nicht dem HAÜ unterfallen, sind anzuerkennen, wenn sie den Anforderungen der §§ 108, 109 FamFG entsprechen.[293] Ist

---

289 *Staudinger/Frank*, Adoption, Vor §§ 1741 ff. Rn. 53.

290 BGBl II. S. 1035; im Folgenden HAÜ.

291 *Staudinger/Henrich*, Vor Art. 22 EGBGB Rn. 12.

292 *Kaiser/Schnitzler/Friederici/Schilling/Dahm*, Familienrecht, Vor §§ 1741 Rn. 33.

293 *Frank*, StAZ 2003, 257, 262; vgl. auch *Süß*, MittBayNot 2002, 88, 90.

die Auslandsadoption aber eine Vertragsadoption und unterliegt sie nicht dem HAÜ, beurteilt sich deren Gültigkeit nach Art. 22, 23 EGBGB.[294]

a) *Das Haager Adoptionsübereinkommen über den Schutz von Kindern und die Zusammenarbeit im Adoptionsbereich vom 29.5.1993*

Das Haager Adoptionsübereinkommen vom 29.5.1993 über den Schutz von Kindern und die Zusammenarbeit auf dem Gebiet der internationalen Adoption ist am 1.3.2002 für die Bundesrepublik Deutschland in Kraft getreten.[295] Anlass für das Adoptionsübereinkommen war die Schutzbedürftigkeit von Kindern, die vor der Ratifizierung mangels zwischenstaatlicher Regelungen nicht gewährleistet wurde.

In der Kinderrechtekonvention der Vereinten Nationen von 1989[296] hat man deshalb versucht, Auslandsadoptionen an Voraussetzungen zu knüpfen, um dieses Rechtsinstitut kindeswohlgerechter zu gestalten. Nach Art. 21 KRK soll von denjenigen Vertragsstaaten, die die Adoption anerkennen oder zulassen, gewährleistet werden, dass das Kindeswohl oberste Richtschnur einer jeden Adoption ist. Aus Art. 21 a KRK ergibt sich, dass die Adoption ein staatlicher Akt und privater Dispositionsbefugnis entzogen sein sollte (Fachlichkeitsprinzip). Zudem sollen die Vertragsstaaten eine internationale Adoption erst dann in Erwägung ziehen, wenn das Kind in seinem Heimatland nicht in einer Pflege- oder Adoptionsfamilie untergebracht oder dort nicht in adäquater Weise betreut werden kann (Subsidiaritätsprinzip des Art. 21 b KRK). Nach Art. 21 c KRK soll sichergestellt werden, dass das Kind im Falle einer Auslandsadoption in den Genuss der Schutzvorschriften und Normen kommt, die auch für die Inlandsadoption Geltungskraft haben (Schutzprinzip). Darüber hinaus müssen von den Vertragsstaaten alle geeigneten Maßnahmen getroffen werden, um Kinderhandel und unstatthafte Vermögensvorteile zu unterbinden (Art. 21 d i.V.m. Art. 35 KRK). Schließlich muss im Sinne von Art. 21 e KRK durch den Abschluss zwei- oder mehrseitiger Übereinkünfte sichergestellt sein, dass die Unterbringung des Kindes in einem anderen Land durch die zuständigen Behörden oder Stellen durchgeführt wird.[297]

---

294 *Staudinger/Frank*, Adoption, Vor §§ 1741 ff. Rn. 53.

295 Vgl. Vertragsgesetz vom 23.10.2001, BGBl II. S. 1034. Aktuell gehören dem Übereinkommen 93 Staaten an, vgl. http://www.hcch.net/index_en.php?act=conventions.status&cid=69 (zuletzt am 7.5.2017).

296 Übereinkommen der Vereinten Nationen vom 20.11.1989 über die Rechte des Kindes, vgl. dazu auch *Paulitz*, Adoption, S. 272 ff.

297 Vgl. dazu auch *Weitzel*, Das Haager Adoptionsübereinkommen vom 29.5.1993, NJW 4/2008, S. 186; *Paulitz*, Adoption, S. 272 ff.

Diese in der Kinderrechtekonvention enthaltenen Leitlinien sind der Anknüpfungspunkt für das HAÜ. Die Kinderrechtekonvention hat nur die inhaltlichen Bestimmungen gesetzt, das HAÜ hat sie jedoch verfahrensmäßig umgesetzt.[298]

Die Ziele des Adoptionsübereinkommens sind in Art. 1 HAÜ festgehalten. Demnach sind Schutzvorschriften einzuführen, damit Auslandsadoptionen zum Wohl des Kindes und unter Wahrung seiner völkerrechtlich anerkannten Grundrechte stattfinden. Es soll ein System der Zusammenarbeit unter den Vertragsstaaten etabliert werden, um die Erfüllung der Schutzvorschriften sicherzustellen und dadurch die Entführung und den Verkauf von Kindern sowie Kinderhandel zu unterbinden. Zudem sollen die Adoptionsanerkennungen, die gemäß dem Übereinkommen zustande gekommen sind, gewährleistet werden. Es zeigt sich also, dass der Gesetzgeber mit dem HAÜ eine Vereinheitlichung und Verbesserung des internationalen Adoptionsverfahrens bezweckte, um vor allem Rechtssicherheit in Hinblick auf die Anerkennung ausländischer Adoptionsakte zu gewähren. Dabei gilt der Grundsatz, dass mit dem Auslandsadoptionsverfahren nur Eltern für adoptionsbedürftige Kinder und nicht umgekehrt Kinder für Adoptionswillige gefunden werden sollen.

aa) Die Änderungen im deutschen Adoptionsrecht anlässlich der Ratifizierung des Haager Adoptionsübereinkommens

Anlässlich der Ratifizierung des HAÜ hatte es im deutschen Adoptionsrecht eine Reform gegeben. Gesondert hierzu wurde das Gesetz zur Regelung von Rechtsfragen auf dem Gebiet der internationalen Adoption und zur Weiterentwicklung des Adoptionsvermittlungsrechts vom 5.11.2001[299] zur Umsetzung des Adoptionsübereinkommens in das deutsche Recht beschlossen. Das Gesetz besteht aus insgesamt drei Regelungsinhalten, die sowohl nationale als auch grenzüberschreitende Adoptionen aus Vertrags- und Nichtvertragsstaaten enthalten: Adoptionsübereinkommens-Ausführungsgesetz (AdÜbAG), Adoptionsvermittlungsgesetz (AdVermiG) und Adoptionswirkungsgesetz (AdWirkG). Das Haager Adoptionsübereinkommen prägt also das EGBGB, das Adoptionsvermittlungsgesetz und das Adoptionswirkungsgesetz. Durch das speziellere AdÜbAG wird das

298 Vgl. dazu HK-AdoptR/*Reinhardt*, Einleitung AdÜbAG, S. 104 Rn. 1 ff.; *Weitzel*, NJW 2008, 186 ff.; *Erman/Saar*, BGB, Vor § 1741 Rn. 5; *Andrae*, Internationales Familienrecht, § 7 Rn. 2.

299 Vgl. hierzu BGBl I. S. 2950 (Inkrafttreten: 1.1.2002); zur Entstehungsgeschichte und zum Inhalt des sogenannten Begleitgesetzes vom 05.11.2001 vgl. *Steiger*, Das neue Recht der internationalen Adoption und Adoptionsvermittlung, und *Maurer*, FamRZ 2003, 1337.

HAÜ umgesetzt; dieses Gesetz gilt ausschließlich für die grenzüberschreitende Vermittlung von Kindern aus Vertragsstaaten des Übereinkommens.[300]

(1) Das Adoptionsübereinkommens-Ausführungsgesetz (AdÜbAG) vom 05.11.2001

Der erste Teil dieses Ausführungsgesetzes bestimmt die einzelnen Behörden, die unter der Beachtung des Regelungszwecks des HAÜ tätig werden dürfen. Deutschland – ein föderal organisierter Staat – hat im Sinne von Art. 6 Abs. 2 S. 1 HAÜ von der Möglichkeit Gebrauch gemacht, Zentrale Behörden auf Landesebene zu errichten, da schon damals die Wahrnehmung der Aufgaben internationaler Adoptionsvermittlung im Zuständigkeitsbereich der Länder lag und diese strukturierte Aufgabenzuweisung durch etwaige Modifizierungen unberührt bleiben sollte.[301] Die Landesjugendämter nehmen als zentrale Adoptionsstellen Aufgaben der Zentralen Behörden nach dem HAÜ wahr.[302]

Im zweiten Teil des Ausführungsgesetzes wird im Einzelnen der Ablauf des Adoptionsvermittlungsverfahrens konkretisiert. Abschließend geht es im dritten Teil um die Erteilung einer Bescheinigung über eine Auslandsadoption, die nach dem HAÜ in Deutschland vollzogen wurde, und um die Überprüfung entsprechender Bescheinigungen aus dem Ausland.[303]

(2) Das Adoptionsvermittlungsgesetz (AdVermiG) vom 22.12.2001[304]

Auch hat es mit der Ratifizierung des HAÜ Veränderungen im Bereich des Adoptionsvermittlungsrechts gegeben. Der Terminus „Adoptionsvermittlung“ wird in § 1 S. 1 AdVermiG legaldefiniert. Danach ist Adoptionsvermittlung das Zusammenführen von Kindern unter 18 Jahren und Personen, die ein Kind

---

300 *Kaiser/Schnitzler/Friederici/Schilling/Dahm*, Familienrecht, Vor §§ 1741 Rn. 18; zum AdÜbAG vgl. dessen Kommentierung im HK-AdoptR/*Reinhardt*, Einleitung AdÜbAG, S. 104 Rn. 1; weder das HAÜ noch das AdÜbAG ist für die Vermittlung aus einem Nichtvertragsstaat des HAÜ analog anwendbar (Rn. 12; BVerwG vom 26.10.2010 – 1 C 16.09; VG Hamburg vom 4.3.2010 – 13 K 2959/09).

301 Bundesamt für Justiz, Internationale Adoption, abrufbar unter: https://www.bundesjustizamt.de/DE/SharedDocs/Publikationen/BZAA/BZAA_Broschuere.pdf ?__blob=publicationFile&v=5 (zuletzt am 7.5.2017) – S. 4.

302 Bundesamt für Justiz, Internationale Adoption, S. 5.

303 Bundesamt für Justiz, Internationale Adoption, S. 5.

304 BGBl I. S. 354; vgl. hierzu die Kommentierung im HK-AdoptR/*Reinhardt*, AdVermiG S. 25 ff.; Kommentierung des AdVermiG auch bei MüKo-*Maurer*, Familienrecht II, § 1744 Anhang.

annehmen wollen (Adoptionsbewerber), mit dem Ziel der Annahme als Kind. Der Anwendungsbereich des Adoptionsvermittlungsgesetzes ist im Sinne von § 2 a Abs. 1 AdVermiG eröffnet, wenn das Kind oder die Adoptionsbewerber ihren gewöhnlichen Aufenthalt im Ausland haben oder wenn das Kind innerhalb von zwei Jahren vor Beginn der Vermittlung in das Inland gebracht worden ist. Gemäß § 2 a Abs. 2 AdVermiG gelten die Regeln des Adoptionsübereinkommens-Ausführungsgesetzes im Anwendungsbereich des HAÜ ergänzend. Im Umkehrschluss bedeutet das, dass das AdVermiG auch für internationale Adoptionen mit Bezug zu einem Nichtvertragsstaat gilt.[305]

Der Gesetzgeber bezweckte mit dem AdVermiG eine Orientierung des deutschen Vermittlungsrechts an den hohen Qualitätsstandards des HAÜ. Das AdVermiG wird dem dadurch gerecht, dass die personelle Ausstattung der Vermittlungsstellen sowie die persönliche und fachliche Eignung bestmöglich sichergestellt sind.[306] Die Adoptionsvermittlung ist im Sinne von § 2 S. 1 AdVermiG damit Aufgabe des Jugendamtes und des Landesjugendamtes. Eine Vermittlung durch das Jugendamt ist nur dann möglich, wenn sie eine Adoptionsvermittlungsstelle eingerichtet hat § 2 S. 2 Hs. 1 AdVermiG); die Einrichtung einer zentralen Adoptionsstelle obliegt dagegen nur dem Landesjugendamt (§ 2 S. 2 Hs. 2 AdVermiG). Das AdVermiG regelt gemeinsam mit den Durchführungsbestimmungen,[307] die nach § 9 c AdVermiG vom Bund erlassen worden sind, das Vermittlungsmonopol der öffentlichen (Landes-)Jugendämter oder staatlich anerkannten Vermittlungsstellen in freier Trägerschaft.[308]

Die persönliche und fachliche Eignung der Mitarbeiter wird dabei durch § 3 AdVermiG näher konkretisiert. Gemäß § 3 Abs. 1 S. 1 AdVermiG dürfen mit der Adoptionsvermittlung ausschließlich Fachkräfte betraut werden, die dazu aufgrund ihrer Persönlichkeit, Ausbildung und beruflichen Erfahrung geeignet sind. Im Hinblick auf die Vorbereitungsarbeiten für eine Adoptionsvermittlung ist § 7 AdVermiG zu beachten. Wird nach § 7 Abs. 1 S. 1 AdVermiG der Adoptionsvermittlungsstelle bekannt, dass für ein Kind eine Vermittlung in Betracht kommt, muss diese zur Vorbereitung unverzüglich alle sachdienlichen Ermittlungen bei den Adoptionsbewerbern, bei dem Kind und seiner Familie aufnehmen. Es muss vor allem überprüft werden, ob unter Berücksichtigung der

---

305 BVerwG vom 26.10.2010 – 1 C 16/09; *Kaiser/Schnitzler/Friederici/Schilling/Dahm*, Familienrecht, Vor §§ 1741 Rn. 20.

306 Bundesamt für Justiz, Internationale Adoption, S. 5.

307 Vgl. *Steiger*, Das neue Recht der internationalen Adoption und Adoptionsvermittlung, Rn. 286 ff.

308 *Kaiser/Schnitzler/Friederici/Schilling/Dahm*, Familienrecht, Vor §§ 1741 Rn. 20.

Persönlichkeit des Kindes und seiner besonderen Bedürfnisse eine Eignung der Bewerber für die Kindesannahme besteht (§ 7 Abs. 1 S. 2 AdVermiG). Mit dieser Verfahrensweise soll in erster Linie dem Kindesschutz in ausreichendem Maße Rechnung getragen werden. Dass die Adoptiveltern an einer Familiengründung interessiert sind, ist von sekundärem Interesse: Adoptionsbewerber haben nur einen Anspruch auf eine sachgerechte Prüfung.[309] Die Vermittlungsstellen haben hierbei einen umfassenden Beurteilungsspielraum und der Adoptionseignungsbericht ist kein selbständiger Verwaltungsakt, der deswegen inhaltlich nur beschränkt einer richterlichen Kontrolle zugänglich ist.[310]

(3) Das Adoptionswirkungsgesetz (AdWirkG) vom 05.11.2001[311]

Mit dem Adoptionswirkungsgesetz wurde ein Verfahren zur Anerkennungs- und Wirkungsfeststellung von grenzüberschreitenden Adoptionen geschaffen. Der Anwendungsbereich des Adoptionswirkungsgesetzes erstreckt sich nach § 1 AdWirkG auf Kindesannahmen, denen ausländische Entscheidungen oder ausländische Sachvorschriften zugrundeliegen. Das Ziel dieses Verfahrens besteht darin, „die Existenz und die rechtlichen Wirkungen eines Kindschaftsverhältnisses verbindlich festzustellen und damit den Adoptiveltern und dem Kind Rechtssicherheit zu gewährleisten".[312] Ein obligatorisches förmliches Anerkennungsverfahren ist dem deutschen Recht unabhängig davon, ob sich die internationale Adoption nach der Maßgabe des HAÜ richtet, nicht bekannt. Dem Bedürfnis der Adoptiveltern nach Rechtsklarheit wird damit durch § 2 AdWirkG durch ein „fakultatives Anerkennungs- und Wirkungsfeststellungsverfahren" ausreichend Rechnung getragen.[313] Dadurch wird mithilfe von § 2 AdWirkG fakultativ eine Möglichkeit geschaffen, „Bestand und Inhalt des durch eine ausländische Adoption begründeten Kindschaftsverhältnisses verbindlich

309 *Kaiser/Schnitzler/Friederici/Schilling/Dahm*, Familienrecht, Vor §§ 1741 Rn. 20; HK-AdoptR/*Reinhardt*, § 7 AdVermiG Rn. 3; gegen einen Rechtsanspruch auf Vermittlung EuGHMR vom 26.02.2002 - Beschwerde Nr. 35615/97 = FamRZ 2003, 149; LG München vom 16.08.2011 – 12 O 6823/10 = JAmt 2011, 649.

310 *Kaiser/Schnitzler/Friederici/Schilling/Dahm*, Familienrecht, Vor §§ 1741 Rn. 20; zur Möglichkeit der Leistungsklage auf das Verfassen eines derartigen Berichts VG Freiburg vom 08.12.2003 – 8 K 1625/02 = FamRZ 2004, 1317.

311 BGBl I. S. 2950; vgl. hierzu *Hölzel*, StAZ 2003, 289.

312 Bundesamt für Justiz, Internationale Adoption, S. 6.

313 *Staudinger/Frank*, Adoption, Vor §§ 1741 ff. Rn. 53; Näheres zur Anerkennung und Wirkung von Auslandsadoption bei *Frank*, StAZ 2003, 257; *Staudinger/Henrich*, Art. 22 EGBGB Rn. 84 ff; HK-AdoptR/*Weitzel*, § 2 AdWirkG Rn. 1 ff.

zu klären".[314] Darüber hinaus wird durch § 3 Abs. 2 AdWirkG die Umwandlung einer internationalen Adoption in ein Annahmeverhältnis nach Maßgabe deutscher Sachvorschriften ermöglicht.[315] Ein „materieller Prüfungsmaßstab" für eine Adoptionsanerkennung kann dem AdWirkG nicht entnommen werden; es wird lediglich der „prozessuale Rahmen" geregelt. Kindesannahmen aus Vertragsstaaten richten sich nach §§ 23, 24 HAÜ und solche aus Nichtvertragsstaaten nach §§ 108, 109 FamFG. Entspricht das Adoptionsverfahren also diesen Regelungsanforderungen, dann erübrigt sich ein Abstellen auf das AdWirkG.[316]

bb) Anwendungsbereich des Haager Adoptionsübereinkommens

Damit eine internationale Adoption Geltungskraft entfaltet kann, muss zunächst der Anwendungsbereich des HAÜ eröffnet sein. Dies richtet sich nach Art. 2 HAÜ. Das Übereinkommen ist nach Art. 2 Abs. 1 HAÜ anzuwenden, wenn der Anzunehmende und der Annehmende in verschiedenen Vertragsstaaten ihren gewöhnlichen Aufenthalt haben und das Kind aus seinem „Heimatstaat" in den „Aufnahmestaat" gebracht worden ist, wird oder werden soll: Die Adoption muss also für das Kind einen Wechsel seines Aufenthaltsortes nach sich ziehen.

cc) Voraussetzungen von Auslandsadoptionen

Durch das Haager Adoptionsübereinkommen werden die Vertragsstaaten über Zentrale Behörden (Bundeszentrale für Auslandsadoptionen, zentrale Stellen der Landesjugendämter, vgl. Art. 6 HAÜ, § 1 AdÜbAG), über andere staatliche Stellen (Vermittlungsstellen der Jugendämter im Falle einer Gestattung, vgl. Art. 9, 22 Abs. 1 HAÜ, § 1 Abs. 2 AdÜbAG) oder zugelassene Organisationen (anerkannte Auslandsvermittlungsstellen wie Freie Träger, vgl. Art. 22 Abs. 1 HAÜ, § 1 Abs. 3 AdÜbAG) zur Kooperation verpflichtet.[317] Insbesondere durch die Zusammenarbeit von Zentralen Behörden will man dafür Sorge tragen, dass grenzüberschreitende Minderjährigenadoptionen nur dann zuzulassen sind, wenn das Bedürfnis der Auslandsadoption durch die verantwortlichen Fachstellen im Heimatland der zu adoptierenden Kinder festgestellt wird. Zudem sollen Kinder in die Obhut von Adoptiveltern gegeben werden, die laut zuständiger Behörde für die Betreuung und Erziehung eines ausländischen Kindes geeignet

314 *Andrae*, Internationales Familienrecht, § 7 Rn. 75.
315 *Andrae*, Internationales Familienrecht, § 7 Rn. 83.
316 *Frank*, StAZ 2003, 257, 262; vgl. auch *Weitzel*, NJW 2008, 186, 187 f.
317 *Weitzel*, NJW 2008, 186.

sind.[318] Verfahrensmäßig ist die Partizipation einer Auslandsadoptionsvermittlungsstelle mit Sitz in Deutschland obligatorisch. Festzuhalten ist also, dass sämtliche Prüfpflichten für ein erfolgreiches internationales Adoptionsverfahren den zuständigen Zentralbehörden obliegen. Diese zuständigen Zentralen Behörden, welche sämtliche durch das Adoptionsübereinkommen übertragenen Aufgaben wahrnehmen, wird nach Art. 6 Abs. 1 HAÜ durch jeden Vertragsstaat selbst bestimmt.

Die materiell-rechtlichen Voraussetzungen einer internationalen Adoption ergeben sich aus Art. 4 f. HAÜ und werden von Art. 22 EGBGB, der die Frage des anwendbaren Sachrechts regelt, nicht tangiert. Dabei bezieht sich Art. 4 HAÜ auf Grundvoraussetzungen, die in der Person des potentiellen Adoptivkindes gegeben sein müssen und Art. 5 HAÜ regelt Mindestbedingungen, welche die Person des Adoptionswilligen betreffen. Ob eine Kindesannahme durchführbar ist, kann nur dann gesagt werden, wenn die zuständigen Behörden des Heimatstaates festgestellt haben, dass das Kind adoptionsfähig ist (Art. 4 a HAÜ) und wenn sie nach ausreichender Prüfung sämtlicher Unterbringungsmöglichkeiten für das Kind im Heimatstaat eine positive Entscheidung dahingehend fällen können, dass die Auslandsadoption mit dem Kindeswohl in Einklang steht (Art. 4 b HAÜ). Außerdem haben sich die zuständigen Behörden zu vergewissern, dass alle Personen, Institutionen und Behörden, deren Zustimmung zur Kindesannahme erforderlich sind, beraten und gebührend über die Rechtswirkungen ihrer Zustimmung aufgeklärt worden sind; insbesondere darüber, ob mit der Adoption ein Erlöschen oder ein Fortbestehen des Rechtsverhältnisses zwischen dem Kind und seiner Herkunftsfamilie einhergeht (Art. 4 c Nr. 1 HAÜ). Es muss sichergestellt sein, dass die Zustimmung durch die Personen, Institutionen und Behörden unbeeinflusst in der gesetzlich vorgeschriebenen Form erfolgte und schriftlich gegeben oder bestätigt wurde (Art. 4 c Nr. 2 HAÜ). Zudem dürfen die Zustimmungen weder durch Zahlungen oder anderweitige Gegenleistungen herbeigeführt noch auf sonstige Weise – falls zulässig – widerrufen worden sein (Art. 4 c Nr. 3 HAÜ). Für den Fall, dass eine Zustimmung der Mutter zwingend ist, muss diese erst nach der Kindesgeburt erteilt werden (Art. 4 c Nr. 4 HAÜ). Nach Art. 4 d HAÜ muss die zuständige Behörde unter Beachtung des Alters und der Reife des Kindes davon überzeugt sein, dass das Kind in ausreichendem Maße beraten und über die Wirkungen der Adoption und seiner gegebenenfalls notwendigen Zustimmung aufgeklärt worden ist (Art. 4 d Nr. 1 HAÜ). Es bedarf der Berücksichtigung sämtlicher Wünsche und Meinungen des Kindes (Art. 4 d

318 *Weitzel*, NJW 2008, 186.

Nr. 2 HAÜ). Das Kind muss seine eventuell bestehende Zustimmung zur Adoption ohne Einfluss von außen in der Form, die gesetzlich vorgeschrieben ist, erteilt haben und diese Zustimmung muss schriftlich gegeben oder bestätigt (Art. 4 d Nr. 3 HAÜ) und darf nicht durch Zahlung oder sonstige Gegenleistungen herbeigeführt worden sein (Art. 4 d Nr. 4 HAÜ).

Neben Art. 4 HAÜ müssen für eine erfolgreiche Auslandsadoption nach dem Adoptionsübereinkommen auch die Tatbestandsvoraussetzungen von Art. 5 HAÜ verwirklicht werden. Demnach kann eine Kindesannahme nach dem HAÜ nur dann durchgeführt werden, wenn die zuständigen Behörden entschieden haben, dass die zukünftigen Adoptiveltern für eine Adoption in Betracht kommen und die Eignungsmerkmale erfüllen (Art. 5 a HAÜ). Die zuständigen Behörden müssen sich von einer detaillierten Beratung der potentiellen Adoptiveltern vergewissert haben (Art. 5 b HAÜ) und dem Kind muss darüber hinaus die Einreise in den Aufnahmestaat und der ständige Aufenthalt in diesem bewilligt worden sein oder werden (Art. 5 c HAÜ). Die Entscheidung, ein Kind zukünftigen Adoptiveltern anzuvertrauen, kann im Heimatstaat nur dann getroffen werden, wenn die Zentrale Behörde dieses Staates sich davon überzeugt hat, dass die potentiellen Adoptiveltern einverstanden sind (Art. 17 a HAÜ). Die Zentralbehörde des Aufnahmestaates hat diese Entscheidung zu billigen, sofern dies durch das Recht dieses Staates oder durch die Zentrale Behörde des Heimatstaates verlangt wird (Art. 17 b HAÜ). Ferner müssen die Zentralen Behörden des Heimat- und Aufnahmestaates im Hinblick auf die Fortsetzung des Adoptionsverfahrens ihre Zustimmung erteilen (Art. 17 c HAÜ) und es müssen sämtliche Voraussetzungen von Art. 5 HAÜ vorliegen (Art. 17 d HAÜ). Insbesondere die beiderseitig erforderliche Zustimmung zur Adoptionsverfahrensfortsetzung gewährleistet, dass dem Kindeswohl in ausreichendem Maße Rechnung getragen wird: Denn nur auf diese Weise kann sichergestellt werden, dass nach der Beurteilung des Heimat- und Aufnahmestaates eine Adoption die kindeswohlgerechteste Lösung ist. Der verfahrensrechtliche Ablauf der Auslandsadoption wird in den Art. 14 ff. HAÜ näher beschrieben.

b) Gerichtszuständigkeit im Anerkennungsverfahren nach dem FamFG

Adoptionssachen sind Angelegenheiten, die im Zuständigkeitsbereich der Vormundschaftsgerichte liegen. Gemäß § 187 Abs. 1 i.V.m. § 186 Nr. 1 FamFG ist das Gericht ausschließlich zuständig, in dessen Bezirk der Annehmende oder einer der Annehmenden seinen gewöhnlichen Aufenthalt hat. Sind im Rahmen des Adoptionsverfahrens ausländische Sachvorschriften betroffen, dann ist innerstaatlich eine Zuständigkeitskonzentration vorgesehen.[319] Gemäß § 187 Abs. 4 FamFG gilt § 5 Abs. 1 S. 1 und Abs. 2 AdWirkG analog. Danach entscheidet das Familiengericht, in dessen Bezirk ein OLG seinen Sitz hat.

c) Die Mindestaltersgrenzen

Es stellt sich im Folgenden die Frage, inwieweit § 1743 BGB bei einer Auslandsadoption Bedeutung erlangt. Die Art und Weise des Zustandekommens der Adoption richtet sich nach dem Adoptionsstatut.[320] Umfasst sind auch die Altersgrenzen des Annehmenden und des Kindes: Mindestalter oder Altersabstand.[321] Wenn das Adoptionsstatut zwischen der Minderjährigen- und Volljährigenadoption unterscheidet,[322] dann werden durch das Statut auch die Bedingungen festgelegt, unter denen die Adoption Minderjähriger ausgesprochen werden kann, insbesondere welcher Zeitpunkt in Bezug auf die Minderjährigkeit maßgebend ist. Wird nicht auf ein festes Alterserfordernis abgestellt, sondern auf die Minderjährigkeit, dann handelt es sich hierbei um eine „Vorfrage, die unselbständig anzuknüpfen ist, da insoweit das Interesse an internationalem Entscheidungseinklang überwiegt".[323]

Die Volljährigkeit eines ausländischen Staatsangehörigen richtet sich nicht immer nach seinem Heimatrecht im Sinne von Art. 7 Abs. 1 EGBGB, weil andernfalls eine Anwendung des Adoptionsstatuts gemäß seinen Voraussetzungen nicht möglich wäre. Sie bestimmt sich nach § 2 BGB im Falle einer Adoption nach inländischem Sachrecht.[324] Hiermit ist immer die Vollendung des 18. Lebensjahres maßgebend. Aus Volljährigkeit resultiert nicht fortwährend die Regelgeschäftsfähigkeit, denn die Anwendbarkeit des Art. 7 Abs. 1 EGBGB bleibt dort gewahrt, wo es um die Abhängigkeit adoptionsrechtlicher Rechtsfolgen von

---

319 *Andrae*, Internationales Familienrecht, § 7 Rn. 20; *Busch*, IPRax 2003, 13, 20.

320 *Heidel/Hüßtege/Mansel/Noack/Benicke*, Art. 22 EGBGB Rn. 7; vgl. auch *Erman/Hohloch*, BGB, Art. 22 EGBGB Rn. 15; *Palandt/Thorn*, BGB, Art. 22 EGBGB Rn. 5.

321 *Bamberger/Roth/Heiderhoff*, BGB, Art. 22 EGBGB Rn. 16.

322 Diese Differenzierung erfolgt nach dem anzuwendenden Adoptionsstatut, vgl. MüKo-*Maurer*, Familienrecht II, § 1741 Rn. 8.

323 *Heidel/Hüßtege/Mansel/Noack/Benicke*, Art. 22 EGBGB Rn. 7; so auch *Andrae*, Internationales Familienrecht, § 7 Rn. 33; MüKo-*Klinkhardt*, Internationales Privatrecht I, Art. 22 EGBGB Rn. 20; a.A. *Bamberger/Roth/Heiderhoff*, BGB, Art. 22 EGBGB Rn. 49; *Erman/Hohloch*, BGB, Art. 22 EGBGB Rn. 14; *Palandt/Thorn*, BGB, Art. 22 EGBGB Rn. 1.

324 BayObLG vom 29.03.1995 – 1 Z BR 72/94 = FamRZ 1996, 183; MüKo-*Helms*, IPR I, Art. 22 EGBGB Rn. 20; *Erman/Saar*, BGB, § 1741 Rn. 1.

der Geschäftsfähigkeit geht (§ 1768 Abs. 2 BGB). Diese hohe Altersgrenze ist in rechtspolitischer Hinsicht zweifelhaft[325] und nur in Grenzfällen vertretbar.

In Bezug auf eine rechtliche Auseinandersetzung mit den Mindestaltersgrenzen ist vorweg zur Kenntnis zu nehmen, dass im Besonderen bei grenzüberschreitenden Adoptionen die an der Adoption beteiligten Staaten nur selten in ihren Rechtsordnungen Identisches geregelt haben werden. Zum einen gibt es Rechtsordnungen, die anders als das deutsche Sachrecht auf ein ausdrückliches Mindestalter gänzlich verzichten und nur auf die Persönlichkeit des Annehmenden oder entsprechende Kriterien abstellen. Es besteht zum anderen die Möglichkeit, dass die ausländische Rechtsordnung Abweichendes regelt, also ein niedriger oder höher angesetztes Mindestalter. Es existieren gleichwohl Rechtsordnungen, die anders als das deutsche Recht einen Mindestaltersabstand zwischen dem Kind und den Adoptiveltern verlangen. Zudem kann es im Hinblick auf das Volljährigkeitserfordernis unterschiedliche Regelungen geben: Denn in vielen Staaten beginnt die Volljährigkeit nicht mit der Vollendung des 18., sondern mit der Vollendung des 21. Lebensjahres. Legt man das Hauptaugenmerk auf diese drei Problemkomplexe, dann fragt sich, welche Auswirkungen unterschiedliche Mindestaltersgrenzen auf die Anerkennungsfähigkeit der Adoption vor deutschen Gerichten haben.

aa) Das Europäische Übereinkommen über die Adoption von Kindern

Auf EU-Ebene gibt es seit 1967 das sogenannte Europäische Übereinkommen über die Adoption von Kindern, das am 27.11.2008 revidiert wurde.[326] Art. 9 EuAdAbk regelt dabei das Mindestalter des Annehmenden. Gemäß Art. 9 Abs. 1 S. 1 EuAdAbk darf ein Kind nur dann angenommen werden, wenn der Annehmende ein hierfür in den Rechtsvorschriften vorgesehenes Mindestalter erreicht hat. Konkretisiert wird dieser Grundsatz durch Art. 9 Abs. 1 S. 2 EuAdAb, wonach das Mindestalter nicht unter 18 Jahren und nicht über 30 Jahren liegen darf. In § 1743 BGB hat der deutsche Gesetzgeber ein Mindestalter von 25 Jahren bzw. in Ausnahmefällen von 21 Jahren normiert. Damit bewegt sich die deutsche Gesetzeslage im zulässigen Rahmen des Europäischen Übereinkommens.[327] Art. 9

325 A.A. *v. Mangoldt*, Anmerkung zur Entscheidung vom AG Korbach vom 15.8.1980 – 1 XVI 4/79 = StAZ 1981, 203, 204; niedrigere Grenzen für Volladoption z.B. in Frankreich: grundsätzlich nur bis 15 Jahre (Art. 345 Abs. 1 c.c.). Die in Italien zunächst bestehende Grenze von 8 Jahren wurde durch Gesetz vom 4.5.1983 beseitigt, vgl. *Luther*, StAZ 1983, 333, 334.

326 BT-Drucks. 18/2654.

327 BT-Drucks. 18/2654, S. 22.

Abs. 2 EuAdAbk enthält eine Dispensmöglichkeit: Danach dürfen die Vertragsstaaten in Ausnahmefällen vom Erfordernis des Mindestalters zum Wohle des Kindes abweichen, wenn der Annehmende der Ehegatte oder der eingetragene Partner des Vaters oder der Mutter des Kindes ist (Art. 9 Abs. 2 a EuAdAbk) oder bei Vorliegen von außergewöhnlichen Umständen (Art. 9 Abs. 2 b EuAdAbk). Der deutsche Gesetzgeber hat von einem Abweichungsvorbehalt abgesehen.[328] Art. 9 Abs. 1 S. 3 EuAdAb regelt den Mindestaltersabstand: Zwischen dem Annehmenden und dem Kind hat im Hinblick auf das Wohl des Kindes ein angemessener Altersunterschied zu bestehen, der vorzugsweise mindestens 16 Jahre beträgt. Eine entsprechende Regelung enthält das deutsche BGB nicht mehr.

bb) Abweichungen vom Mindestalter des § 1743 BGB

Bei Auslandsadoptionen kann das Sachrecht des jeweiligen Staates maßgeblich sein.[329] Mindestaltersgrenzen, die durch das ausländische Recht bestimmt werden und von § 1743 BGB abweichen, können leges speciales sein. Es muss also zunächst geklärt werden, nach welchem Sachrecht sich die Auslandsadoption im Einzelnen richtet: Hierzu ist auf die zur Differenzierung von Inlandsadoptionen mit Auslandsberührung und reinen Auslandsadoptionen gemachten Ausführungen zu verweisen.

(1) Inlandsadoption mit Auslandsberührung

Bei Inlandsadoptionen mit Auslandsberührung, also wenn nicht deutsche Staatsangehörige am Adoptionsverfahren beteiligt sind, beurteilt sich das maßgebende Sachrecht nach Art. 22, 23 EGBGB. Demnach unterliegt die Kindesannahme dem Recht des Staates, dem der Annehmende im Zeitpunkt der Adoption angehört. Soll ein Kind, das ursprünglich einem anderen Land entstammt, von einem deutschen Ehepaar in Deutschland angenommen werden, dann richtet sich die Adoption gemäß Art. 22 Abs. 1 S. 1 EGBGB nach deutschem Recht, also nach den §§ 1741 ff. BGB. Die Annehmenden müssen dann das Mindestalter des § 1743 BGB erreicht haben. Aufgabe des Art. 22 EGBGB ist es, den deutschen Annehmenden in den Fällen, in denen die Inlandsadoption eine Auslandskomponente aufweist, nicht die Geltungskraft des deutschen Rechts zu entziehen. Art. 22 EGBGB kann allerdings nicht als Legitimationsbasis dafür dienen, deutsche Aufhebungsgründe in Nichtigkeitsgründe umzuwandeln und ausländische Entscheidungen vor deutschen Gerichten als unwirksam

328 BT-Drucks. 18/2654, S. 22; vgl. auch BT-Drucks. 8/3529, S. 16.
329 Bundesamt für Justiz, Internationale Adoption, S. 14.

anzusehen, obwohl eine entsprechende mit Fehlern behaftete Entscheidung in Deutschland – trotz Vorliegens aufhebbarer Gründe – wirksam wäre. Dann soll durch beide Rechtsordnungen eine wirksame Statusänderung vorgenommen werden.[330]

(2) Auslandsadoptionen

Davon zu unterscheiden sind die grenzüberschreitenden Adoptionen, bei denen ein ausländisches Kind von deutschen Annehmenden in dessen Heimatstaat adoptiert und anschließend in den Aufnahmestaat verbracht werden soll. Die Anwendbarkeit des maßgeblichen Sachrechts hängt davon ab, ob die am Adoptionsverfahren beteiligten Staaten das HAÜ ratifiziert haben. Das spielt vor allem wegen der Sperrwirkung des HAÜ eine Rolle: Denn gemäß Art. 3 Nr. 2 EGBGB ist der Anwendungsbereich des EGBGB nicht eröffnet, wenn Regelungen in völkerrechtlichen Vereinbarungen, soweit sie unmittelbar anwendbares innerstaatliches Recht geworden sind, maßgeblich sind. Bei dem HAÜ handelt es sich um eine solche völkerrechtliche Vereinbarung, sodass das EGBGB gesperrt ist, wenn am Adoptionsverfahren Vertragsstaaten des HAÜ beteiligt sind. Das HAÜ enthält im Vergleich zum EGBGB zwar keine Kollisionsnormen. Es darf trotz Fehlens kollisionsrechtlicher Normen nicht allein auf die deutschen adoptionsrechtlichen Erfordernisse (z.B. § 1743 BGB) abgestellt werden.

Unabhängig davon, ob an der Auslandsadoption Vertragsstaaten des HAÜ oder Nichtvertragsstaaten mitwirken, muss diese im Rahmen des Anerkennungsverfahrens für den Fall, dass die Staaten in Bezug auf das Mindestalter differierende Regelungsinhalte enthalten, dem ordre public-Grundsatz gemäß Art. 24 HAÜ, Art. 6 EGBGB und § 109 Abs. 1 Nr. 4 FamFG standhalten. Nach Art. 24 HAÜ kann die Anerkennung einer Adoption in einem Vertragsstaat nur versagt werden, wenn die Adoption seiner öffentlichen Ordnung offensichtlich widerspricht, wobei das Wohl des Kindes zu berücksichtigen ist. Nach Art. 6 EGBGB und § 109 Abs. 1 Nr. 4 FamFG ist die Rechtsnorm eines anderen Staates nicht anzuwenden, wenn ihre Anwendung zu dem Ergebnis führt, dass sie mit wesentlichen Leitlinien des deutschen Rechts offensichtlich unvereinbar ist; sie ist insbesondere dann nicht anzuwenden, wenn ein möglicher Verstoß gegen Grundrechte im Raum steht. Ein legitimer Rückgriff auf den ordre public-Grundsatz ist nur in Ausnahmefällen möglich. Ein Verstoß gegen den ordre public-Grundsatz ist allerdings

330 *König*, Die Annahme eines Kindes im Ausland, S. 43.

nicht schon dann anzunehmen, wenn ein deutsches Gericht nach zwingendem deutschen Recht eine andere Entscheidung gefällt hätte.[331]

Ein Verstoß gegen den ordre public-Grundsatz kann schon dann angenommen werden, wenn das in § 1743 BGB normierte Mindestalter der Adoptiveltern nicht eingehalten wurde.[332] Mit diesem Mindestalterserfordernis verfolgt das deutsche Recht die Kindeswohlwahrung im Sinne von § 1741 Abs. 1 S. 1 BGB als öffentliches Interesse. Dieser Gesetzeszweck soll nicht vereitelt werden. Gerade unter der Geltung des früheren Adoptionsrechts hat die Rechtsprechung die Nichtbeachtung von Altersnotwendigkeiten als Grund dafür angesehen, grenzüberschreitenden Adoptionen die Anerkennung abzusprechen.[333] Ein Rechtfertigungsgrund hierfür könnte sich zum einen aus Art. 22 EGBGB herleiten lassen. Zum anderen kann die Legitimationsgrundlage für diese Rechtsprechung darin zu sehen sein, dass im Falle einer Adoptionsanerkennung trotz Missachtung des § 1743 BGB die Gefahr besteht, dass die deutschen Altersvoraussetzungen im Wege eines „forum shopping" umgangen werden, indem ein Kind in einem Staat angenommen wird, das insoweit günstigere Altersbestimmungen enthält. Nach deutschem Recht wäre die Kindesannahme wegen dieses Mangels nicht aufhebbar; dem öffentlichen Interesse, also der Kindeswohlwahrung, kann nur dadurch Rechnung getragen werden, dass die Adoption von deutschen Gerichten nicht anerkannt wird. Dieses Interesse muss mit dem Interesse an einer Adoptionsanerkennung abgewogen werden. Hauptaugenmerk muss der Sinn und Zweck des § 1743 BGB sein:[334] Durch die Fixierung der Mindestaltersgrenzen soll verhindert werden, dass Adoptionswillige, die noch keine gesicherte Existenzgrundlage haben und die sämtliche mit der Annahme verbundenen Schwierigkeiten nicht hinreichend überblickt haben, bis zur Erreichung des Mindestalters ein Kind adoptieren können.[335] Zu einem anderen Ergebnis kann man gelangen, wenn man sich den § 1763 BGB anschaut: Werden materiell-rechtliche Adoptionsvoraussetzungen bei einer Inlandsadoption nicht eingehalten, dann zieht

331 OLG Düsseldorf vom 22.06.2010 – 25 Wx 15/10 = StAZ 2012, 175; OLG Frankfurt vom 22.12.2011 – 1 UF 262/11 = StAZ 2012, 268; OLG Karlsruhe vom 28.10.2003 – 11 Wx 8/03 = NJW 2004, 516; *Kaiser/Schnitzler/Friederici/Schilling/Dahm*, Familienrecht, Vor §§ 1741 Rn. 28.

332 LG Köln vom 28.4.2006 – 1 T 106/06; *Kaiser/Schnitzler/Friederici/Schilling/Dahm*, Familienrecht, Vor §§ 1741 Rn. 29.

333 *König*, Die Annahme eines Kindes im Ausland, S. 44; vgl. auch AG Münster vom 16.07.1973 – 26 III 60/72 = StAZ 1974, 48 nach altem Recht.

334 *König*, Die Annahme eines Kindes im Ausland, S. 45.

335 *König*, Die Annahme eines Kindes im Ausland, S. 45.

dies keine weitreichenden Folgen nach sich: Konsequenz ist lediglich eine Aufhebung nach § 1763 Abs. 1 BGB, wenn dies aus schwerwiegenden Gründen zum Kindeswohl erforderlich ist. Eine schematische Beachtung des Alters der Annehmenden ist demnach nicht möglich. Bleibt also ein Verstoß gegen § 1743 BGB nach deutscher Rechtslage im weitesten Sinne sanktionslos, dann wird man dessen Regelungsinhalte kaum den wesentlichsten Prinzipien des deutschen Adoptionsrechts bzw. gar dem ordre public-Grundsatz zurechnen können.[336] Beachtung muss aber dem Umstand zukommen, dass die Überprüfung, ob ein Eltern-Kind-Verhältnis entstanden und damit das Kindeswohl sichergestellt ist, Hauptbestandteil eines rechtsstaatlichen Adoptionsverfahrens und damit eine Anerkennungsbedingung ist. Selbst wenn eine Untersuchung von solchem Umfang im Ausland nicht erfolgen wird oder anstelle des Kindeswohls die Überprüfung anderweitiger Bedürfnisse im Vordergrund steht, ist nichtsdestotrotz bis zu einem gewissen Grad den Intentionen des deutschen Gesetzgebers Rechnung zu tragen: § 1743 dient der Sicherstellung des Kindeswohls.

Anders sieht es allerdings aus, wenn durch eine ausländische Rechtsnorm ein sehr hohes Mindestalter der Annehmenden vorausgesetzt wird. Solche Normen bezwecken mit der Adoption ausschließlich die Familienfortsetzung, stehen damit in Widerspruch mit der gegenwärtigen Adoptionszielsetzung (Fürsorge schutzbedürftiger Kinder) und sind somit ordre public-widrig. Gerade dieser Wandel der Adoptionszwecksetzung war der Grund für die Abschaffung von § 1744 BGB a.F., der noch ein Mindestalter von 50 Jahren verlangte.[337] Ob eine Altersgrenze von 40 Jahren als zu hoch und damit ordre public-widrig einzustufen ist, kann als zweifelhaft angesehen werden; ein Mindestalter von 35 Jahren[338] ist durchaus annehmbar.[339]

cc) Ausländische Vorschrift mit Mindestaltersabstand als Regelungsinhalt

Art. 9 Abs. 1 S. 3 EuAdAbk setzt in Anbetracht des Kindeswohls einen angemessenen Mindestaltersunterschied von vorzugsweise 16 Jahren voraus. Damit verfolgt das Übereinkommen das Ziel, dass zwischen den Adoptionsbeteiligten eine Eltern-Kind-Beziehung entsteht, vgl. auch Art. 1 Abs. 2 EuAdAbk. Der deutsche Gesetzgeber hat die alte Fassung des § 1744 BGB, wonach ein

336 *König*, Die Annahme eines Kindes im Ausland, S. 45.

337 *Staudinger/Henrich*, Art. 22 EGBGB Rn. 71.

338 So das aktuelle türkische Recht (früher: 40 Jahre).

339 *Staudinger/Henrich*, Art. 22 EGBGB Rn. 71; vgl. auch AG Lebach vom 11.08.1999 – 2 XVI 4/99, wonach eine Auslandsadoption scheitert, wenn der Annehmende nicht die Erfordernisse des ZGB TUR Art. 253 erfüllt: Mindestalter von 35 Jahren.

Mindestaltersabstand von 18 Jahren normiert war, nicht in das reformierte BGB übernommen. Ein zu geringer Altersunterschied bereitet in der Rechtspraxis zumindest bei der Minderjährigenadoption keinerlei Schwierigkeiten.[340] Es gibt aber eine Vielzahl von ausländischen Rechtsordnungen, die einen Mindestaltersabstand verlangen. Und nur weil eine ausländische Vorschrift einen Mindestaltersabstand zwischen den Adoptiveltern und dem Kind vorschreibt, während das deutsche Rechtssystem keinen Mindestaltersabstand kennt, verstößt diese ausländische Rechtsregelung nicht gegen den ordre public-Grundsatz.[341] Die Einhaltung eines Mindestaltersabstandes ist – anders als nach § 1744 BGB a.F. – nach aktuell geltender Gesetzeslage kein strikt einzuhaltender adoptionsrechtlicher Grundsatz, der gegebenenfalls zu einer gerichtlichen Abweisung eines Adoptionsantrages führen könnte. Diese Entscheidung obliegt nach deutschem Recht noch den Vermittlungsstellen.

dd) Abweichungen vom Volljährigkeitserfordernis

Von rechtlicher Relevanz kann auch der Umstand sein, dass die Volljährigkeit nicht in jedem Staat mit der Vollendung des 18. Lebensjahres beginnt. Dies ist in einigen anderen Ländern erst mit der Vollendung des 21. Lebensjahres der Fall. Daraus können Gerichtszuständigkeitsprobleme resultieren, die im Näheren unter Heranziehung des Adoptionswirkungsgesetzes zu beurteilen sind.

Die Zuständigkeit über ein ausländisches Adoptionsverfahren ergibt sich aus § 5 AdWirkG. Nach § 5 Abs. 1 S. 1 AdWirkG entscheidet das Vormundschaftsgericht, in dessen Bezirk ein Oberlandesgericht seinen Sitz hat, für den Bezirk dieses Oberlandesgerichts. So hatte das Oberlandesgericht München in seinem Urteil vom 3.2.2009[342] über die Adoption eines 18-Jährigen mit südafrikanischer und japanischer Staatsangehörigkeit durch eine Person, die die deutsche Staatsangehörigkeit hatte, zu urteilen. Es stellt sich im Sinne von § 187 Abs. 4 FamFG[343] i.V.m. § 5 Abs. 1 S. 1 AdWirkG die Frage nach der Eröffnung des Anwendungsbereichs des AdWirkG und damit das Problem, ob die deutsche Gerichtszuständigkeit für ein solches internationales Adoptionsverfahren mit einschlägigen

340 BT-Drucks. 18/2654, S. 22.

341 *Staudinger/Henrich*, Art. 22 EGBGB Rn. 71; vgl. zum Mindestaltersabstand bei einer philippinischen Adoptionsentscheidung AG Frankfurt vom 21.5.2013 – 49 XVI ROE 93/09; vgl. auch AG Lebach vom 11.08.1999 – 2 XVI 4/99, wonach eine Auslandsadoption scheitert, wenn der Annehmende nicht die Erfordernisse des ZGB TUR Art. 253 erfüllt: Mindestaltersabstand von 18 Jahren.

342 OLG München vom 03.02.2009 – 31 AR 035/09, 31 AR 35/09.

343 § 43 b Abs. 2 S. 2 FGG a.F.

ausländischen Sachvorschriften gegeben ist. Dadurch, dass der Annehmende die deutsche Staatsangehörigkeit besitzt, müsste sich das Adoptionsverfahren gemäß Art. 22 EGBGB nach deutschen Rechtsvorschriften richten. Allerdings ist darüber hinaus im Hinblick auf die Frage eines etwaigen Zustimmungserfordernisses nach Art. 23 Abs. 1 EGBGB, der eine Sachnormverweisung enthält, auf das ausländische Heimatrecht des Anzunehmenden abzustellen.[344] Adoptionsstatut ist damit deutsches Recht, aber über Art. 23 EGBGB ist zusätzlich ausländisches Sachrecht einschlägig. § 187 Abs. 4 FamFG wäre somit grundsätzlich anwendbar.

Etwas anderes könnte sich aber wegen § 1 S. 2 AdWirkG ergeben: Danach gelten die Vorschriften des AdWirkG nicht, wenn der Angenommene zur Zeit der Annahme das 18. Lebensjahr vollendet hatte. Der Anzunehmende hatte im Zeitpunkt der Annahme bereits das 18. Lebensjahr vollendet, was eine Anwendbarkeit des gesamten AdWirkG und damit des § 5 AdWirkG ausschließt. Damit wäre auch § 187 Abs. 4 FamFG nicht einschlägig.

Eine Ausnahme von diesem Umstand könnte sich daraus ergeben, dass der Anzunehmende mit der Vollendung des 18. Lebensjahres noch minderjährig war. Denn nach dem südafrikanischen Heimatrecht (Art. 7 Abs. 1 S. 1, 5 Abs. 1 S. 1 EGBGB) tritt die Volljährigkeit erst mit Vollendung des 21. Lebensjahres ein (Age of Majority Act, sec. 1). Fraglich ist, ob diese Besonderheit an dem oben festgestellten Ergebnis etwas ändert. Das ist abzulehnen: Der Wortlaut von § 1 S. 2 AdWirkG und auch die Gesetzesbegründung, die unmissverständlich von „Altersgrenze" sprechen,[345] sind eindeutig. § 1 S. 2 AdWirkG setzt eine Altersgrenze fest: Anknüpfungspunkt soll gerade nicht die Minderjährigkeit des Anzunehmenden sein, die sich nach dem entsprechenden Heimatrecht richtet. Systematisch kann des Weiteren Art. 3 HAÜ herangezogen werden. Denn um die unterschiedlichen Altersgrenzen für den Volljährigkeitseintritt ausreichend zu beachten, spricht das HAÜ in Art. 3 HAÜ nicht vom Eintritt der Volljährigkeit, sondern von der Vollendung des 18. Lebensjahres.[346] Bei Art. 3 HAÜ geht es lediglich um eine Konkretisierung des Anwendungsbereichs des HAÜ. Anwendbar ist das Übereinkommen nicht mehr, wenn die erforderliche Zustimmung durch die Zentralen Behörden nicht vor Vollendung des 18. Lebensjahres erfolgte; den Zentralen Behörden ist also eine Zustimmungserteilung untersagt,

344 OLG München vom 03.02.2009 – 31 AR 035/09, 31 AR 35/09; das Haager Adoptionsübereinkommen ist nicht einschlägig, weil weder Südafrika noch Japan Vertragsstaaten sind.

345 Vgl. BT-Drucks. 14/6011, S. 46.

346 Vgl. *Staudinger/Henrich*, Vor Art. 22 EGBGB Rn. 23.

wenn das Kind das 18. Lebensjahr überschritten hat.[347] Unabhängig davon, dass das Übereinkommen ausschließlich den Schutz von Minderjährigen bezwecken will, hat sich der Gesetzgeber im Hinblick auf die Anwendbarkeit des Gesetzes bewusst für eine Orientierung an feste Altersgrenzen entschieden; dabei spielt es keine Rolle, ob die festgesetzte Altersgrenze das Ende der Minderjährigkeit des Anzunehmenden bedeutet oder nicht.[348] Das heißt, dass es keinen Unterschied macht, ob in einem Staat die Volljährigkeit erst mit Vollendung des 18. oder 21. Lebensjahres beginnt. Der Anwendungsbereich des HAÜ ist in beiden Fällen nicht eröffnet, auch wenn der Anzunehmende nach seinem Heimatrecht noch minderjährig und damit eigentlich vom Schutzzweck des HAÜ erfasst ist. Demnach wäre nach § 187 Abs. 4 FamFG[349] i.V.m. § 5 Abs. 1 S. 1 AdWirkG das AdWirkG anwendbar und die deutsche Gerichtszuständigkeit gegeben.

ee) Anerkennungsfähigkeit ausländischer Gerichtsentscheidungen

Problematisch könnte unter bestimmten Umständen die Anerkennungsfähigkeit ausländischer Gerichtsentscheidungen vor deutschen Gerichten sein.[350] Solche zivilverfahrensrechtlichen Probleme können auftreten, wenn ein Kind von Adoptionsbewerbern angenommen wird, zu denen ein erheblicher und der natürlichen Generationenfolge evident nicht entsprechender Altersabstand besteht. Das legt die Annahme eines ordre public-Verstoßes nahe, sodass die inländischen Familiengerichte Bedenken gegen die Anerkennungsfähigkeit aufkommen lassen müssen.[351]

Die Anerkennungsfähigkeit richtet sich nach § 2 AdWirkG. Gemäß § 2 Abs. 1 AdWirkG muss das Familiengericht auf Antrag feststellen, ob die Adoption im Sinne von § 1 AdWirkG anzuerkennen oder wirksam und ob das Eltern-Kind-Verhältnis des Kindes zu seinen bisherigen Eltern durch die Annahme erloschen ist. Ausländische Gerichtsentscheidungen werden vor deutschen Familiengerichten grundsätzlich nach § 108 Abs. 1 FamFG ohne ein besonderes Verfahren anerkannt. Anerkennungshindernisse sind in § 109 FamFG normiert: Die Anerkennung einer ausländischen Entscheidung ist nach § 109 Abs. 1 Nr. 4 FamFG ausgeschlossen, wenn die Anerkennung der Entscheidung zu einem Ergebnis

---

347 Vgl. *Staudinger/Henrich*, Vor Art. 22 EGBGB Rn. 23.

348 OLG München vom 03.02.2009 – 31 AR 035/09, 31 AR 35/09.

349 § 43 b Abs. 2 S. 2 FGG a.F.

350 *Paulitz*, Adoption, S. 321.

351 Vgl. Schleswig-Holsteinisches OLG vom 25.09.2013 – 12 UF 58/13, in dem es um die Annahme eines 2008 geborenen philippinischen Kindes durch 1965 und 1953 geborene Adoptionsbewerber ging.

führt, das mit wesentlichen Grundsätzen des deutschen Rechts offensichtlich unvereinbar ist, insbesondere wenn sie mit den Grundrechten nicht in Einklang steht. Umstritten ist nunmehr, ob die §§ 108, 109 FamFG auch für den Fall einer Kindesannahme, die vom Anwendungsbereich des HAÜ erfasst ist und bei der dessen Verfahrensvorschriften missachtet wurden, herangezogen werden können.

Einerseits kann man auf den Charakter des HAÜ als völkerrechtlichen Vertrag abstellen, der gegenüber den nationalen Anerkennungsregeln lex specialis ist und diese somit verdrängt.[352] Demnach würde sich die Anerkennungsfähigkeit der ausländischen Entscheidung nach den Art. 23 ff. HAÜ richten.

Andererseits wird die Ansicht vertreten, dass in den Fällen, in denen die im HAÜ angeordneten Verfahrenswege nicht befolgt werden, die Anerkennung einer Adoptionsentscheidung aus einem Vertragsstaat nicht ausgeschlossen ist.[353] Eine Ausnahme soll jedoch bei Verstößen gemacht werden, die nicht nur einen formellen Verfahrensfehler nach sich ziehen, sondern darüber hinaus das Nichtvorliegen der Voraussetzungen der Art. 4, 5 HAÜ zur Folge haben.[354]

Eine weitere Auffassung in der Literatur hält die Adoptionsanerkennung auf der Grundlage von § 109 FamFG bei übereinkommenswidrigen ausländischen Adoptionen für möglich.[355]

Für die Anwendbarkeit von §§ 108, 109 FamFG kann primär mit dem Günstigkeitsprinzip argumentiert werden: Hiernach hat das autonome Anerkennungsrecht eine Auffangfunktion, wenn es gegenüber dem Abkommensrecht nach Lage des Falles anerkennungsfreudiger ist.[356] So führt der BGH aus: „Der Staat wird durch ein völkerrechtliches Abkommen nicht daran gehindert, die Anerkennung ausländischer Gerichtsentscheidungen innerstaatlich über das Abkommen hinaus zuzulassen".[357]

---

352 OLG Köln vom 29.5.2009 vom 29.05.2009 – 16 Wx 16/09 = FamRZ 2010, 49; so auch das Schleswig-Holsteinisches OLG vom 25.09.2013 – 12 UF 58/13; LG Berlin vom 01.09.2009 – 83 T 61/08 = JAmt 2010, 85; LG Düsseldorf vom 29.09.2011 – 25 T 242/11; *Staudinger/Henrich*, Vor Art. 22 EGBGB Rn. 46; *Prütting/Helms/Hau*, § 109 FamFG Rn. 13 und 64.

353 *Weitzel*, NJW 2008, 186, 189.

354 Schleswig-Holsteinisches OLG vom 25.09.2013 – 12 UF 58/13.

355 JurisPK-BGB/*Behrentin*, Art. 22 EGBGB Rn. 123; AG Hamm vom 21.06.2011 – 20 F 107/10 = StAZ 2012, 54.

356 *Botthof*, StAZ 2013, 77, 78; BGH vom 18.3.1987 – IVb ZR 24/86; JurisPK-BGB/*Behrentin*, Art. 22 EGBGB Rn. 123.

357 BGH vom 18.3.1987 – IVb ZR 24/86.

Um aber die Richtigkeit dieser Argumentation nachzuvollziehen, müssen der völkerrechtliche Vertrag bzw. das Zustimmungsgesetz und das autonome Anerkennungsrecht ausgelegt werden. Die Auslegung führt im Zweifel zu dem Ergebnis, dass das autonome Anerkennungsrecht anwendbar ist. Dafür spricht der Sinn und Zweck der entsprechenden Staatsverträge, die die Anerkennung von Gerichtsentscheidungen eines anderen Staates vereinfachen und nicht verkomplizieren wollen.[358]

Gleichwohl kann dieses Ergebnis für das HAÜ nicht angenommen werden, da sich aus der Präambel und Art. 1 HAÜ der abschließende Geltungsbereich des HAÜ ergibt: Die Zwecksetzung des HAÜ schließt also das Günstigkeitsprinzip zugunsten des Vorrangprinzips aus.[359] Würde man sich der anderen Auffassung anschließen, dann würde dies eine Privilegierung derjenigen Antragsteller bewirken, die einen alternativen Weg zum HAÜ einschlagen, da sich die Anerkennung der Adoption, die übereinkommenswidrig zustande kam, nicht an den strengen Übereinkommensmaßstäben misst. Vielmehr würden stattdessen die für sie günstigeren Voraussetzungen des Nichtvorliegens eines Anerkennungshindernisses nach § 109 FamFG (vor allem das Fehlen eines Verstoßes gegen den ordre public-Grundsatz) gelten.[360] Dies widerspricht der Zielsetzung des HAÜ, würde das wechselseitige Prüfungserfordernis des HAÜ umgehen und das Übereinkommen „seiner völkerrechtlichen Verbindlichkeit weitestgehend entkleiden"; die Einhaltung des HAÜ wäre damit dem Belieben der Adoptionswilligen ausgesetzt.[361] Im Sinne von Art. 23 HAÜ muss zudem eine Bescheinigung ausgestellt werden: Die Aushändigung der Bescheinigung indiziert das Vorliegen einer hinreichenden Kindeswohlprüfung. Das Ziel des HAÜ erlaubt es infolgedessen nicht, die Kindeswohlprüfung im Anerkennungsverfahren nachzuholen. Im Übrigen können sich die Adoptiveltern nicht darauf berufen, dass trotz Ausschlusses einer Anerkennung nach dem HAÜ noch eine Anerkennung nach den nationalen Regeln (§§ 108, 109 FamFG) möglich ist.[362] Darüber hinaus könnten die Antragsteller durch die Wahl des Zeitpunktes der Stellung des

358 BGH vom 18.3.1987 – IVb ZR 24/86.

359 Schleswig-Holsteinisches OLG vom 25.09.2013 – 12 UF 58/13.

360 *Weitzel*, NJW 2008, 186, 188.

361 *Weitzel*, NJW 2008, 186, 188.

362 *Staudinger/Henrich*, Vor Art. 22 EGBGB Rn. 46; anders OLG Düsseldorf vom 27.7.2012 – II-1 UF 82/11 = FamRZ 2013, 714, das Zweifel hat, ob die fehlende Bescheinigung im Sinne von Art. 23 HAÜ ein Rechtfertigungsgrund für die Ablehnung der Anerkennung darstellt, und ob die Ablehnung zusätzlich mit einem ordre public-Verstoß gerechtfertigt werden kann. Hiernach ist die Anerkennungsfähigkeit nach

Anerkennungsantrages die Erfolgsaussichten ihres Antrags in maßgebender Weise beeinflussen, weil der BGH für die Beurteilung, ob die Anerkennung einer Gerichtsentscheidung gegen den ordre public-Grundsatz verstößt, nicht auf den Zeitpunkt der ausländischen Entscheidung abstellt, sondern auf den Zeitpunkt, in dem der deutsche Tatrichter über die Anerkennung zu befinden hat.[363] Ferner kann man der Denkschrift, die dem Zustimmungsgesetz zum HAÜ zugrundeliegt, entnehmen, dass das autonome Recht nur partiell dazu geeignet ist, den Zwecksetzungen des HAÜ gerecht zu werden.[364] Denn die inländischen Behörden haben im Hinblick auf die Umstände, unter denen ausländische Kinder im Heimatstaat deutschen Adoptionsbewerbern anvertraut werden, lediglich eine begrenzte Kontrollmöglichkeit. Erforderlich ist vielmehr eine effektive Zusammenarbeit der Behörden von Heimat- und Aufnahmestaat, die das HAÜ zu gewährleisten versucht.[365] Deshalb hat auch die Haager Konferenz für internationales Privatrecht die Vertragsstaaten des HAÜ dazu aufgefordert, etwaige Standards des Übereinkommens auch gegenüber den Nichtvertragsstaaten sinngemäß anzuwenden.[366] Nichts anderes folgt aus der Gesetzesbegründung zum Entwurf eines Gesetzes zur Regelung von Rechtsfragen auf dem Gebiet der internationalen Adoption und zur Weiterentwicklung des Rechtes zur Adoptionsvermittlung vom 10.05.2001.[367]

Das völkerrechtliche Abkommen schließt im Ergebnis die nationalen Anerkennungsregelungen aus. In diesem Fall können die Antragsteller nur noch versuchen, ein neues Verfahren, also eine Nachadoption einzuleiten, das den Anforderungen des HAÜ entspricht.[368]

3. Abschließende Stellungnahme

Abschließend stellt sich die Frage, ob die aktuell geltende Gesetzeslage den Intentionen des Gesetzgebers entspricht oder ob sie zwingend reformbedürftig ist. Richtungweisend ist dabei der Sinn und Zweck der Adoption. Das Adoptionsrecht hat im Laufe des letzten Jahrhunderts einen Funktionswandel durchlaufen,

den Vorschriften der §§ 108, 109 FamFG zu prüfen (OLG Köln vom 29.5.2009 – 16 Wx 16/09 = FamRZ 2010, 49; OLG Braunschweig vom 15.1.2013 – 7 W 92/11).

363 Schleswig-Holsteinisches OLG vom 25.09.2013 – 12 UF 58/13.

364 BT-Drucks. 14/5437, S. 22.

365 BT-Drucks. 14/5437, S. 22.

366 *Reinhard*, JAmt 2006, 325, 326 f.

367 Vgl. BT-Drucks. 14/6011, S. 29.

368 *Staudinger/Henrich*, Vor Art. 22 EGBGB Rn. 46; *Fuchs*, IPRax 2006, 316; *Reinhardt*, ZRP 2006, 244, 247.

den der deutsche Gesetzgeber berücksichtigt hat. Während im Entstehungszeitpunkt des BGB noch die Fortführung und der Erhalt der Familie für das Verständnis der Adoption prägend waren, trat im weiteren Verlauf – vor allem mit dem FamRÄndG – der Gedanke um das Wohl des Adoptivkindes zunehmend in den Vordergrund. Dieser Funktionswandel basierte auf gesellschaftlichen Veränderungen, mit denen die Familie konfrontiert wurde.

Mit § 1743 BGB n.F. wurde letztendlich eine Vorschrift normiert, deren Regelungsinhalt auf den ersten Blick adäquat erscheint und die von den Adoptionsbewerbern keine unüberwindbaren Voraussetzungen verlangt. Die deutsche Rechtslage befindet sich hiermit auch im zulässigen Rahmen des § 9 Abs. 1 S. 2 EuAdAbk. Ein Mindestaltersabstand ist seit dem FamRÄndG nicht mehr im BGB normiert.

Probleme könnten Fallkonstellationen bereiten, in denen sich Adoptionswillige bewusst wegen Nichterreichung der Mindestaltersgrenze des § 1743 BGB oder mangels Einhaltung eines von den Vermittlungsstellen vorgegebenen Altersabstandes dazu entscheiden, ein Kind auf privatem Wege aus einem Land anzunehmen, in dem ein vergleichsweise niedrigerer Maßstab gilt. § 1743 BGB darf im Anerkennungsverfahren vor den deutschen Gerichten nicht unberücksichtigt bleiben; Abweichungen im zulässigen Rahmen sind gleichwohl legitim. Zur Verhinderung von Umgehungen gibt es den ordre public-Grundsatz. Allerdings können nicht alle Umgehungsfälle unterbunden werden. Das muss aber weitestgehend – vor allem im Hinblick auf das Wohl des Kindes – geändert werden. Denn für das Kind würde es ein „Hin und Her“ zwischen Heimat- und Aufnahmestaat bedeuten, wenn das ausländische Familiengericht die Adoption für wirksam hält, aber das deutsche Familiengericht diese wegen ordre public-Verstoßes nicht anerkennt. In diesem Zusammenhang wäre eine internationale Kooperation zwischen den Staaten, die versuchen, eine möglichst einheitliche Gesetzeslage zu schaffen, effektiv. Übereinkommen wie das HAÜ oder das Europäische Übereinkommen über die Adoption von Kindern, die primär auf die Schutzbedürftigkeit von Minderjährigen abzielen und Erwachsenenadoptionen vollständig vom Anwendungsbereich ausschließen, sind bereits eine gute Ausgangsbasis.

Sinnvoll erscheint darüber hinaus eine erneute Reform des § 1743 BGB, da diese Norm in ihrer aktuellen Fassung bei genauer Betrachtung nicht ganz unbedenklich ist. Eine Gesetzesmodifizierung sollte nicht nur eine Senkung oder Erhöhung der Mindestaltersgrenze zum Inhalt haben. Zu erwägen ist auch die Einführung einer Mindestanzahl an Ehejahren, die von den Ehegatten bei jeder gemeinschaftlichen Adoption, die der Regelfall ist, kumulativ nachzuweisen ist. Die Reform sollte gleichermaßen darauf gerichtet sein, einen Mindestaltersabstand gesetzlich zu regeln. Das Europäische Übereinkommen über die Adoption von

Kindern erlaubt es den einzelnen Staaten in Art. 9 Abs. 1 S. 3 EuAdAbk, einen Mindestaltersabstand in ihren Rechtsordnungen aufzunehmen. Das dient dem Kindeswohl und es soll gewährleistet werden, dass zwischen den Adoptionsbeteiligten eine Eltern-Kind-Beziehung besteht. Zwar würde das Abstellen auf einen starren Mindestaltersabstand eine erhebliche Einschränkung für die Beteiligten bedeuten, zumal es viele Ausnahmefälle und Sonderkonstellationen gibt, denen ein starrer Mindestaltersabstand nicht mehr gerecht werden würde. Auch wäre der Grundsatz „adoptio naturam imitatur“ nur bedingt zu verwirklichen. Jedoch werden durch Art. 9 Abs. 2 EuAdAbk etwaige Abweichungsvorbehalte ermöglicht. Der deutsche Gesetzgeber kann diese also in § 1743 BGB ohne weiteres aufnehmen. Im Übrigen wären Rechtssicherheit und Rechtsklarheit für die Adoptionsbewerber gewährleistet, wenn ein Mindestaltersabstand gesetzlich normiert ist. Eine Reform des § 1743 BGB ist demzufolge ein praktikabler Lösungsansatz.

II. Höchstaltersgrenzen

1. Höchstaltersgrenze bei der Inlandsadoption

Ein Höchstalter oder Höchstaltersabstand ist in § 1743 BGB nicht vorgesehen. Schon im Einvernehmen mit der These 7.2 Abs. 2 S. 1 der AGJJ hat man sich dagegen ausgesprochen, eine Höchstaltersgrenze für die Annehmenden zu normieren.[369] Es sind nämlich Konstellationen vorstellbar, in denen die Adoption durch eine ältere Person erfolgen soll - wenn beispielsweise eine jüngere Witwe einen deutlich älteren Mann heiratet und dieser ihre Kinder annehmen will.[370]

Hierdurch entsteht für die Adoptionsvermittlungspraxis ein fortdauerndes Problem: Wird ein Adoptionsantrag durch das Jugendamt aufgrund des Alters der Adoptionsbewerber abgelehnt, dann müssen sich die Verwaltungsgerichte entweder mit einem Höchstalter beschäftigen oder eine andere Lösung finden.[371] Es kann in diesem Zusammenhang nicht geleugnet werden, dass ein allzu großer Altersunterschied zwischen Annehmenden und Anzunehmenden im Hinblick auf die Frage, ob ein Eltern-Kind-Verhältnis entstehen oder ob die Adoption dem Wohl des Kindes entsprechen wird, eine negative Prognose zur Folge haben kann.[372]

---

369 *Engler*, Auf dem Weg zur Adoption, S. 65; *Mende*, ZblJugR 1970, 189, 191 f.

370 *Engler*, Auf dem Weg zur Adoption, S. 65; *Mende*, ZblJugR 1970, 189, 191 f.

371 *Paulitz*, Adoption, S. 225.

372 LG Kassel vom 05.10.2005 - 3 T 140/05 = FamRZ 2006, 727 f.; *Muscheler*, Familienrecht, § 41 Rn. 712; *Erman/Saar*, BGB, § 1741 Rn. 5; *Weinreich/Klein/Friederici*, Fachanwaltskommentar Familienrecht, § 1741 Rn. 5; *Bamberger/Roth/Enders*, BGB, § 1741 Rn. 34; *Rauscher*, Familienrecht, § 37 Rn. 1152; *Oberloskamp*, ZKJ 2008, 484, 489.

Ein zu hohes Alter der Annehmenden oder ein erheblicher Altersunterschied zwischen den Adoptionsbeteiligten kann im Rahmen des Adoptionsverfahrens als Ausschlusskriterium dienen. Die Adoption eines bereits älteren Kindes durch ältere Adoptiveltern ist nicht zu vergleichen mit dem Fall, dass die Annehmenden in entsprechend jüngerem Alter das Kind bekommen hätten und mit ihm älter geworden wären.[373] Weist zudem bei der gemeinschaftlichen Adoption der eine Adoptionsbewerberteil ein für die Adoption zu hohes Alter auf, kann dieser Erschwernisgrund keineswegs durch die Jugendlichkeit des anderen Bewerberteils ausgeglichen werden.[374] Das heißt, dass die Adoption eines Kindes durch einen 60-jährigen Mann und seine 20 Jahre jüngere Frau grundsätzlich abzulehnen ist: Würde nämlich die Belastbarkeit des jüngeren Ehegattenteils für die Adoptionseignung als ausreichend erachtet werden, dann würde dies im Ergebnis auf eine Einzeladoption durch den 20 Jahre jüngeren Bewerberteil hinauslaufen, die nur in Ausnahmefällen zulässig sein soll.[375]

Trotz Gesetzesänderungen zur Optimierung des Adoptionsrechts gibt es in Bezug auf die Höchstaltersgrenzen rechtliche Bedenken, die zwingend klärungsbedürftig sind. Hierzu haben sich insgesamt zwei Meinungsgruppen gebildet: Den Empfehlungen der Bundesarbeitsgemeinschaft der Landesjugendämter[376] zufolge soll der Altersabstand zwischen Annehmenden und Anzunehmenden maximal 40 Jahre betragen.[377] Insofern wird zwischen Annehmenden und Anzunehmenden ein Altersabstand verlangt, der mit der natürlichen Generationenfolge im Einklang steht.[378] Begründet wird diese Empfehlung damit, dass der Kinderwunsch lediglich bis zu einem Lebensalter von 40 Jahren zu erwarten ist.[379]

Die Große Koalition hingegen hat sich in der 18. Legislaturperiode im Koalitionsvertrag dieses Problems angenommen: Daraus geht das zentrale Anliegen hervor, Kinder vor Gewalt und Vernachlässigungen zu bewahren; auch soll die Wahrnehmung der Rechte von Kindern, die durch die VN-Kinderrechtskonvention umgesetzt wurde, weiterentwickelt werden. Zudem will sich die Große

---

373 *Erman/Saar*, BGB, § 1741 Rn. 5; *Roth-Stielow*, Kommentar, § 1743 Rn. 7.

374 *Kaiser/Schnitzler/Friederici/Schilling/Dahm*, Familienrecht, § 1741 Rn. 19.

375 *Kaiser/Schnitzler/Friederici/Schilling/Dahm*, Familienrecht, § 1741 Rn. 1, 34.

376 Hierbei handelt es sich um nicht rechtsverbindliche Rechtsakte, an deren Erlass zwar Rechtsfolgen geknüpft sind, die aber keine Bindungswirkung entfalten. Sie sind kein Bestandteil der deutschen Rechtsordnung.

377 Vgl. BT-Drucks. 16/12293, S. 3; 15/4240, S. 9; *Lipp/Wagenitz*, Das neue Kindschaftsrecht, § 1743 Rn. 7 empfehlen eine gesetzliche Festlegung.

378 *Gernhuber/Coester-Waltjen*, Familienrecht, § 68 IV 1 Rn. 33.

379 Vgl. hierzu MüKo-*Maurer*, Familienrecht II, § 1741 Rn. 29; *Lipp/Wagenitz*, Das neue Kindschaftsrecht, § 1743 Rn. 7.

Koalition unter Berücksichtigung des Kindeswohls dafür einsetzen, „dass im Adoptionsrecht die höhere Lebenserwartung der Menschen und die Tendenz zur späteren Familiengründung berücksichtigt werden".[380]

Allerdings muss auch berücksichtigt werden, dass ein gesellschaftlicher Wandel dahingehend festzustellen ist, dass Menschen länger leben und im Alter noch leistungsfähig und belastbar sind. Auch ist dem Umstand, dass leibliche Eltern bei der Geburt ihres Kindes vergleichsweise älter sind, Rechnung zu tragen.[381]

Zur rechtlichen Bewertung dieser Problematik soll zunächst die Sichtweise der Bundesarbeitsgemeinschaft der Landesjugendämter dem Meinungsstand der Großen Koalition des Deutschen Bundestages gegenüber gestellt werden. Anschließend ist auf die Stellungnahme des Petitionsausschusses, die dieser in seiner Sitzung am 21.09.2011 im Hinblick auf die Höchstaltersproblematik abgegeben hat, einzugehen.

a) Meinungsstreit

aa) Ansicht der Bundesarbeitsgemeinschaft der Landesjugendämter

Die Bundesarbeitsgemeinschaft der Landesjugendämter begründet ihre Empfehlung (Höchstaltersgrenze von 40 Jahren) damit, dass es um die Annahme eines Kindes und nicht um die eines Enkelkindes gehe.[382] Vergleicht man die gegenwärtige Adoptionsvermittlungspraxis mit derjenigen von damals, dann ist in Bezug auf die Höchstaltersgrenze eine mildere Handhabung zu verzeichnen: Denn damals durfte die Altersdifferenz zwischen Annehmenden und Anzunehmenden maximal 30 bzw. 35 Jahre betragen.[383]

380 Siehe Koalitionsvertrag zwischen CDU, CSU und SPD, S. 99 (abrufbar unter: http://www.bundesregierung.de/Content/DE/_Anlagen/2013/2013-12-17-koalitionsvertrag.pdf;jsessionid=6451F89AD932E859696C036315836D69.s1t1?__blob=publicationFile&v=2 {zuletzt am 7.5.2017}); vgl. auch BT-Drucks. 16/12293, S. 3: „In diesem Zusammenhang sollten die gesellschaftliche Entwicklung und der veränderte Altersaufbau der Gesellschaft berücksichtigt werden"; BT-Drucks. 15/4240, S. 9.

381 *Kaiser/Schnitzler/Friederici/Schilling/Dahm*, Familienrecht, § 1741 Rn. 17.

382 Vgl. „RP Online", Auch ältere Paare sollen adoptieren dürfen, abrufbar unter: http://www.rp-online.de/politik/deutschland/auch-aeltere-paare-sollen-adoptieren-duerfen-aid-1.1611731 (zuletzt 7.5.2017); „Aachener Zeitung", Alte Eltern sind im Nachteil: Mit Adoptionen nicht zu lange warten, abrufbar unter: http://www.aachener-zeitung.de/ratgeber/familie/alte-eltern-sind-im-nachteil-mit-adoptionen-nicht-zu-lange-warten-1.419795 (zuletzt am 7.5.2017).

383 „Aachener Zeitung", Alte Eltern sind im Nachteil: Mit Adoptionen nicht zu lange warten, abrufbar unter: http://www.aachener-zeitung.de/ratgeber/familie/

Das mit der Kindesannahme neu begründete Verwandtschaftsverhältnis muss einem natürlichen Eltern-Kind-Verhältnis möglichst nahekommen und dem Wohl des Anzunehmenden entsprechen. Es gibt zwar auch Fälle wie die Verwandten- oder Stiefkindadoption, bei denen eine Adoption in hohem Alter möglich ist. Allerdings sinken die Chancen von Adoptionsbewerbern mit zunehmendem Alter. Dies ist dem Umstand geschuldet, dass es reichlich junge Bewerberpaare gibt und dass die Anzahl an adoptionsbedürftigen Bewerberpaaren die Zahl der vermittlungsbedürftigen Kinder bei weitem übersteigt.[384] Die Adoptionsvermittlungspraxis versucht damit, den Adoptionsbewerberüberschuss so weit wie möglich zu reduzieren.

Die Annehmenden müssen dauerhaft belastbar sein und eine langfristige Erziehung für das Kind gewährleisten.[385] Dieser Aspekt wird in den Empfehlungen zur Adoptionsvermittlung zunehmend zum Ausdruck gebracht und gilt insbesondere in Anbetracht der Pubertätsphase des Kindes, in der eine gewisse Standhaftigkeit der Eltern in Konfliktsituationen unerlässlich ist. Auch benötigen angenommene Kinder eine möglichst lange Lebensbegleitung durch ihre Adoptiveltern.[386]

Infolgedessen wird es laut Empfehlung der Bundesarbeitsgemeinschaft der Landesjugendämter regelmäßig nicht dem Kindeswohl und der Wahrung einer Eltern-Kind-Beziehung im Sinne von § 1741 Abs. 1 S. 1 BGB entsprechen, wenn der Altersabstand zwischen den Beteiligten größer als 40 Jahre ist.

Nur wenn die natürliche Generationenfolge eingehalten wird, ist die Begründung einer Eltern-Kind-Beziehung im Sinne von § 1741 Abs. 1 S. 1 BGB zu erwarten. Zugleich soll das Kind an leistungsfähige Adoptiveltern vermittelt werden. Gelangt die Prognose zu dem Ergebnis, dass bei älteren Adoptionsbewerbern im Vergleich zu jüngeren sehr wahrscheinlich mit gesundheitlichen Einschränkungen und einem Verlust der körperlichen Leistungsfähigkeit zu rechnen ist, dann ist der Adoptionsantrag abzulehnen.[387]

---

alte-eltern-sind-im-nachteil-mit-adoptionen-nicht-zu-lange-warten-1.419795 (zuletzt am 7.5.2017).

384 „Aachener Zeitung“, Alte Eltern sind im Nachteil: Mit Adoptionen nicht zu lange warten.

385 So auch HK-AdoptR/*Reinhardt*, § 7 AdVermiG Rn. 7.

386 *Müller-Lissner*, in: „Der Tagesspiegel“ vom 14.6.2010, abrufbar unter: http://www.tagesspiegel.de/weltspiegel/reife-ueberlegung-aeltere-paare-hoffen-auf-reformiertes-adoptionsrecht/1858062.html (zuletzt am 7.5.2017).

387 HK-AdoptR/*Reinhardt*, § 7 AdVermiG Rn. 7.

Es darf aber nicht unbeachtet gelassen werden, dass die Tendenz der Zentralen Adoptionsvermittlungsstellen der Länder parallel dahin geht, nicht der starren Altersgrenze schematisch zu folgen, sondern eine Einzelfallentscheidung zu fällen, die von der Altersgrenze abweicht und nach der gegebenenfalls auch ältere Adoptionsbewerberpaare in den Genuss der Kindesannahme kommen können.[388] Starre Höchstaltersgrenzen sind nur partiell geeignet, die Adoptionsvermittlung sicherzustellen. Das Lebensalter muss aber als ein auf andere Merkmale wie Gesundheit, Lebenserfahrung, Belastbarkeit und Flexibilität bezugnehmender Indikator angesehen werden.[389] Die von der Höchstaltersgrenze abweichende Entscheidungsfindung hat bei den älteren Adoptionsbewerbern allerdings keinen Anklang gefunden. Diese beschwerten sich nach wie vor darüber, dass das Auswahlverfahren nach einer schematischen Anwendung starrer Altersgrenzen erfolge und sie deshalb unberechtigterweise von sämtlichen Adoptionsmöglichkeiten ausschließe. Die einzelnen Landesjugendämter wurden daher von der Bundesregierung darum gebeten, in Bezug auf die Handhabung der Höchstaltersgrenzen an einer Evaluation teilzunehmen, um einen etwaigen Handlungsbedarf zu untersuchen.[390] Die Befragung hat zum einen ergeben, dass der prozentuale Teil an Adoptionswilligen mit einer Altersdifferenz von 40 Jahren zum Kind bei den einzelnen Zentralen Jugendämtern sehr stark abweichend ist (von 0,5 % bis zu 75 %), sodass sich kein einheitliches Meinungsbild feststellen lässt. Die Evaluation hat zum anderen gezeigt, dass in der Rechtspraxis von der 40-Jahres-Altersgrenze zum Teil kein schematischer und einzelfallunabhängiger Gebrauch gemacht wird, was den Intentionen des Gesetzgebers entspricht, der sich bewusst dagegen entschieden hat, das Höchstalter im BGB zu normieren, um ein Abstellen auf die Umstände des Einzelfalles besser zu ermöglichen. Gleichwohl orientiert sich die Mehrheit der Jugendämter an starren

---

388 „RP Online", Auch ältere Paare sollen adoptieren dürfen, abrufbar unter: http://www.rp-online.de/politik/deutschland/auch-aeltere-paare-sollen-adoptieren-duerfen-aid-1.1611731 (zuletzt 7.5.2017); So auch HK-AdoptR/*Reinhardt*, § 7 AdVermiG Rn. 7.

389 Empfehlungen zur Adoptionsvermittlung, 6. Auflage, 6.4.2.2. Alter, S. 27 (abrufbar unter: http://www.bagljae.de/downloads/109_empfehlungen-adoptionsvermittlung_2009.pdf {zuletzt am 7.5.2017}); vgl. OLG Oldenburg vom 3.11.1995 – 5 W 187/95 = FamRZ 96, 895.

390 Vgl. Auswertung der Antworten der Zentralen Adoptionsstellen der Länder auf Fragebogen zur Altersgrenze bei Adoptionen, abrufbar unter: http://www.bmjv.de/DE/Ministerium/Abteilungen/BuergerlichesRecht/FamilienrechtErbrecht/_doc/Befragung_der_Handhabung_der_Altersgrenze_bei_der_Adoption.html?nn=1469004.

Altersgrenzen, auch wenn diese in den meisten Fällen höher als 40 Jahre angesetzt werden.[391]

bb) Meinungsstand der Großen Koalition des Deutschen Bundestages

Die Große Koalition des Deutschen Bundestages vertritt in Bezug auf die Höchstaltersproblematik eine an den gesellschaftlichen Wandel der Lebensauffassungen angepasste Ansicht. Festzuhalten ist zunächst, dass die Adoption fortwährend schwieriger wird, weil sie rasant an Bedeutung verliert. Dieser Bedeutungsverlust lässt sich mit einem gesellschaftlichen Wandel der Lebensauffassungen begründen: Alleinerziehende werden in jeder Hinsicht vom Staat unterstützt, was für die meisten ein ausschlaggebender Grund dafür ist, ihr Kind doch zu behalten und nicht zur Adoption freizugeben. Infolge von Sexualaufklärungen und Abtreibungen kommt es ferner zu einem allgemeinen Geburtenrückgang. Auch das Ungleichgewicht zwischen Adoptionswilligen und Kindern, die für eine Adoption zur Verfügung stehen, erschwert die Adoption durch ein älteres Paar.[392] Zu berücksichtigen ist darüber hinaus die zunehmend beliebte Stiefkindadoption, die die Fremdadoption immer weiter in den Hintergrund stellt.

Es ist zwar nachvollziehbar, dass Adoptiveltern im Laufe der Jahre in Schwierigkeiten geraten oder vor Herausforderungen stehen, die es zu bewältigen gilt. Allerdings kann nicht der allgemeine Erfahrungssatz aufgestellt werden, dass ältere Eltern eine niedrigere Belastbarkeitsgrenze haben.[393] Es kann Eltern geben, die schon das 40. Lebensjahr überschritten haben und denen man ausreichend Flexibilität zutraut, um auch im fortgeschrittenen Alter mit der Pubertätsphase des Kindes und die damit verbundenen Probleme in adäquater Weise umzugehen. Umgekehrt gibt es 35-jährige Adoptionsbewerber, die in derselben Situation überfordert wären.[394] Deswegen sollte auch älteren Paaren die Möglichkeit einer Adoption eingeräumt werden.

Der Zeitpunkt, an dem sich ein Paar dazu entscheidet, eine Familie zu gründen, verschiebt sich in Deutschland immer weiter nach hinten. Während leibliche

---

391 Vgl. Auswertung der Antworten der Zentralen Adoptionsstellen der Länder auf Fragebogen zur Altersgrenze bei Adoptionen.

392 *Siems*, in: „Die Welt“ vom 29.5.2010, abrufbar unter: http://www.welt.de/politik/deutschland/article7838192/Justizministerin-plant-liberaleres-Adoptionsrecht.html (zuletzt am 7.5.2017).

393 Müller-Lissner, in: „Der Tagesspiegel“ vom 14.6.2010, abrufbar unter: http://www.tagesspiegel.de/weltspiegel/reife-ueberlegung-aeltere-paare-hoffen-auf-reformiertes-adoptionsrecht/1858062.html (zuletzt am 7.5.2017).

394 „RP Online“, Auch ältere Paare sollen adoptieren dürfen.

Eltern regelmäßig in höherem Alter Kinder bekommen, ist dies bei der Adoption eher eine Ausnahme. Junge Adoptionsbewerberpaare werden ungeachtet dessen stets privilegiert.[395] Es würde jedoch natürlichen Gegebenheiten entsprechen, in dieser Angelegenheit einen Gleichklang zwischen leiblichen Eltern und Adoptiveltern herzustellen. Aus diesem Grunde sollte eine Anpassung an die generelle gesellschaftliche Entwicklung und aktuelle Lebenswirklichkeit erfolgen, bei der eine Vielzahl von Paaren erst mit zunehmendem Alter Eltern werden. Es stellt keine Besonderheit mehr dar, mit Anfang oder Mitte 40 Kinder zu bekommen. Vor allem langandauernde Ausbildungswege und nicht unkomplizierte Beziehungen tragen dazu bei, dass die Frage der Elternschaft erst mit steigendem Alter aufkommt. Aber auch die persönliche Jugendlichkeit und Fitness und die moderne Geburts- (und Fortpflanzungs-)medizin sorgen dafür, dass Frauen den nötigen Rückhalt haben, um es zu wagen, auch noch jenseits der 40-Jahresgrenze Kinder zu kriegen.[396] „Es gehört zu einer Gesellschaft des längeren Lebens, dass es nicht nur junge Eltern gibt."[397] Sind leibliche Eltern bei der Geburt zunehmend älter, dann muss bei der Adoption ein erhöhter Altersunterschied zulässig sein.[398] Vor diesem Hintergrund ist es an der Zeit, die Adoptionsrichtlinien mit der Realität in Einklang zu bringen. Hierbei ist zwar richtigerweise zu berücksichtigen, dass die natürliche Generationenfolge eingehalten wird; dies kann aber nicht durch starre Altersgrenzen – wie von der Bundesarbeitsgemeinschaft der Landesjugendämter beabsichtigt – erreicht werden. Eine Harmonisierung kann in erster Linie durch eine Flexibilisierung der Höchstaltersgrenzen erreicht werden,[399] auch wenn erfreulicherweise mit einer Höchstaltersanhebung von 35 Jahren auf 40 Jahre eine Modifizierung bereits vollbracht wurde.[400] Würde die Höchstaltersgrenze angehoben werden, dann hätte dies eine Reduzierung des Zeitdrucks, dem viele Paare ausgesetzt sind, zur Folge. Zudem gibt es keine Anhaltspunkte dafür, dass sich spätere Elternschaften nachteilig auf das Kindeswohl auswirken.[401]

---

395 „RP Online", Auch ältere Paare sollen adoptieren dürfen.

396 Müller-Lissner, in: „Der Tagesspiegel" vom 14.6.2010.

397 „RP Online", Auch ältere Paare sollen adoptieren dürfen.

398 *Siems*, in: „Die Welt" vom 29.5.2010, abrufbar unter: http://www.welt.de/politik/deutschland/article7838192/Justizministerin-plant-liberaleres-Adoptionsrecht.html (zuletzt am 7.5.2017).

399 *Siems*, in: „Die Welt" vom 29.5.2010.

400 „RP Online", Auch ältere Paare sollen adoptieren dürfen.

401 *Siems*, in: „Die Welt" vom 29.5.2010.

Darüber hinaus wird sinnvollerweise dafür plädiert, die starre Altersgrenze durch eine individuelle Einzelfallprüfung zu substituieren. Bei der Eignungsprüfung sind dann Kriterien wie die konkrete Lebenssituation, die psychologische Eignung, die Belastbarkeit und etwaige wirtschaftliche Faktoren zu berücksichtigen.[402]

cc) Stellungnahme des Petitionsausschusses vom 21.9.2011[403]

Diskussionen, die die Höchstaltersgrenze im Adoptionsrecht betreffen, treten immer häufiger in den Vordergrund. Das liegt primär am steigenden Lebensalter und an der „verlängerten Schaffenskraft" älterer Menschen.

Der Petitionsausschuss hat deshalb in der Sitzung am 21.09.2011 Stellung zu der Höchstaltersproblematik bezogen. Es wurde thematisiert, wie man älteren Ehepaaren die Adoption ermöglichen kann. Hierzu wurde man sich darüber einig, die Höchstaltersgrenze auf 45 – 50 Jahre anzuheben. Damit verfolgt der Ausschuss das Ziel, Ehepaare, die ungewollt von der Kinderlosigkeit betroffen sind, einfacher zu einem Kind kommen zu lassen und Abtreibungen zu vermindern. Der Ausschuss hat betont, dass die Adoption und die ihr zugrundeliegenden Vorschriften davon geprägt seien, mit dem Kindeswohl in Einklang zu stehen. Das hat auch für die Alterserfordernisse für Adoptionsbewerber zu gelten.[404] Der Gesetzgeber hat in dieser Hinsicht ausschließlich ein Mindestalter normiert und für das Höchstalter keine Regelung getroffen, um auf die Umstände des Einzelfalls abstellen zu können. Laut Petitionsausschuss hat sich die Tendenz verstärkt, dass viele Paare erst dann Eltern werden, wenn sie ein fortgeschrittenes Alter erreicht haben. Die Bundesarbeitsgemeinschaft soll demzufolge sämtliche Jugendämter darauf aufmerksam machen, auch älteren Adoptionsbewerberpaaren Chancen einzuräumen. Der Petitionsausschuss unterstützt infolgedessen nachdrücklich die Forderung nach einer Anhebung der Höchstaltersgrenze für Adoptionsbewerber.[405]

---

402 *Müller*-Lissner, in: „Der Tagesspiegel" vom 14.6.2010.

403 Stellungnahme des Petitionsausschusses des Deutschen Bundestages in einer Beschlussempfehlung vom 21.09.2011, abrufbar unter: http://www.juris.de/jportal/portal/t/9fp/page/jurisw.psml?doc.hl=1&doc.id=jnachr-JUNA110902983&documentnumber=9&numberofresults=9&doctyp=Presse%3Ajnachr&showdoccase=1&doc.part=P&paramfromHL=true#focuspoint.

404 Stellungnahme des Petitionsausschusses des Deutschen Bundestages in einer Beschlussempfehlung vom 21.09.2011.

405 Stellungnahme des Petitionsausschusses des Deutschen Bundestages in einer Beschlussempfehlung vom 21.09.2011.

dd) Rechtsprechung zur Adoptionspraxis

Das Problem der Höchstaltersgrenze lässt sich gut anhand von Fällen aus der Praxis darstellen. Das betrifft u.a. die Verwandtenadoption (insbesondere Großelternadoption und die Adoption durch den Onkel oder die Tante), mit denen sich die Gerichte in einer Vielzahl von Fällen auseinandersetzen mussten.

Mit der Verwandtenadoption sind viele rechtliche Probleme verbunden. Die Verwandtenadoption ist im adoptionsrechtlichen Teil des BGB zwar nicht ausdrücklich verankert, doch kann deren Existenz § 1756 Abs. 1 BGB, der die Verwandtschaftsverhältnisse der Adoptionsbeteiligten regelt, entnommen werden. Die gesonderte Fixierung der Adoptionswirkungen bei einer Verwandtenadoption impliziert, dass der Gesetzgeber schon früher im Zusammenhang mit diesem Adoptionstypus keine gänzlich ablehnende Haltung einnahm. Die Verwandtenadoption bewirkt eine Verschiebung oder Vermehrung von Verwandtschaftsverhältnissen.[406] Bei der Verwandtenadoption besteht in der Regel kein Elternverhältnis und deren Entstehung kann prinzipiell nicht erwartet werden.[407]

Bei der Großelternadoption erlischt das Verwandtschaftsverhältnis zu den leiblichen Eltern, die Großeltern werden nach § 1754 BGB Eltern und es wird über die Großeltern ein Verwandtschaftsverhältnis zu sämtlichen leiblichen Geschwistern im 3. Grad aufgebaut. Auch die Adoption durch einen Onkel oder durch eine Tante und deren Ehegatten bewirkt ein Erlöschen des Verwandtschaftsverhältnisses zu den leiblichen Eltern und bringt dem Kind ein 3. Großelternpaar ein (Eltern des Ehegatten vom Onkel oder von der Tante). Verfassungsrechtliche Zweifel können der Verwandtenadoption nicht entgegengehalten werden, da Verwandte unter der Prämisse der Erfüllung der Tatbestandsvoraussetzungen des § 1741 Abs. 1 S. 1 BGB ein Kind annehmen können, das mit ihnen verwandt ist.[408]

Welche Altersgrenzen im Einzelfall zu berücksichtigen sind und wie sich ein bestimmter Altersabstand zwischen den Adoptionsbeteiligten einerseits auf das

406 Vgl. dazu *Soergel/Liermann*, Familienrecht 4, § 1756 Rn. 5; vgl. Einzelheiten auch bei *Dieckmann* ZblJugR 1980, 567 ff.

407 MüKo-*Maurer*, Familienrecht II, § 1741 Rn. 27; AG Hannover vom 12.08.1965 – 63 VII K 6641 = FamRZ 1966, 45; im Rahmen eines Ersetzungsverfahrens OLG Hamm vom 29.11.1966 – 15 W 382/66 = FamRZ 1968, 110, 112; OLG Oldenburg vom 03.11.1995 – 5 W 187/95 = NJW-RR 1996, 709 = FamRZ 1996, 895 mit Besprechung *Hohloch* JuS 1996, 1033; *Engler*, FamRZ 1975, 127; *Hillerkamp*, ZfJ 1953, 14; *Bosch*, FamRZ 1984, 836.

408 BVerfGE 24, 119 = FamRZ 1968, 578, 580; MüKo-*Maurer*, Familienrecht II, Vor § 1741 Rn. 21.

Kindeswohl und andererseits auf die Schaffung eines Eltern-Kind-Verhältnisses auswirkt, bedarf einer rechtlichen Untersuchung. Dazu müssen die unterschiedlichen Arten der Verwandtenadoption – also die Großelternadoption und die Adoption durch Tanten oder Onkel – separat begutachtet werden, da aus den individuellen Verwandtschaftsverhältnissen verschiedenartige Altersgrenzen resultieren und damit kein einheitlicher Bewertungsmaßstab zugrunde gelegt werden kann.

(1) Großelternadoption

Sollen sehr junge Leute keine älteren Jugendlichen adoptieren, dann gilt entsprechend dazu der Grundsatz, dass allzu junge Kinder nicht durch deutlich Ältere anzunehmen sind, da sonst der Altersabstand zwischen den Beteiligten zu groß ist, sodass nicht mehr von einem Eltern-Kind-Verhältnis die Rede sein kann.[409] Dies gilt vor allem für die Annahme des eigenen Enkelkindes als „Kind", auch wenn die Großelternadoption an sich statthaft ist (vgl. § 1756 Abs. 1 BGB).[410] Vor allem bei der Annahme des eigenen Enkelkindes werden strenge Befähigungsnachweise von den Adoptionsbeteiligten verlangt, um einerseits der Begründung eines Eltern-Kind-Verhältnisses und andererseits dem Wohl des Kindes ausreichend Rechnung zu tragen.[411] Diesen Anforderungen können die Großeltern allein schon wegen des hohen Altersabstandes zum Kind nicht gerecht werden. Eine Großelternadoption steht in den meisten Fällen nicht mit der natürlichen Generationenfolge in Einklang, sodass anstelle eines Eltern-Kind-Verhältnisses eine Großeltern-Kind-Beziehung entsteht.

Damit die Großelternadoption zulässig ist, muss sie dem Kindeswohl dienen und es muss zu erwarten sein, dass ein echtes Eltern-Kind-Verhältnis entsteht.

---

409 DIV-Gutachten ZfJ 1997, 220, 222; OLG Frankfurt/M. vom 12.6.2003 – 20 W 264/02: Gegen eine Adoption, wenn die Adoptiveltern 75 und 79 Jahre alt sind und das Kind aus dem Libanon das 13. Lebensjahr vollendet hat; OLG Schleswig-Holstein IPRspr 2009, Nr. 100 b, 242, die Anerkennung der Adoption eines fünfjährigen Kindes durch eine 56 Jahre alte Frau und einen 65 Jahre alten Mann ablehnend; LG Kassel vom 05.10.2005 – 3 T 140/05; zur abgelehnten Anerkennung einer ausländischen Adoption eines Kindes durch seine Großeltern LG Hamburg vom 20.5.2005 – 301 T 482/04; MüKo-*Maurer*, Familienrecht II, § 1741 Rn. 18; *Grziwotz*, FamFR 2011, 533, 534.

410 *Palandt/Götz*, BGB, § 1741 Rn. 5.

411 MüKo-*Maurer*, Familienrecht II, § 1741 Rn. 27.

Das ist bei diesem Adoptionstypus eher die Ausnahme.[412] Von einem Eltern-Kind-Verhältnis kann trotz beträchtlichem Altersunterschied dann gesprochen werden, wenn das Kind ausschließlich von den Großeltern betreut wird und diese damit gewissermaßen faktisch die Elternrolle eingenommen haben.[413] Der Kindesannahme dürfen dann aber keine Kindeswohlgesichtspunkte entgegenstehen. Es muss eine auffallend günstigere Persönlichkeitsentwicklung des Kindes erwartet werden können.[414] Deren Gewährleistung ist häufig nicht gegeben: Vielmehr sind wegen der Durchbrechung der Generationenfolge für den Fall, dass der leibliche Elternteil noch lebt und eine Kontaktaufnahme fortbesteht, familiäre Konflikte zu erwarten, die mit einer Kindeswohlgefährdung einhergehen könnten, da sämtliche Verwandtschaftsverhältnisse in Unordnung geraten.[415] Der leibliche Elternteil würde dadurch sein ursprüngliches Verwandtschaftsverhältnis zu seinem Kind verlieren und respektive die rechtliche Stellung eines Geschwisterteils einnehmen. Ein schon bestehendes natürliches Verwandtschaftsverhältnis wird durch ein künstliches substituiert.[416] Leben die Beteiligten darüber hinaus noch zusammen, ist ein Konfliktpotential vorgezeichnet, das eine Kindeswohlgefährdung erwarten lässt.[417] Es bleibt festzuhalten, dass durch eine Großelternadoption zwar ein positiver Effekt zugunsten des Kindes dadurch entstehen kann, dass rechtlich eine Zuordnung zu den Personen erfolgt, die es bisher betreut haben. Aber demgegenüber sind „äußerst bedenkliche Umwälzungen familienrechtlicher Art", „massive Verwirrungen der verwandtschaftlichen Beziehungen" und „künstliche Verwandtschaftsverhältnisse" zu verzeichnen, die

---

412 DIV-Gutachten ZfJ 1997, 220, 222; vgl. dazu OLG Oldenburg vom 03.11.1995 – 5 W 187/95 mit Besprechung *Hohloch*, JuS 1996, 1033; als Beweis für die Möglichkeit einer Adoption durch Großeltern vgl. KG Berlin vom 08.05.1984 – 17 UF 5983/83 = FamRZ 1984, 1131, 1134.

413 *Staudinger/Frank*, Adoption, § 1741 Rn. 28.

414 BayObLG vom 6.12.1996 – 1Z BR 100/96; BayObLG vom 16.12.1982 – 1 Z 78/82 = FamRZ 1983, 532, 533.

415 So das OLG Oldenburg vom 3.11.1995 – 5 W 187/95, in der es um die Adoption eines nichtehelichen Kindes durch Großeltern ging – mit Besprechung *Hohloch* JuS 1996, 1033; zur Problematik und zur differenzierten Betrachtung der Verwandtenadoption siehe *Dethloff*, Familienrecht, § 15 Rn. 10 f.

416 *Staudinger/Frank*, Adoption, § 1741 Rn. 28, 23; OLG Oldenburg vom 3.11.1995 – 5 W 187/95 mit Anmerkung *Hohloch* JuS 1996, 1033; OLG Hamm vom 29.11.1966 – 15 W 382/66 = FamRZ 1968, 110; AG Hannover vom 12.08.1965 – 63 VII K 6641.

417 OLG Oldenburg vom 3.11.1995 – 5 W 187/95 mit Besprechung *Hohloch* JuS 1996, 1033; vgl. z.B. die Skepsis in OLG Hamm vom 29.11.1966 – 15 W 382/66; *Staudinger/Frank*, Adoption, § 1741 Rn. 20 – 22; MüKo-*Lüderitz*, Familienrecht II, § 1741 Rn. 22.

sich nachteilig auf das Kindeswohl auswirken.[418] Deswegen sollten Enkel auch ohne explizites gesetzliches Verbot nicht als Kind angenommen werden.[419]

Zuletzt darf nicht außer Acht gelassen werden, dass die Volljährigenadoption im Vergleich zur Minderjährigenadoption an weniger strenge Voraussetzungen gebunden ist.[420] Die Notwendigkeit eines angemessenen Altersabstandes, die zur Begründung einer Eltern-Kind-Beziehung verbreitet anerkannt ist, wird von den Gerichten bei der Erwachsenenadoption weniger eng verstanden. Das vereinfacht das Verfahren einer Großelternadoption. So ist einer Großelternadoption stattzugeben, wenn das volljährige Enkelkind mit seinen Großeltern im Grunde seit der Geburt im gemeinsamen Haushalt lebt: ein Kriterium, das „einen engen persönlichen Kontakt und somit die Annahme einer Eltern-Kind-Beziehung glaubhaft und wahrscheinlich" werden lässt. Es muss darüber hinaus eine intakte Familiengemeinschaft vorliegen, was dann der Fall ist, wenn das Enkelkind nahezu seit der Geburt von seinen Großeltern betreut wird und kein persönlicher Kontakt zu einem leiblichen Elternteil bestanden hat oder gegenwärtig besteht.[421]

(2) Adoption durch Onkel oder Tante

Auch die Zulässigkeit einer Kindesannahme durch den Onkel oder durch die Tante wirft rechtliche Streitpunkte auf. Erwähnenswert ist zunächst, dass die Verwandtschaft zwischen Kind und Annehmendem bei diesem Adoptionstypus nicht so weit entfernt ist wie bei der Annahme eines Enkelkindes durch seine Großeltern. Jedoch erfordert auch diese Adoptionsform einen angemessenen Altersabstand zwischen Annehmenden und Anzunehmenden, um ein Eltern-Kind-Verhältnis entstehen zu lassen. Anknüpfungspunkt ist die natürliche Generationenfolge: Der Altersabstand soll in etwa dem zwischen Eltern und leiblichen Kindern entsprechen.[422] Auch kann tendenziell nicht von einem Eltern-Kind-Verhältnis die Rede sein, wenn der Anzunehmende schon in eine

---

418 BayObLG vom 06.12.1996 – 1Z BR 100/96 = FamRZ 1997, 839; vgl. auch *Dethloff*, Familienrecht, § 15 Rn. 10 f.; DIV-Gutachten ZfJ 1997, 220, 222; vgl. auch *Oberloskamp*, ZBlJugR 1980, 581, 586, der es für fragwürdig hält, ob von einem „unverhältnismäßigen Nachteil" die Rede sein kann, wenn die Adoption nicht gelingt.

419 DIV-Gutachten ZfJ 1997, 220, 222; ZBlJugR 1983, 420; vgl. auch *Hillenkamp*, ZBlJugR 1953, 14.

420 JurisPK-BGB/*Heiderhoff*, § 1767 Rn. 9.

421 So das OLG Celle vom 17.5.2001 – 17 W 30/01, bei der es um die Adoption eines Volljährigen durch seine circa 70 Jahre alten Großeltern ging.

422 So das AG Ellwangen vom 25.11.2013 – 4 F 226/13, bei der es um die Adoption eines volljährigen Neffen durch seine Tante ging. Ein Eltern-Kind-Verhältnis scheiterte

intakte Familie eingebunden ist.[423] Denn wenn das Kind bereits bei den leiblichen Eltern aufwächst, mit ihnen zusammen lebt oder zwischen ihnen eine gute Beziehung besteht, dann gibt es keinen Grund, diese Familiengemeinschaft durch einen zusätzlichen Ersatzelternteil, der zugleich die Tante oder der Onkel des Anzunehmenden ist, zu erweitern. Besteht also zwischen dem Kind und den leiblichen Eltern ein Eltern-Kind-Verhältnis, dann kann nicht mehr eine Eltern-Kind-Beziehung zur Tante oder zum Onkel hergestellt werden. Jedoch kann auf das äußere Erscheinungsbild abgestellt werden: Damit eine Adoption dieser Art Erfolg hat, ist ein Näheverhältnis bzw. eine enge Bindung zwischen den Beteiligten obligatorisch. Bloße verwandtschaftliche Beziehungen genügen nicht; vielmehr muss sich die „verwandtschaftliche Bindung in Richtung auf ein Eltern-Kind-Verhältnis intensivieren".[424] Der Kontakt muss erkennbar über das Maß hinausgehen, das üblicherweise zwischen den Verwandten besteht.[425] Dies zeigt, dass etwaige Bedenken gegenüber einer Verwandtenadoption geringer ausfallen, je weiter sich die Verwandtschaft zwischen Kind und Annehmendem entfernt. Verfehlt wäre es dennoch, „die Annahme durch den Onkel oder die Tante a priori als besonders wünschenswert zu betrachten".[426]

b) Verfassungsrechtliche Bedenken

Sofern die Rechtspraxis in einem Adoptionsverfahren starre Altersgrenzen zur ihrer Entscheidungsgrundlage macht, könnten verfassungsrechtliche Bedenken aufkommen.

Wird einem Ehepaar die Adoption wegen ihres hohen Alters versagt, dann schränkt das möglicherweise dessen Rechte aus Art. 6 Abs. 1 GG und Art. 6 Abs. 2 S. 1 GG ein. Zu beachten ist in diesem Zusammenhang auch das Recht des Kindes aus Art. 6 Abs. 2 i.V.m. Art. 2 Abs. 1 GG. In Betracht kommt zudem neben einer Verletzung von Art. 3 Abs. 3 GG in mehrfacher Hinsicht ein Verstoß gegen den verfassungsrechtlich verankerten allgemeinen Gleichheitssatz aus Art. 3 Abs. 1 GG: Zum einen könnte in Erwägung gezogen werden, dass starre Höchstaltersgrenzen eine Altersdiskriminierung darstellen. Auch könnte die

---

daran, dass der Altersabstand (52 Jahre) dem zwischen Großeltern und Enkelkindern entsprach und somit der natürlichen Generationenfolge widersprach.

423 AG Ellwangen vom 25.11.2013 – 4 F 226/13; OLG München vom 08.06.2009 – 31 Wx 22/09 = FamRZ 2010, 46; OLG Düsseldorf vom 17.09.1980 – 3 W 242/80 = FamRZ 1981, 94.

424 AG Ellwangen vom 25.11.2013 – 4 F 226/13.

425 MüKo-*Maurer*, Familienrecht II, § 1767 Rn. 8.

426 *Staudinger/Frank*, Adoption, § 1741 Rn. 24; *Frank*, FamRZ 2007, 1693 ff.

divergierende Handhabung von Einzelfällen durch die Adoptionsstellen zu einer Nichtbeachtung des allgemeinen Gleichheitssatzes führen. Im Vordergrund steht vor allem die Befürchtung, dass diejenigen Adoptionsbewerber, die wohlhabend sind und in der Gesellschaft Ansehen genießen (wie zum Beispiel der 1944 geborene Altkanzler Gerhard Schröder, der mit seiner Frau Doris Schröder-Köpf im Jahre 2004 und 2006 im Alter von 60 und 62 Jahren zwei russische Kleinkinder adoptierte) gegenüber anderen Bürgern (der Gesellschaft) unabhängig vom Alter privilegiert werden.

aa) Verstoß gegen Art. 6 Abs. 1 GG

Art. 6 Abs. 1 GG ist eine wertentscheidende Grundsatznorm,[427] die in dreifacher Hinsicht verfassungsrechtlich von Bedeutung ist.[428] Art. 6 Abs. 1 GG beinhaltet eine Institutsgarantie, „die die Ehe und Familie als Institutionen im Staat und in der Gesellschaft in ihren wesentlichen Grundzügen rechtlich garantiert".[429] Außerdem enthält Art. 6 Abs. 1 GG ein Grundrecht, das auf den Schutz vor staatlichen Eingriffen abzielt.[430] Zudem wohnt dem Grundrecht eine wertentscheidende Grundsatznorm inne, woraus nicht nur eine staatliche Pflicht zum Verzicht auf störende Eingriffe, sondern auch die Obliegenheit zur Störungsabwehr und zur Förderung von Ehe und Familie resultiert.[431]

(1) Schutzbereich

Der Schutzbereich von Art. 6 Abs. 1 GG ist eröffnet. In personeller Hinsicht ist Art. 6 Abs. 1 GG ein Jedermann-Grundrecht und demnach nicht nur auf deutsche Staatsbürger im Sinne von Art. 116 Abs. 1 GG beschränkt.

Sachlich umfasst Art. 6 Abs. 1 GG sowohl die Ehe als auch die Familie, die unter dem besonderen Schutz der staatlichen Ordnung stehen. Der Begriff der Familie in Art. 6 Abs. 1 Alt. 2 GG ist im Hinblick auf eine verfassungsrechtliche Beanstandung näher zu untersuchen, weil jede Adoption der Familiengründung dient. Das Bundesverfassungsgericht versteht unter Familie in ständiger Rechtsprechung „die umfassende Gemeinschaft von Eltern und Kindern, in der den Eltern vor allem Rechte und Pflichten zur Pflege und Erziehung der Kinder

---

427 *Maunz/Dürig/Maunz*, Art. 6 Rn. 1.

428 *Schmidt-Bleibtreu/Hofmann/Hopfauf*, GG, Art. 6 Rn. 3; BVerfGE 24, 135; vgl. auch OLG Koblenz vom 5.12.2013 – 13 UF 793/13.

429 *Von Münch/Kunig/Coester-Waltjen*, GG-Kommentar, Art. 6 Rn. 12.

430 *Von Münch/Kunig/Coester-Waltjen*, GG-Kommentar, Art. 6 Rn. 32.

431 *Von Münch/Kunig/Coester-Waltjen*, GG-Kommentar, Art. 6 Rn. 35.

erwachsen".[432] Zu diesen Kindern gehören auch Adoptivkinder.[433] Der Schutz der Familie gemäß Art. 6 Abs. 1 GG geht über das Elternrecht des Art. 6 Abs. 2 S. 1 GG hinaus und umfasst auch Familiengemeinschaften im weiteren Sinne, die als soziale Familien unabhängig von einer rechtlichen Elternschaft bestehen,[434] „weil das Familiengrundrecht auf den Schutz der spezifisch psychologischen und sozialen Funktion familiärer Bindungen zielt".[435] Eine Eltern-Kind-Beziehung zwischen dem Kind und den Annehmenden ist demzufolge vom Schutzbereich des Art. 6 Abs. 1 GG erfasst.[436]

Für den Lebensbereich der Familie muss eine rechtliche Struktur gegeben sein, in der sich Familienverhältnisse entfalten können. Hierzu ist der Gesetzgeber, der einen Gestaltungsspielraum hat, durch Art. 6 Abs. 1 GG verpflichtet.[437] Bei der Ausgestaltung der Familie besteht eine grundrechtliche Bindungspflicht.[438] Dem Gesetzgeber ist es durch Art. 6 Abs. 1 GG nicht erlaubt, bei der Ausgestaltung der Familie im Rechtssinne „tatsächlich vorgefundene familiäre Gemeinschaften nachzuzeichnen".[439] Der Gesetzgeber definiert mit den §§ 1741 ff. BGB eine Möglichkeit, den Elternstatus zu erhalten. Die Tatsache, dass Art. 6 Abs. 1 GG Beziehungen erfasst, die unabhängig vom Elternrecht des Art. 6 Abs. 2 S. 1 GG einem Eltern-Kind-Verhältnis gleichkommen, zwingt den Gesetzgeber aus Art. 6 Abs. 1 GG nicht, stets einem faktischen Eltern-Kind-Verhältnis das gesamte Elternrecht zu gewähren.[440]

Erforderlich ist vielmehr eine bestehende Gemeinschaft, die „dauerhaft angelegt ist und als umfassende Gemeinschaft gelebt wird",[441] also eine gewisse

---

432 BVerfGE 10, 59, 66; 48, 327, 339; *v. Mangoldt/Klein/Starck*, GG-Kommentar, Art. 6 Rn. 77; *Dreier/Gröschner*, GG-Kommentar, Art. 6 Rn. 67; *Jarass/Pieroth*, GG, Art. 6 Rn. 8; *Sachs/Von Coelln*, GG, Art. 6 Rn. 14; *Lecheler*, FamRZ 1979, 1 ff.

433 *Sachs/Von Coelln*, GG, Art. 6 Rn. 16.

434 BVerfG vom 19.02.2013 - 1 BvL 1/11, 1 BvR 3247/09 = BVerfG, FamRZ, 2013, 521.

435 BVerfG vom 19.2.2013 - 1 BvL 1/11, 1 BvR 3247/09.

436 BVerfGE 24, 119, 142; *Soergel/Liermann*, Familienrecht 4, Vor § 1741 Rn. 8; *Dethloff*, Familienrecht, § 15 Rn. 50; *Jarass/Pieroth*, GG, Art. 6 Rn. 9; MüKo-*Lüderitz*, Familienrecht II, Vor § 1741 Rn. 32; Die Frage, ob eine kinderlose Ehe als Familie im Sinne von Art. 6 Abs. 1 Alt. 2 GG anzusehen ist, ist wegen des eindeutigen Wortlauts von Art. 6 Abs. 1 GG, der zwischen Ehe und Familie differenziert, abzulehnen.

437 BVerfG vom 19.02.2013 - 1 BvL 1/11, 1 BvR 3247/09 = BVerfG, FamRZ, 2013, 521.

438 BVerfG vom 19.02.2013 - 1 BvL 1/11, 1 BvR 3247/09 = BVerfG, FamRZ, 2013, 521; BVerfGE 105, 313, 345 = NJW 2002, 2543 zur Ehe.

439 BVerfG vom 19.02.2013 - 1 BvL 1/11, 1 BvR 3247/09 = BVerfG, FamRZ, 2013, 521.

440 BVerfG vom 19.02.2013 - 1 BvL 1/11, 1 BvR 3247/09 = BVerfG, FamRZ, 2013, 521.

441 BVerfG vom 19.2.2013 - 1 BvL 1/11, 1 BvR 3247/09.

soziale Bindung des Kindes zu den Annehmenden. Für die Anerkennung einer Familie treten damit zunehmend faktische Kriterien in den Vordergrund.[442] Das Rechtsinstitut der Kindesannahme als solches ist ebenfalls verfassungsrechtlich gesichert, da Art. 6 Abs. 1 GG „die Gewährleistung der Möglichkeit umfasst, dem Einzelnen die mit Familienbeziehungen verbundene Lebenshilfe zu verschaffen".[443] Infolgedessen hat nicht nur der kinderlose Annehmende einen Anspruch auf Anerkennung der Adoption, sondern auch das anzunehmende Kind. Dass mit der Kindesannahme für die leiblichen Eltern zugleich ein Verlust ihrer elterlichen Sorge und natürlichen Elternstellung einhergeht, ist verfassungsrechtlich mit Art. 6 Abs. 1 GG vereinbar. Denn schon zu Beginn der Beratungen über die Möglichkeit der Kindesannahme sind durch den Verfassungsgeber keinerlei verfassungsrechtlich zu beanstandenden oder anstößigen Empfindungen verlautbart geworden. Maßgeblich ist einzig und allein die Umsetzung der § 1741 Abs. 1 S. 1 BGB innewohnenden gesetzgeberischen Intentionen.[444] Darüber hinaus wird hiermit dem Anspruch des anzunehmenden Kindes auf Leben aus Art. 2 Abs. 2 S. 1 GG und Art. 2 Abs. 1 S. 1 EMRK ausreichend Rechnung getragen. Lüderitz[445] hebt hervor, dass Art. 6 Abs. 1 GG untrennbar mit der Pflicht zur Pflege und Erziehung des beteiligten Kindes verbunden ist. Ein Verzicht kann keinen Anspruch auf Schutz aus Art. 6 Abs. 1 GG begründen. Auch eine Abwägung der Belange von Kind und natürlichen Eltern würde angesichts der oben dargelegten Argumente zu einem Überwiegen der Bedürfnisse des Kindes, denen mit der Adoption gemäß § 1741 Abs. 1 S. 1 BGB entsprochen werden soll, führen.[446]

(2) Eingriff

Nunmehr ist zu ermitteln, ob starre Höchstaltersgrenzen einen Eingriff in den Schutzbereich von Art. 6 Abs. 1 GG bewirken. Ein Eingriff ist jede staatliche Maßnahme, die eine in den Schutzbereich fallende Tätigkeit erschwert, verbietet, sanktioniert oder unmöglich macht, insbesondere jede Maßnahme, mit der dies zielgerichtet und rechtsförmig geschieht.[447] Die Bundesarbeitsgemeinschaft der Landesjugendämter – als staatlich anerkannte Adoptionsvermittlungsstelle – legt als unverbindliche, aber richtungsweisende Empfehlung Höchstaltersgrenzen

---

442 *Sachs/Von Coelln*, GG, Art. 6 Rn. 15.

443 BVerfGE 24, 119, 122 ff; *v. Mangoldt/Klein/Starck*, GG-Kommentar, Art. 6 Rn. 95; BK/*Seiler*, Art. 6 Abs. 1 Rn. 52 „vielfältigere Formen des dauerhaften Zusammenlebens".

444 *Soergel/Liermann*, Familienrecht 4, Vor § 1741 Rn. 8.

445 MüKo-*Lüderitz*, Familienrecht II, 3. Auflage, Vor § 1741 Rn. 40.

446 *Soergel/Liermann*, Familienrecht 4, Vor § 1741 Rn. 8.

447 *Wilms*, Grundrechte, Rn. 192; vgl. auch *Lothar/Morlok*, Grundrechte, § 17 Rn. 492 f.

fest, wonach einer Reihe von Adoptionsbewerbern wegen Überschreitens einer bestimmten Altersgrenze die Adoption untersagt wird. Derzeit gilt nach den Empfehlungen der Bundesarbeitsgemeinschaft eine Höchstaltersgrenze von 40 Jahren, das heißt, dass bei strikter Einhaltung dieser starren Altersgrenze die Kindesannahme bei Vollendung des 41. Lebensjahres nicht bewilligt werden kann. Dies stellt einen Eingriff in den Schutzbereich von Art. 6 Abs. 1 GG dar, weil den Adoptionsbewerberpaaren damit die Möglichkeit einer Familiengründung, also einer umfassenden Gemeinschaft mit Kindern, verwehrt wird.

Ein Eingriff ist jedoch bei näherer Betrachtungsweise abzulehnen: Denn Höchstaltersgrenzen, die darauf abzielen, den in § 1741 Abs. 1 S. 1 BGB enthaltenen gesetzgeberischen Intentionen zu entsprechen, stellen keinen Eingriff in den Bestand und die Strukturprinzipien der Ehe und Familie dar; vielmehr soll mit der Regelung das Institut der Adoption und der Familie geschützt werden. Denn ein zu hohes Alter der Adoptionsbewerber birgt die Gefahr, dass zwischen Annehmenden und Anzunehmenden kein Eltern-Kind-Verhältnis entstehen bzw. für die Zukunft erwartet werden kann; dies widerspräche der natürlichen Generationenfolge und zöge eine Kindeswohlgefährdung nach sich. Höchstaltersgrenzen richten sich damit nicht tendenziell gegen das Institut der Familie „als umfassende Gemeinschaft von Eltern und Kind", sondern sind eine Stütze für das Gesamtfamilienbild.[448] Dafür spricht auch die Klassifizierung des Art. 6 Abs. 1 GG als eine wertentscheidende Grundsatznorm.

Gegen die Annahme eines Eingriffs könnte auch der Umstand sprechen, dass – gerade wegen § 1741 Abs. 1 S. 1 BGB – die Perspektive des Kindes im Mittelpunkt stehen sollte. Anstatt die verfassungsrechtliche Vereinbarkeit der Höchstaltersgrenze mit Art. 6 Abs. 1 GG zu untersuchen, sollte das Hauptaugenmerk auf den verletzten Anspruch des Kindes auf Gleichbehandlung mit den Kindern, die in eine Pflegschaft kommen, gelegt werden.[449] Dieser Aspekt ist gleichwohl zu kritisieren. Es kann nämlich nicht von einer „interpretatorischen Kaltstellung"[450] des Art. 6 Abs. 1 GG gesprochen werden. Es würde einen enormen Arbeitsaufwand bedeuten, die Befähigung eines Adoptionsbewerberpaares zur Elternschaft im tatsächlichen familiären Zusammenleben vorrangig von dem Blickwinkel des Kindes her zu beurteilen und dafür nicht vorweg die Anlage der Paarbeziehung selbst heranzuziehen. Deswegen wird eine „Funktionalisierung des personellen Schutzbereichs",[451] die das Elterngrundrecht aus Art. 6 Abs. 1 GG von Aspekten,

448 Vgl. OLG Koblenz vom 5.12.2013 – 13 UF 793/13.
449 Vgl. *Kroppenberg*, NJW 2013, 2161.
450 *Kroppenberg*, NJW 2013, 2161, 2163.
451 *Kroppenberg*, NJW 2013, 2161, 2163.

die das Kindeswohl betreffen, freizuhalten empfiehlt, beklagt. Man kann nicht bestreiten, dass der Begriff des Kindeswohls die Dogmatik des Art. 6 GG mehr verunklart als verdeutlicht. Die normative Auf- und Überladung der Regelung, die hierauf basiert, ist indes kein Argument, das sich allein an Paare mit einem Kind wendet. Die schwierige Handhabung betrifft alle rechtlichen Eltern-Kind-Beziehungen.[452] Ein Verstoß gegen Art. 6 Abs. 1 GG scheidet nach alledem aus.

bb) Verstoß gegen Art. 6 Abs. 2 S. 1 GG

Ein Verstoß gegen das Elterngrundrecht aus Art. 6 Abs. 2 S. 1 GG ist ebenfalls abzulehnen. Das Elterngrundrecht gemäß Art. 6 Abs. 2 S. 1 GG schützt zwar nicht nur leibliche Eltern, sondern auch die Adoptivelternschaft.[453] Das ergibt sich daraus, dass Art. 6 Abs. 2 S. 1 GG das Kindeswohl als obersten Orientierungsmaßstab ansieht.[454] Die sozial-familiäre Elternschaft zum Kind kann für sich genommen aber keine Elternposition im Sinne von Art. 6 Abs. 2 S. 1 GG begründen und vermittelt demzufolge auch kein Recht auf Adoption. Die familiäre Bindung zwischen einem Kind und der Person, die eine soziale Elternrolle übernommen hat, ohne aber Elternteil im Rechtssinne zu sein, wird vom Schutzbereich des Art. 6 Abs. 1 GG erfasst, der nicht auf den formalen Elternstatus abzielt.[455] Art. 6 Abs. 2 S. 1 GG beschränkt seinen Schutzbereich ausschließlich auf Personen, „die in einem durch Abstammung oder durch einfachgesetzliche Zuordnung begründeten Elternverhältnis zum Kind stehen“.[456] Das ist bei der Adoption nicht der Fall.

cc) Verstoß gegen Art. 6 Abs. 2 S. 1 i.V.m. Art. 2 Abs. 1 GG[457]

In Frage kommt auch eine Verletzung von Art. 6 Abs. 2 S. 1 i.V.m. Art. 2 Abs. 1 GG. Hiernach wird dem Kind ein Recht auf staatliche Gewährleistung elterlicher Pflege und Erziehung eingeräumt. Es muss jedoch beachtet werden, dass der Gesetzgeber diesbezüglich einen gewissen Gestaltungsspielraum hat: Das bedeutet, dass der Gesetzgeber die Entscheidung trifft, wie der Staat seiner Pflicht zum effektiven Grundrechtsschutz nachkommt.[458] Dieser hat mit dem AdVermiG die Entscheidungsbefugnis über den Ausgang des Adoptionsverfahrens auf die

---

452 *Kroppenberg*, NJW 2013, 2161, 2163.
453 BVerfG vom 29.07.1968 – 1 BvL 20/63, 31/66 und 5/67 = NJW 1968, 2233.
454 BVerfG vom 09.04.2003 – 1 BvR 1493/96 = NJW 2003, 2151.
455 BVerfG vom 19.02.2013 – 1 BvL 1/11, 1 BvR 3247/09 = BVerfG, FamRZ, 2013, 521.
456 BVerfG vom 09.04.2003 – 1 BvR 1493/96 = NJW 2003, 2151.
457 BVerfG vom 19.2.2013 – 1 BvL 1/11, 1 BvR 3247/09.
458 BVerfG vom 19.02.2013 – 1 BvL 1/11, 1 BvR 3247/09 = BVerfG, FamRZ, 2013, 521.

Adoptionsvermittlungsstellen übertragen. Mit der Festsetzung der 40-Jahres-Höchstaltersgrenze hat die Bundesarbeitsgemeinschaft der Landesjugendämter ihr Ermessen ausgeübt. Dem Kind wird mit dieser Höchstaltersgrenze nicht sein Recht auf staatliche Gewährleistung elterlicher Pflege und Erziehung entzogen, wenn es nicht an Adoptionsbewerber vermittelt wird, die die Höchstaltersgrenze überschritten haben. Stattdessen wird es an jüngere und aus der Sicht der Jugendämter besser geeignete Paare vermittelt, sodass dessen Recht ausreichend Rechnung berücksichtigt wird. Inwieweit an dieser Stelle von einer willkürlichen Rechtspraxis, die mit einer Ermessensüberschreitung einhergeht, die Rede sein kann, hat erst für eine mögliche Altersdiskriminierung gemäß Art. 3 Abs. 1 GG Relevanz. Abgesehen davon sind die betroffenen Kinder nicht elternlos, sondern haben einen rechtlichen Elternteil.[459] Damit liegt kein Verstoß gegen Art. 6 Abs. 2 S. 1 i.V.m. Art. 2 Abs. 1 GG vor.

dd) Verstoß gegen Art. 3 Abs. 3 S. 1 GG

In Frage kommt ein Verstoß gegen Art. 3 Abs. 3 S. 1 GG, der besondere Gleichheitssätze enthält, die den allgemeinen Gleichheitssatz in Art. 3 Abs. 1 GG konkretisieren[460] und damit leges speciales sind. Nach Art. 3 Abs. 3 S. 1 GG darf niemand wegen seines Geschlechts, seiner Abstammung, seiner Rasse, seiner Sprache, seiner Heimat und Herkunft, seines Glaubens, seiner religiösen oder politischen Anschauungen benachteiligt oder bevorzugt werden.

Nunmehr stellt sich die Frage, ob auch das „Alter", das in Art. 3 Abs. 1 GG nicht explizit genannt wird,[461] einen entsprechenden Grundrechtsverstoß zu begründen vermag. Bei dem Alter handelt es sich wie bei dem Geschlecht um eine Konstante, die den einzelnen Menschen individualisiert und die von ihm nicht beeinflusst werden kann.[462] Im Gegensatz zum Geschlecht, das in der Regel durch einen dauerhaft gleichbleibenden Zustand geprägt ist, „wandelt sich das Alter".[463] „Älterwerden ist ein unaufhörlicher Prozess, der sich stetig und gleichmäßig vollzieht".[464] Das Verbot der Altersdiskriminierung ist in Art. 19 Abs. 1 AEUV – als zentraler Baustein des Europäischen Antidiskriminierungs-

459 *Britz*, JZ 2014, 1069, 1071.

460 BVerfGE 3, 225, 239 f.; 63, 181, 194; 68, 384, 390; 75, 40, 69.

461 Dem Grundgesetz kann keine „allgemeine Auffangklausel" entnommen werden (anders in der EMRK oder im Internationalen Pakt über bürgerliche und politische Rechte), vgl. *Nussberger*, JZ 2002, 524.

462 *Nussberger*, JZ 2002, 524.

463 *Nussberger*, JZ 2002, 524.

464 *Nussberger*, JZ 2002, 524.

rechts[465] – normiert. Wird das Differenzierungsmerkmal „Alter" den in Art. 3 Abs. 3 S. 1 GG genannten Differenzierungsmerkmalen gegenübergestellt, dann ist eine gewisse strukturelle Ähnlichkeit erkennbar.[466] Die in Art. 3 Abs. 3 S. 1 GG normierten Merkmale prägen die Identität der einzelnen Individuen in erheblicher Weise. Diese Merkmale sind entweder angeboren und mithin im Grunde unveränderlich (Geschlecht, Rasse, Abstammung, Herkunft und Heimat) oder sie folgen „aus der Ausübung eines verfassungsrechtlich geschützten Freiheitsrechts"[467] (religiöse oder politische Überzeugung). Durch diese Merkmale werden fundamentale Differenzierungen zwischen den Menschen hervorgerufen.[468] Eine strukturelle Vergleichbarkeit kann insoweit angenommen werden, als das Alter in seiner „physisch-biologischen Ausprägung" und in seiner „intellektuell-kulturellen Ausprägung" den Merkmalen des Art. 3 Abs. 3 S. 1 GG nahe kommt.[469] Das Alter ist von Bedeutung bei der Konkretisierung der gesellschaftlichen Stellung einer Person und insoweit „identitätsbestimmend".[470] Das Lebensalter kann von niemanden beeinflusst werden, sondern ist ein Zustand, der dauerhaft besteht, sodass eine Parallele zu den Differenzierungsmerkmalen des Art. 3 Abs. 3 GG, die wiederum dem Einzelnen nicht zwingend dauerhaft anhaften, besteht.[471] In dem Ausmaß, in dem die Differenzierungen gesellschaftlich von Belang sind, besteht die Gefahr einer Benachteiligung bzw. Ausgrenzung der durch die Merkmale geprägten Minderheiten, was schließlich zu einer Aberkennung der jedem zustehenden Menschenwürde führt.[472] Trotz struktureller Ähnlichkeiten bedarf es nicht eines Abstellens auf Art. 3 Abs. 3 S. 1 GG, da dessen Wortlaut eindeutig ist und die Altersdiskriminierung im Sinne von Art. 3 Abs. 1 GG zu beanstanden ist.

ee) Verstoß gegen Art. 3 Abs. 1 GG

Die Höchstaltersgrenze und damit der Ausschluss der Adoption durch ältere Adoptionsbewerberpaare könnte eine Altersdiskriminierung bewirken und Art. 3 Abs. 1 GG verletzen. Dem Verbot der Altersdiskriminierung kommt in Bezug auf das neue Antidiskriminierungsrecht der Europäischen Union und

465 *Von Münch/Kunig/Boysen*, GG-Kommentar, Art. 3 Rn. 148.
466 Vgl. *Geipel*, Lebensalter im Recht, S. 101.
467 *Umbach/Clemens/Sacksofsky*, Art. 3 II, III 1 Rn. 291.
468 *Umbach/Clemens/Sacksofsky*, Art. 3 II, III 1 Rn. 291.
469 *Geipel*, Lebensalter im Recht, S. 102.
470 *Geipel*, Lebensalter im Recht, S. 102.
471 *Geipel*, Lebensalter im Recht, S. 102.
472 *Umbach/Clemens/Sacksofsky*, Art. 3 II, III 1 Rn. 291.

Art. 21 Abs. 1 der EU-GRC ein hoher Stellenwert zu. Dieses Verbot ist verfassungsrechtlich in Art. 3 Abs. 1 GG verankert.[473]

Zunächst müsste eine rechtlich relevante Ungleichbehandlung vorliegen. Eine Ungleichbehandlung ist dann anzunehmen, wenn wesentlich Gleiches oder wesentlich Ungleiches seiner Verschiedenheit und Eigenheit nach ungleich bzw. gleich behandelt wird.[474] Es müssen also zwei Tatbestände, Personen oder Vergleichsgruppen in unterschiedlicher Weise behandelt werden, obwohl sie mit Blick auf die Art der Behandlung an sich gleich sind, und diese Ungleichbehandlung darf nicht durch sachliche Gründe gerechtfertigt sein.[475] In einem ersten Schritt müssen zwei Vergleichsgruppen bestimmt werden, von denen die eine im Gegensatz zur anderen eine andere Behandlung erfährt. Die Vergleichbarkeit dieser Personengruppen muss stets durch einen gemeinsamen Bezugspunkt bzw. Oberbegriff gekennzeichnet sein. In einem zweiten Schritt muss dann trotz des gemeinsamen Bezugspunktes der unterschiedlichen Gruppierungen eine Ungleichbehandlung festzustellen sein.

Oberbegriff wäre das „Alter von kinderlosen Paaren". Zur Begründung einer Ungleichbehandlung im Adoptionsverfahren lässt sich fürs Erste eine Einteilung in junge und alte Adoptionsbewerberpaare vornehmen. Ebenso können die familiären Verhältnisse von über 40-jährigen leiblichen Eltern mit denen von über 40-jährigen potentiellen Adoptiveltern und die Situation von potentiellen Adoptiveltern mit der von Pflegeeltern oder kinderlosen Paaren, die die Vormundschaft für ein Kind übernommen haben, gegenübergestellt werden. Abschließend muss untersucht werden, ob die ungleiche Behandlung zweier Vergleichsgruppen verfassungsrechtlich gerechtfertigt werden kann.

(1) Junge und ältere Adoptionsbewerberpaare

(a) Rechtlich relevante Ungleichbehandlung

Eine Differenzierung ist zwischen jungen und alten Adoptionsbewerberpaaren möglich. Damit von einer Ungleichbehandlung die Rede sein kann, müssen unterschiedliche Rechtsfolgen eintreten, die sich dem gesetzlichen Tatbestand einer Norm oder den inhaltlich voneinander divergierenden Einzelakten entnehmen

473 *Bieback*, ZSR 52 (2006), Heft 1, S. 75 (abrufbar unter: http://www.z-sozialreform.de/ccm/cms-service/stream/asset/2006-01_Bieback_Volltext.pdf? asset_id=235012 {zuletzt am 7.5.2017}).

474 BVerfGE 98, 365, 385.

475 *Von Münch/Künig/Boysen*, GG, Art. 3 Rn. 62.

lassen.[476] Die Beantwortung der Frage, ob verschiedene Rechtsfolgen vorliegen, richtet sich nach der Auslegung der dazugehörigen Vorschriften, und zwar ohne Rücksicht auf ihren tatbestandlichen Anwendungsbereich, da die Annahme einer Ungleichbehandlung auch in dem Nichtergreifen eines bestimmten Sachverhalts liegen kann. Gleichwohl sind nicht nur rechtsförmige, sondern auch faktische Ungleichbehandlungen vom Anwendungsbereich des Art. 3 Abs. 1 GG erfasst, also eine Ungleichbehandlung „durch Realakte der Verwaltung ohne vorherige Regelung".[477] Eine gesetzlich fixierte Regelung, die inhaltlich eine Höchstaltersgrenze von 40 Jahren normiert, existiert nicht. Es handelt sich vielmehr um eine Empfehlung der Bundesarbeitsgemeinschaft der Landesjugendämter als staatlich anerkannte Verwaltungsbehörde. Der allgemeine Gleichheitssatz bindet Gesetzgebung, Rechtsprechung und die vollziehende Gewalt.[478] Besonderheiten sind für die Verwaltungstätigkeit zu berücksichtigen: Eine fehlerhafte Rechtsanwendung, die unter Beachtung der dem Grundgesetz zugrunde liegenden Wertentscheidungen unverständlich ist und damit naheliegenderweise sachfremden Erwägungen entstammt, verstößt gegen das Willkürverbot.[479] Anders als Gerichte, die ihre Entscheidungen nach Recht und Gesetz treffen müssen und damit grundsätzlich keinen eigenen Ermessensspielraum haben,[480] kann den Verwaltungsbehörden nach § 40 VwVfG aber Ermessen eingeräumt werden. Die Verwaltungsbehörde kann also unter Umständen verschiedene Entscheidungen treffen, die sich im Rahmen ihres Ermessensspielraums bewegen und damit rechtmäßig sind.[481] Die Vermittlungsstellen üben ihr Ermessen aus, wenn sie Adoptionsbewerber mit einem Alter von 40 Jahren vom Adoptionsverfahren prinzipiell ausschließen.

Wird bei Geltung einer Höchstaltersgrenze von 40 Jahren einem 41-jährigen Bewerberpaar die Kindesannahme durch die Adoptionsvermittlungsstellen als staatlich anerkannte Behörden untersagt, aber einem 39-jährigen Paar gewährt, dann liegt eine faktische Ungleichbehandlung vor. Dies legt die Vermutung einer

---

476 *Von Münch/Künig/Boysen*, GG, Art. 3 Rn. 63.

477 *Von Münch/Künig/Boysen*, GG, Art. 3 Rn. 63.

478 *Schoch/Huber*, Besonderes Verwaltungsrecht, Kapitel 3 Rn. 46.

479 BVerfGE 62, 189; 67, 90; 70, 93.

480 Gerichten kommt nur insoweit eine Art Ermessen zu, wenn es um die Auslegung von unbestimmten Rechtsbegriffen geht. Wegen des Gewaltenteilungsprinzips aus Art. 20 Abs. 3 GG dürfen die Gerichte aber nicht in den Ermessensspielraum der Exekutive eingreifen. Die Gerichte dürfen überprüfen, ob die Exekutive im Rahmen ihrer Ermessensausübung rechtsfehlerhaft handelte.

481 *Epping*, Grundrechte, Rn. 791.

ermessensfehlerhaften Adoptionsvermittlungstätigkeit und damit die ungleiche Behandlung von älteren Bewerberpaaren gegenüber jüngeren nahe. Zudem erfordert die Ungleichbehandlung die individuelle Grundrechtsbetroffenheit. Dem Grundrechtsträger muss also „ein eigener spezifischer Nachteil entstanden sein, der nicht mit der ungleichen Behandlung ipso jure einhergeht und der das objektiv gleichheitswidrige Staatshandeln auf den Einzelnen hin individualisiert".[482] Dies ist der Fall, weil älteren Adoptionsbewerbern durch die starre Höchstaltersgrenze die Familiengründung, die von Art. 6 Abs. 1 GG geschützt ist, unmöglich gemacht wird.

Eine Ungleichbehandlung zwischen jungen und alten Bewerberpaaren und mithin eine Altersdiskriminierung liegt infolge der Höchstaltersgrenze vor.

(b) Verfassungsrechtliche Rechtfertigung

Die Ungleichbehandlung bedarf verfassungsrechtlich einer Rechtfertigung. Art. 3 Abs. 1 GG selbst beinhaltet keinen Gesetzesvorbehalt. Der Systematik des Art. 3 GG kann allerdings ein Anhaltspunkt dafür entnommen werden, dass nicht jede festgestellte Ungleichbehandlung verfassungswidrig sein muss. Denn Art. 3 Abs. 3 GG ordnet im Einzelnen Benachteiligungsverbote an, die jedoch überflüssig wären, wenn aus Art. 3 Abs. 1 GG für sämtliche ungleiche Behandlungen stets und ohne Ausnahme eine Unzulässigkeit folgte.[483] Eine Altersschranke bedarf erst dann einer Rechtfertigung, wenn nicht verhindert werden kann, dass eine Personengruppe, deren Lebensalter der Altersschranke von unten oder von oben her sehr nahe kommt, gegenüber einer anderen Personengruppe in praktisch derselben Ausgangssituation ungleich behandelt wird, obwohl ihre Lebenslage im Wesentlichen gleich ist.[484] Gerade wenn Personengruppen ungleich behandelt werden, unterliegt der Gesetzgeber einer strengen Bindung. „Diese Bindung ist umso enger, je mehr sich die personenbezogenen Merkmale den in Art. 3 Abs. 3 GG genannten annähern und je größer deshalb die Gefahr ist, dass eine an sie anknüpfende Ungleichbehandlung zur Diskriminierung einer Minderheit führt".[485] Infolgedessen hat auch das Bundesverfassungsgericht die Rechtfertigung für Ungleichbehandlungen für zulässig erachtet und ausgeführt, dass Art. 3 Abs. 1 GG nur verbietet, „dass wesentlich Gleiches ungleich, nicht dagegen dass wesentlich Ungleiches entsprechend der bestehenden Ungleichheit ungleich

482 *Von Münch/Künig/Boysen*, GG, Art. 3 Rn. 63.
483 *Epping*, Grundrechte, Rn. 794.
484 *Geipel*, Lebensalter im Recht, S. 89.
485 BVerfG NJW 1993, 1517.

behandelt wird; der Gleichheitssatz ist verletzt, wenn sich ein vernünftiger, sich aus der Sache ergebender oder sonst wie sachlich einleuchtender Grund für die gesetzliche Differenzierung oder Gleichbehandlung nicht finden lässt, also wenn die Bestimmung als willkürlich bezeichnet werden kann".[486] Ergänzend wird heute zur verfassungsrechtlichen Rechtfertigung die „Neue Formel" des Bundesverfassungsgerichts herangezogen. Der allgemeine Gleichheitssatz ist danach „vor allem dann verletzt, wenn eine Gruppe von Normadressaten im Vergleich zu anderen Normadressaten anders behandelt wird, obwohl zwischen beiden Gruppen keine Unterschiede von solcher Art und solchem Gewicht bestehen, dass sie die ungleiche Behandlung rechtfertigen könnten".[487] Hiernach vermag also nicht jeder sachliche Grund eine Ungleichbehandlung zu rechtfertigen; abzustellen ist vielmehr auf die Art und das Gewicht der Ungleichbehandlung, die zwischen den beiden Gruppen besteht.[488] Seit 1993 gibt es in Bezug auf die Neue Formel eine zweite Variante, die die erste modifiziert: Eine Ungleichbehandlung ist demnach nur dann verfassungsgemäß, wenn Gründe von solcher Art und solchem Gewicht bestehen, dass sie die Ungleichbehandlung rechtfertigen können.[489] Der strenge Prüfungsmaßstab kommt aus zwei Gründen zur Anwendung: Zum einen ist er mit Blick auf die Persönlichkeitsentwicklung der betroffenen Kinder und zum anderen wegen der tangierten sexuellen Identität älterer Adoptionsbewerber maßgebend.[490] Es ist also eine Verhältnismäßigkeitsprüfung vorzunehmen und in deren Rahmen zu prüfen, ob die Maßnahme der Vermittlungsstellen als willkürlich bezeichnet werden kann.

Fraglich ist, inwieweit es eine Diskriminierung darstellt, an ein festgelegtes Alter eine Rechtsfolge zu normieren, „inwieweit auch hier ein potentieller Schutzzweck in Diskriminierung umschlägt oder ein tradiertes Verständnis von der Rolle der ‚Alten' und der ‚Jungen' im Recht unreflektiert nachgezeichnet wird".[491]

(aa) Legitimer Zweck

Sämtliche Vorschriften, die zur Adoption und Adoptionsvermittlung gemacht worden sind, zielen auf den Schutz und die Interessenwahrung des Kindes ab und möchten diesem ein Aufwachsen bei geeigneten Eltern ermöglichen, vgl. § 1741 Abs. 1 S. 1 BGB. Dies hat oberste Priorität, sodass diesem Zweck die Belange der

---

486 BVerfGE 75, 108, 157; 78, 232, 248; 100, 138, 174; 101, 54, 101; 103, 310, 318 f.
487 BVerfGE 129, 49, 69.
488 BVerfGE 87, 234, 255.
489 BVerfGE 88, 87, 97.
490 BVerfG vom 19.2.2013 – 1 BvL 1/11, 1 BvR 3247/09.
491 *Nussberger*, JZ 2002, 524.

Adoptionsbewerber unterzuordnen sind, da die Adoptionsvermittlung nicht das Ziel verfolgt, ihnen bei der Verwirklichung ihrer Kinderwünsche behilflich zu sein.[492] Die Höchstaltersgrenze von 40 Jahren verfolgt also den legitimen Zweck, das Kindeswohl zu wahren und ein Eltern-Kind-Verhältnis zu begründen.

(bb) Geeignetheit

Die Altersgrenze ist auch geeignet, das Ziel zu erreichen, weil dadurch der Generationenabstand möglichst eingehalten und dem Eltern-Kind-Verhältnis altersgemäß entsprochen wird. Dies ist auch dem Wohl des Kindes dienlich.

(cc) Erforderlichkeit

Im Rahmen der Erforderlichkeit ist zu ermitteln, ob es ein „milderes Mittel" gibt, das die Grundrechte der betroffenen Adoptionsbewerber mit geringerer Intensität beeinträchtigt. Ein detailliertes gutachterliches Prüfungsverfahren, in dem neben dem Alter auch andere gleich bedeutende Kriterien berücksichtigt werden, „um für den individuellen Fall sachgerechte Lösungen zu erreichen", ist als milderes Mittel anzusehen.[493] Hierdurch werden die Grundrechte der von der Altersgrenze nachteilig betroffenen Adoptionsbewerber weniger stark beeinträchtigt. Die Ungleichbehandlung ist schon deswegen verfassungswidrig.

(dd) Verhältnismäßigkeit im engeren Sinne

Die Höchstaltersgrenze ist auch nicht verhältnismäßig im engeren Sinne, weil die Wichtigkeit der Förderung des Zwecks nicht die betroffenen Grundrechte der einzelnen Adoptionsbewerber überwiegt. Die Ungleichbehandlung von älteren Adoptionsbewerbern gegenüber jüngeren ist weder zur Wahrung des Kindeswohls noch zur Begründung eines Eltern-Kind-Verhältnisses gerechtfertigt.

Vorweg muss dem Umstand ausreichend Rechnung getragen werden, dass § 7 AdVermiG dahingehend auszulegen ist, dass er zumindest auch auf die Interessenverfolgung der Adoptionsbewerber ausgerichtet ist und mithin ein subjektiv-öffentliches Recht vermittelt. Bei der Adoptionsvermittlung handelt es sich nämlich um einen Bereich, der alle Betroffenen in einem „Kernbereich ihrer Persönlichkeit" erfasst und „elementare Bedeutung für ihre Lebensgestaltung und Entwicklung hat".[494] Die durch Art. 2 Abs. 1 GG geschützte allgemeine Handlungsfreiheit der Adoptionsbewerber ist insofern wesentlich beeinträchtigt,

---

492 *Paulitz*, ZfJ 1997, 126, 129.

493 Vgl. *Nussberger*, JZ 2002, 524, 526.

494 VG Hamburg vom 01.12.2005 – 13 K 3059/05.

sodass eine völlige Außerachtlassung ihrer Interessen bei der Auslegung von § 7 Abs. 1 AdVermiG verfassungsrechtlich zu beanstanden ist.[495] Aus § 7 Abs. 1 AdVermiG resultiert ein Anspruch der Adoptionsbewerber auf eine angemessene Eignungsprüfung durch die Vermittlungsstellen, denen wiederum ein Ermessensspielraum bei der Art und Weise der Überprüfung zukommt. Hierfür sprechen einerseits der Zweck des AdVermiG und die sich hieraus ergebende Monopolstellung der Adoptionsvermittlungsstellen und andererseits die „Empfehlungen der Adoptionsvermittlung" durch die Bundesarbeitsgemeinschaft der Jugendämter, die die Voraussetzungen der Eignung näher konkretisieren.[496] Es ist rechtlich nicht zu beanstanden, dass die Bundesarbeitsgemeinschaft eine Höchstaltersgrenze von 40 Jahren bestimmt. Ein entsprechender Altersabstand ist nichts Außergewöhnliches und soll das Eltern-Kind-Verhältnis wahren bzw. die Begründung einer Großeltern-Enkel-Beziehung unterbinden. Neben der Verfahrensvereinfachung (Effektivität des Adoptionsverfahrens) sollen Rechtsunsicherheit und frustrierte Hoffnungen potentieller Adoptiveltern so weit wie möglich ausgeräumt werden.

Gleichwohl gibt es keinen Rechtfertigungsgrund für die strikte Einhaltung einer Höchstaltersgrenze bei Bestehen eines faktischen Eltern-Kind-Verhältnisses. In einem solchen Fall würde Gleiches (faktische Familienbeziehungen, die durch die Adoption formalisiert und konsolidiert werden sollen) wesentlich ungleich behandelt werden. Eine solche starre Altersgrenze würde dem Regelungskonzept des Familienrechts widersprechen.

Die Frage einer verfassungsrechtlichen Rechtfertigung richtet sich auch danach, ob die starre Höchstaltersgrenze dazu geeignet ist, Kindeswohlgesichtspunkte, die bei jeder Adoption im Sinne von § 1741 Abs. 1 S. 1 BGB im Vordergrund stehen, hinreichend zu beachten. Dafür müssen die Hintergründe der Einführung einer solchen Höchstaltersgrenze durch die Bundesarbeitsgemeinschaft der Landesjugendämter zunächst ermittelt werden.

Die Adoptionsvermittlungsstellen zielen darauf ab, Kinder primär an belastbare Eltern zu vermitteln. Sie gehen davon aus, dass ältere Paare im Vergleich zu jüngeren nicht die notwendige Belastbarkeit aufweisen, um die alltäglichen Probleme mit dem Adoptivkind in angemessener Weise zu bewältigen. Ein Aufwachsen unter solchen Bedingungen könnte auf Dauer das Kindeswohl gefährden. Dem muss jedoch entgegengehalten werden, dass es keinen allgemeinen Erfahrungssatz gibt, nach dem ältere Adoptiveltern der erzieherischen Belastung

495 VG Hamburg vom 01.12.2005 – 13 K 3059/05.

496 VG Hamburg vom 01.12.2005 – 13 K 3059/05.

nicht standhalten können. Gerade die Lebenserfahrung, die ältere Adoptionsbewerberpaare mitbringen, kann für eine adäquate Übernahme von Elternverantwortung sprechen. Dass nach allgemeiner Auffassung einiger Vermittlungsstellen ein hohes Alter der Adoptiveltern eine mangelnde Belastbarkeit impliziert, ohne dies im Rahmen einer umfassenden Elterneignungsprüfung konkret zu ermitteln, vermag die verfassungsrechtliche Rechtfertigung der Höchstaltersgrenze nicht zu begründen. Dafür spricht vor allem auch der Wandel der Lebensauffassungen in der Gesellschaft. Mit Blick auf die demographischen Verschiebungen einer „alternden" Gesellschaft ist Vorsicht geboten, wenn es um die Aussage geht, dass Ungleichbehandlungen wegen des Alters vor dem Hintergrund von Art. 3 Abs. 1 GG zweifellos sachlich gerechtfertigt seien.[497] Ein hohes Alter kann nicht mit einer verminderten Leistungsfähigkeit gleichgesetzt werden. Würde man dies ohne nähere Auseinandersetzung mit der Frage eines möglichen Verstoßes gegen Art. 3 Abs. 1 GG annehmen, dann kann eine Altersdiskriminierung, die Ähnlichkeit mit einer Diskriminierung wegen des Geschlechts hat, nicht aufgedeckt werden.[498]

Zwar kann die allgemeine Lebenserfahrung nicht die mangelnde Belastbarkeit kompensieren. Es muss aber zur Kenntnis genommen werden, dass bei vielen Ehepaaren heutzutage der Kinderwunsch erst in hohem Lebensalter aufkommt. Die Gründe dafür können berufsspezifischer Art sein oder aber in einer frühzeitigen existenziellen Absicherung liegen, um die Aufmerksamkeit anschließend bedenkenlos auf die Bedürfnisse des Kindes fokussieren zu können. Die finanzielle Grundsicherung kann hierbei eine beträchtliche Relevanz haben: Diese steht nämlich mit der Belastbarkeit in einem engen Zusammenhang. Junge Adoptionsbewerberpaare, die ihr Studium erst kürzlich abgeschlossen und im Berufsleben Fuß gefasst haben, sind oft bedingt durch das Studium verschuldet und befinden sich damit finanziell in einer schwierigen Lage. Solche Adoptiveltern sind insoweit belastet, dass sie neben ihren erzieherischen Pflichten zugleich finanziell in adäquater Weise für die kindlichen Bedürfnisse aufkommen müssen. Anders sieht es bei älteren Adoptionsbewerbern aus, die bereits finanziell abgesichert sind und sich ohne Sorgen wirtschaftlicher Art um die Kindeserziehung kümmern können. Dies sollte bei der Adoptionseignungsprüfung hinreichend berücksichtigt werden. Eine Privilegierung jüngerer Adoptionsbewerber gegenüber älteren ist somit nicht zwingend zu befürworten.

---

497 *Schmidt-Bleibtreu/Hofmann/Henneke/Krieger*, GG-Kommentar, Art. 3 Rn. 44.

498 *Schmidt-Bleibtreu/Hofmann/Henneke/Krieger*, GG-Kommentar, Art. 3 Rn. 44; *Dörr/Grote/Marauhn/König/Peters*, Konkordanzkommentar, Art. 3 Rn. 212; EuGH Rspr. vom 18.11.2010 – C-356/09.

Das Alter sollte zwar eines von vielen Eignungskriterien sein, aber nicht für sich ein Ausschlussgrund darstellen. Unter Bezugnahme auf die oben ausgeführten Eignungskriterien, die neben dem Alter der Adoptionsbewerber strikt zu beachten sind, kann als Schlussfolgerung festgehalten werden, dass ein hohes Alter der Adoptiveltern nicht ohne Weiteres auf eine Kindeswohlgefährdung schließen lässt; vielmehr sollte der Entscheidung der Vermittlungsstellen stets eine Einzelfallprüfung zugrundeliegen, die sämtliche Eignungskriterien in ihrer Gesamtheit näher beleuchtet. Gleichwohl lassen sich pragmatische Erwägungen heranziehen: Kinder mit alten Eltern werden in der heutigen Gesellschaft sozial akzeptiert. Zwischen jungen und älteren Bewerberpaaren bestehen also keine Unterschiede von solcher Art und solchem Gewicht, dass sie eine ungleiche Behandlung rechtfertigen können. Da kein sachlicher Grund für die ungleiche Behandlung vorliegt, ist die Höchstaltersgrenze verfassungswidrig.

Auch die sogenannte Selbstbindung der Verwaltung, das heißt, dass die Behörde in Zukunft bei gleichen bzw. vergleichbaren Fällen die gleiche bzw. identische Rechtsfolge anzuwenden hat, wenn sich diese für einen längeren Zeitraum hinweg für eine konkrete Rechtsfolge entschieden hat,[499] kann nicht als verfassungsrechtlicher Rechtfertigungsgrund angesehen werden. Dafür sprechen zwei Gründe: Erstens muss die Verwaltung ihr Ermessen rechtmäßig ausgeübt haben;[500] dies ist aber aus den oben genannten Erwägungen wegen Ermessensüberschreitung zu verneinen. Zweitens hat die Verwaltungsbehörde die Möglichkeit, ihre Rechtspraxis insgesamt für die Zukunft zu ändern und damit die Selbstbindung aufzuheben;[501] dies kann bloß durch eine tatsächliche Änderung der Entscheidungspraxis geschehen.[502]

(ee) Willkür der Adoptionspraxis anhand eines konkreten Beispiels

Als Anknüpfungspunkt zur Begründung einer faktischen Ungleichbehandlung kann auf einen Fall zurückgegriffen werden, der sich in den letzten Jahren tatsächlich ereignet hat. Möglicherweise kann die ungleiche Behandlung damit erklärt werden, dass Prominente im Vergleich zu anderen Staatsbürgern eine Privilegierung genießen und nicht gegen eine mögliche Altersdiskriminierung ankämpfen müssen. Das betrifft beispielsweise Gerhard Schröder, der mit zwei Adoptionen in Russland emotionale Diskussionen entfacht hat. Das erste Kind

499 *Epping*, Grundrechte, Rn. 791.
500 *Von Münch/Kunig/Boysen*, GG, Art. 3 Rn. 78.
501 *Von Münch/Kunig/Boysen*, GG, Art. 3 Rn. 79.
502 *Erichsen/Ehlers/Jestaedt*, Allgemeines Verwaltungsrecht, § 10 Rn. 65.

aus Russland adoptierte Gerhard Schröder mit seiner Frau Doris im Jahr 2004. Zum Adoptionszeitpunkt war Gerhard Schröder selbst 60 Jahre und seine Frau 41 Jahre alt.[503] Das zweite Kind adoptierten sie nur zwei Jahre später (also mit 62 und 43 Jahren).[504] Den Empfehlungen der Adoptionsvermittlungsstellen zufolge waren sowohl Gerhard Schröder als auch seine Frau eigentlich zu alt für die Adoption.[505]

Die Adoption erfolgte nach russischem Recht, sodass sich die Frage eines ordre public-Verstoßes stellt. Eine Verletzung von Art. 3 Abs. 1 GG kommt demzufolge allenfalls im Rahmen des ordre public zum Tragen.

(a) Rechtlich relevante Ungleichbehandlung

Unter Beachtung der Empfehlungen der Adoptionsvermittlungsstellen wird es in der Regel nicht dem Kindeswohl dienen, wenn der Altersabstand zwischen Adoptiveltern und Kind größer als 40 Jahre ist. Oberhalb dieser Grenze wird eine Vermittlung daher nur in gut begründeten Ausnahmefällen in Betracht kommen. Bei strikter Einhaltung der Altersgrenze hätte die Kindesannahme Gerhard Schröder untersagt werden müssen. Zwar handelte es sich hierbei um eine Auslandsadoption aus einem Land, das kein Vertragsstaat des Haager Adoptionsübereinkommens ist, aber damit ist der Anwendungsbereich von Art. 22 EGBGB eröffnet: Die Adoption darf demnach nicht gegen den ordre public-Grundsatz des Art. 6 EGBGB verstoßen.

Eine Adoption durch einen über 60 Jahre alten Bewerber entspricht nicht der natürlichen Generationenfolge, kann kein Eltern-Kind-Verhältnis begründen und ist demnach evident ordre public-widrig.[506] Wegen dieses Verstoßes hätte

---

503 *Fröhlingsdorf/Mayr/Meyer/Schmid/Verbeet*, in: „Der Spiegel“ vom 23.8.2004, abrufbar: http://www.spiegel.de/spiegel/print/d-31900126.html (zuletzt am 7.5.2017).

504 Vgl. „FAZ“, Ehepaar Schröder adoptiert zweites russisches Kind vom 17.8.2006, abrufbar unter: http://www.faz.net/aktuell/gesellschaft/menschen/persoenlich-ehepaar-schroeder-adoptiert-zweites-russisches-kind-1356851.html (zuletzt am 7.5.2017).

505 Ein ähnlich gelagerter Fall wie der von Gerhard Schröder betrifft eine Adoption durch den Ex-Fußballmanager Reiner Calmund (64 Jahre alt) und seine Frau Sylvia (42 Jahre alt). Diese konnten die zweijährige Nisha aus Thailand im Januar 2013 in Adoptionspflege nehmen. Vgl. „Die Welt“, Reiner Calmund: Die Adoption ist perfekt, vom 19.2.2013, abrufbar unter: http://www.welt.de/newsticker/leute/stars/article 113765613/Reiner-Calmund-Die-Adoption-ist-perfekt.html (zuletzt 7.5.2017).

506 Die Adoption verstößt gegen wesentliche Grundsätze des deutschen Rechts, und zwar gegen § 1741 Abs. 1 S. 1 BGB, dessen Voraussetzungen Hauptbestandteil des Adoptionsverfahrens sind. Zum einen entspricht die Adoption nicht dem Kindeswohl

die Adoptionsanerkennung durch die zuständigen Vermittlungsstellen nicht erteilt werden dürfen. Eine faktische Ungleichbehandlung liegt also vor.

(b) Verfassungsrechtliche Rechtfertigung

Auf der Rechtfertigungsebene ist zu klären, inwieweit es verfassungsgemäß ist, dass Gerhard Schröder trotz seines hohen Alters Kinder annehmen durfte, während anderen Staatsbürgern die Adoption an deren Stelle mit an Sicherheit grenzender Wahrscheinlichkeit verwehrt worden wäre. Kann es möglicherweise daran gelegen haben, dass Gerhard Schröder zum Adoptionszeitpunkt Bundeskanzler (bei der zweiten Adoption im Jahre 2006 Ex-Bundeskanzler) war?

Unabhängig davon, welchen Stellenwert eine Person in der Gesellschaft genießt, ist nicht einzusehen, einen Bundeskanzler (als Regierungschef der Bundesrepublik Deutschland und politisch damit einer der einflussreichsten Amtsträger) zu privilegieren und ihm mehr Adoptionsrechte einzuräumen als anderen Adoptionsbewerbern. Dafür spricht der in Art. 3 Abs. 1 GG verankerte Grundsatz, dass alle Menschen vor dem Gesetz gleich sind. Es muss im Sinne von § 1741 Abs. 1 S. 1 BGB ein Eltern-Kind-Verhältnis bestehen oder für die Zukunft zu erwarten sein und die Adoption muss dem Kindeswohl dienen. Diese Tatbestandsvoraussetzungen müssen alle Adoptionsbewerber mitbringen.

Es kann nicht geleugnet werden, dass bei international wertgeschätzten Personen wirtschaftliche Mittel zur Verfügung stehen, mit denen sie finanziell für das Kind aufkommen können. Die wirtschaftliche Situation der Adoptionsbewerber ist bei jedem Adoptionsverfahren zwar zu berücksichtigen; diese darf aber nicht für den Ausgang des Verfahrens richtungsweisend sein. Denn die Voraussetzungen des § 1741 Abs. 1 S. 1 BGB sind strikt einzuhalten und dürfen nicht durch wirtschaftliche Gesichtspunkte substituiert werden.

Für die positive Entwicklung des Kindes ist eine sozial-adäquate Elternschaft zwingend erforderlich, da das Kind gegebenenfalls aus einer Familie stammt, in der es infolge außer Acht gelassener erzieherischer Pflichten womöglich traumatische Erlebnisse davongetragen hat.

Die Adoptionsvermittlungsstellen hätten dem Umstand, dass Gerhard Schröder nicht zum ersten Mal verheiratet ist und seine insgesamt drei Ex-Frauen für eine jeweils jüngere Frau verlassen hat, Rechnung tragen müssen. Denn diese Tatsache könnte ein Indiz für mangelnde Zuverlässigkeit und mangelnde Verantwortungsübernahme sein. Für den Fall einer erneuten Trennung, zu der es im

---

und zum anderen kann in so hohem Alter kein Eltern-Kind-Verhältnis begründet werden.

März 2015 tatsächlich gekommen ist, würde nämlich im Besonderen das Kind leiden. Etwaige unterhalts- und erbrechtliche Vorteile, die das Kind trotz einer Trennung hätte, müssen zurücktreten.[507]

Für eine Kindeswohlgefährdung könnte auch das öffentliche Interesse an den Familienverhältnissen von Gerhard Schröder sprechen; dadurch kann das Kind als neuer Familienzuwachs in den Mittelpunkt medialer Diskussionen geraten. Weiterhin ist zu beanstanden, dass die (Adoptiv-)kinder von angesehenen und berühmten Persönlichkeiten bei ihrer Betreuung unter Umständen vernachlässigt werden; diese würde sich dann allenfalls nur noch auf ein Elternteil oder gar auf dritte Personen beschränken. Dabei soll das Kind in einer intakten Familiengemeinschaft aufwachsen und zu beiden Elternteilen eine Eltern-Kind-Beziehung aufbauen können. Die Tätigkeit als Bundeskanzler ist stets mit bedeutenden Pflichten verbunden, die in den Vordergrund treten und die Kindesinteressen unterlaufen könnten. Andere Adoptionsbewerber, die eine jahrelang stabile Ehe vorzuweisen haben und in beruflicher Hinsicht kürzer treten, um die Aufmerksamkeit bestmöglich dem Kind widmen zu können, sind für eine Kindesannahme eher prädestiniert, mindestens aber genauso sehr. Insoweit kann also von einer verfassungswidrigen Ungleichbehandlung die Rede sein.

Zur Begründung einer verfassungswidrigen Ungleichbehandlung könnten auch die Aspekte der natürlichen Generationenfolge und der Belastbarkeit herangezogen werden. Denn 40-jährigen Adoptionsbewerberpaaren wird die Kindesannahme meistens zum einen aus dem Grund verwehrt, weil sie zu alt sind und auf diese Weise die natürliche Generationenfolge in Unordnung bringen: Es soll nämlich kein Großeltern-Kind-Verhältnis begründet werden. Und zum anderen sind ältere Adoptionsbewerber laut Empfehlungen der Adoptionsvermittlungsstellen nicht belastbar genug. Dies müsste erst recht für einen über 60 Jahre alten Adoptionsbewerber gelten. Solchen Adoptivelternteilen kann nicht die nötige Kraft für eine kindeswohlgerechte Erziehung zugesprochen werden. Bei jedem Adoptionsverfahren ist durch die Adoptionsvermittlungsstellen eine Prognoseentscheidung zu treffen. Hierbei ist zu bedenken, dass Kinder insbesondere in der Pubertätsphase belastbare Eltern benötigen. Diese Phase beginnt für gewöhnlich in einem Alter von 15 oder 16 Jahren (bei Frauen unter Umständen früher) und schöpft die Belastbarkeitsgrenze der Eltern bis zum Äußersten aus. Gerhard Schröder wäre zu diesem Zeitpunkt fast 80 Jahre alt. Viele Menschen

507 Die Trennung von Gerhard Schröder und Doris Schröder-Köpf im März 2015 dürfte dem Kindeswohl der Adoptivkinder nicht zuträglich sein und die Bedenken gegen diese Adoptionen noch verstärken.

sind in einem Alter von 80 Jahren meist selbst auf Hilfe angewiesen; nicht selten muss für sie ein Pfleger bestellt werden. Es darf auch nicht einseitig auf den jüngeren Elternteil abgestellt werden; die Frau von Gerhard Schröder wäre dann auch 58 bzw. 59 Jahre alt. Die Alleinerziehung von pubertären Kindern kann in solch einem Alter nicht ohne weiteres geleistet werden. Unter diesen Bedingungen kann auch nicht mehr von einem Eltern-Kind-Verhältnis, sondern vielmehr von einem Großeltern-Kind-Verhältnis die Rede sein. Das widerspricht der natürlichen Generationenfolge. Bei ordnungsgemäßer Prognoseentscheidung durch die Adoptionsvermittlungsstellen wäre ein solcher Ablehnungsgrund bemerkt worden und eine Fehlentscheidung unterblieben. Es leuchtet nicht ein, einem 40-jährigen Adoptionsbewerber die Kindesannahme zu verwehren, sie hingegen einem über 60 Jahre alten Bewerber zu gewähren. Dem Kind wäre also mit etwas jüngeren Adoptiveltern am besten gedient. Denn bei Eltern, die über 60 Jahre alt sind, besteht darüber hinaus die hohe Wahrscheinlichkeit, dass das Kind seine Eltern nach 20 Jahren erneut verliert; es würde dann infolge dessen möglicherweise dasselbe Schicksal wie bei seiner Ursprungsfamilie erleiden. Auch insoweit ist von einer verfassungswidrigen Ungleichbehandlung auszugehen.

Die Ausführungen zeigen, dass die Ungleichbehandlung verfassungswidrig ist. Sie verstößt gegen den ordre public-Grundsatz des Art. 6 EGBGB und hätte nicht von den deutschen Vermittlungsstellen ohne weiteres anerkannt werden dürfen.

Wie oben bereits erörtert, ist die starre Höchstaltersgrenze von 40 Jahren zwar verfassungsrechtlich zu beanstanden, ein Alter von 60 Jahren geht allerdings zu weit und führt zu mangelnder Flexibilität und Belastbarkeit. Zwar gibt es keine empirischen Studien, die belegen, dass ältere Menschen nicht belastbar sind; bei einem Alter von 60 Jahren liegt die Vermutung aber sehr nahe. Von einer verfassungsrechtlichen Rechtfertigung kann also nicht ausgegangen werden, wenn die Adoptionsvermittlungsstellen bei bestimmten Adoptionsbewerberpaaren unabhängig von deren Alter eine – teils oberflächliche – Eignungsprüfung vornehmen, während andere Bewerberpaare altersbedingt ohne nähere Begutachtung persönlicher Qualifikationsmerkmale abgelehnt werden, obwohl diese bei genauer Untersuchung eher infrage kämen. Zwar gibt es noch zu wenige Präzedenzfälle, um von einer empirisch belegten Ungleichbehandlung sprechen zu können. Das Adoptionsverfahren von Gerhard Schröder ist aber ein erster Anknüpfungspunkt. Diese willkürliche Adoptionspraxis in Bezug auf das Höchstalter von Adoptionsbewerbern wirft die Frage auf, ob es angesichts der Tatsache, dass die Menschen heutzutage immer älter werden, nicht an der Zeit ist, den § 1743 BGB gesetzlich zu modifizieren und eine Änderung der jetzigen Entscheidungspraxis in Angriff zu nehmen.

(3) Leibliche Eltern und potentielle Adoptiveltern

Weiterhin werden über 40-jährige kinderlose Paare, die bereits ein faktisches Eltern-Kind-Verhältnis zu einem Kind aufgebaut haben oder in naher Zukunft aufbauen werden, gegenüber älteren leiblichen Eltern, die in einer natürlichen Familienbeziehung leben, ungleich behandelt. Fraglich ist, ob dies verfassungsrechtlich gerechtfertigt ist.

Es kann zunächst rechtlich nicht beanstandet werden, dass sich die Adoptionsvermittlungsstellen an bestimmte starre Höchstaltersgrenzen orientieren, die mit der natürlichen Generationenfolge in Einklang stehen. Dadurch wird nicht nur gewährleistet, dass unter Berücksichtigung des Kindeswohls natürliche Familienverhältnisse entstehen; dies bewirkt darüber hinaus eine leichtere Handhabung in Bezug auf das Adoptionsverfahren.

Auf der anderen Seite muss die Tatsache berücksichtigt werden, dass ein hohes Alter der Adoptionsbewerber aus der Sicht heutiger gesellschaftlicher Konventionen nichts Außergewöhnliches mehr ist. Dieser Umstand allein kann nicht als Kriterium zur Begründung einer verfassungswidrigen Ungleichbehandlung angesehen werden. Allerdings ist es nicht nachvollziehbar, einen Adoptionsantrag abzulehnen, nur weil die potentiellen Adoptiveltern in formaler Hinsicht nicht die Alterserfordernisse der Adoptionsvermittlungsstellen verwirklichen. Es kann nicht als verhältnismäßig angesehen werden, die Durchführung einer konkreten Elterneignungsprüfung vom Alter der Bewerberpaare abhängig zu machen. Darüber hinaus entspricht eine starre Höchstaltersgrenze nicht dem Wohl des Kindes. Denn in einer nicht unerheblichen Anzahl von Fällen haben Kinder zu ihren leiblichen Eltern wenig bis keinen Kontakt; stattdessen kann aber ein faktisches Eltern-Kind-Verhältnis zu einer anderen Person entstanden sein oder zukünftig entstehen. Demzufolge würde es dem Kindeswohl dienen, diese faktische Beziehung in rechtlicher Hinsicht infolge der Kindesannahme zu formalisieren und konsolidieren. Um eine derartige rechtliche Formalisierung und Konsolidierung zu erzielen, ist es unumgänglich, die Höchstaltersgrenze in bestimmten Fällen zu überschreiten. Andernfalls werden natürliche Familienbeziehungen einerseits und faktische Familienverhältnisse andererseits, die durch Adoption rechtlich formalisiert und konsolidiert werden sollen, trotz ihres gleichen Charakters einer ungleichen Behandlung ausgesetzt, ohne dass es hierfür einen sachlichen und rechtlich einleuchtenden Grund gibt.

(4) Potentielle Adoptiveltern und Vormund

(a) Rechtlich relevante Ungleichbehandlung

Fraglich ist, ob in Bezug auf die Höchstaltersgrenze Adoptiveltern gegenüber Vormündern ungleich behandelt werden. Laut Empfehlungen der Bundesarbeitsgemeinschaft der Landesjugendämter ist ein Adoptionsantrag von Bewerbern, die das 40. Lebensjahr überschritten haben, abzulehnen. Betrachtet man im Vergleich hierzu die Ablehnungsgründe des § 1786 BGB, welcher Ausnahmen von der Übernahmepflicht nach § 1785 BGB normiert, dann kann man dem § 1786 Abs. 1 Nr. 2 (gegebenenfalls in Verbindung mit § 1889 Abs. 1 BGB) entnehmen, dass die Übernahme der Vormundschaft von demjenigen abgelehnt werden kann, der das 60. Lebensjahr vollendet hat. Dass der als Vormund Ausgewählte in naher Zukunft 60 Jahre alt wird, ist nicht ausreichend.[508] Ein Umkehrschluss von § 1786 Abs. 1 Nr. 2 BGB zeigt, dass die Vormundschaft auch noch mit 60 Jahren möglich, im Falle des § 1785 BGB sogar obligatorisch ist. Zu berücksichtigen ist, dass sich keine Situation inhaltlich genau mit der anderen deckt. Deswegen müssen die Personen, Personengruppen oder Situationen miteinander vergleichbar sein; für die Vergleichbarkeit muss in erster Linie ein Bezugspunkt vorliegen.[509] Eine gewisse Nähe zwischen den beiden Vergleichsgruppen ist infolge der Tatsache, dass beide Rechtsinstitute auf eine kindeswohlgerechte Entwicklung abzielen, die bei leiblichen Eltern nicht gewährleistet ist, anzunehmen.

Problematisch könnte der Umstand sein, dass möglicherweise nicht dieselbe Staatsgewalt agierte. Während es sich bei § 1786 Abs. 1 Nr. 2 BGB um Rechtsetzung durch den Gesetzgeber handelt, basieren die Höchstaltersgrenzen mangels gesetzlicher Fixierung auf Empfehlungen der Bundesarbeitsgemeinschaft der Landesjugendämter, also staatlich anerkannter Verwaltungsbehörden. Eine Ungleichbehandlung ist nur dann rechtlich relevant, wenn sie durch denselben Hoheitsträger in seinem eigenen Kompetenzbereich erfolgt.[510] Hier ist aber einzig und allein auf das Tätigwerden des Bundesgesetzgebers abzustellen. Während dieser mit § 1786 Abs. 1 Nr. 2 BGB aktiv handelte, ist ihm mit der Nichterfassung des Höchstalters in § 1743 BGB ein Unterlassen vorzuwerfen. Eine rechtlich relevante Ungleichbehandlung liegt mithin vor.

508 *Staudinger/Veit*, Vormundschaftsrecht, § 1786 Rn. 9.

509 *Pieroth/Schlink*, Grundrechte, § 11 Rn. 463.

510 BVerfGE 21, 54, 68; 42, 20, 27; 76, 1, 73; 79, 127, 158; *Epping*, GG, Rn. 793.

(b) Verfassungsrechtliche Rechtfertigung

Fraglich ist nunmehr, ob die Tatsache, dass der Gesetzgeber im Rahmen des Vormundschaftsrechts mit § 1786 Abs. 1 Nr. 2 eine Altersgrenze normierte und im Adoptionsrecht in Bezug auf das Höchstalter der Adoptionsbewerber gänzlich untätig blieb, eine verfassungsrechtliche Rechtfertigung zu begründen vermag. Die Ungleichbehandlung könnte besonders wegen der unterschiedlichen praktischen Handhabung der Adoption einerseits und der Vormundschaft andererseits verfassungsrechtlich gerechtfertigt sein.

Sie ist zunächst darin zu sehen, dass das Rechtsinstitut der Adoption im Vergleich zur Vormundschaft an strengere Tatbestandsvoraussetzungen gebunden ist. Denn anders als die Vormundschaft erfordert die Kindesannahme die Begründung eines Eltern-Kind-Verhältnisses. Nach § 1773 Abs. 1 BGB erhält ein Minderjähriger einen Vormund, wenn er nicht unter elterlicher Sorge steht oder wenn die Eltern weder in den die Person noch in den das Vermögen betreffenden Angelegenheiten zur Vertretung des Minderjährigen berechtigt sind. Allerdings können die in § 1773 Abs. 1 BGB normierten Voraussetzungen auch Grund für eine Adoption sein. Denn sowohl die Vormundschaft als auch die Adoption basieren auf der Tatsache, dass das Kind keine sozial-adäquaten Eltern hat, mit denen es in einer Familiengemeinschaft kindeswohlgerecht aufwachsen kann: Ziel beider Rechtsinstitute ist die Fürsorge schutzbedürftiger Personen.

Die verfassungsrechtliche Rechtfertigung kann auch nicht damit begründet werden, dass bei der Kindesannahme nach dem Adoptionsvermittlungsgesetz eine umfassende Eignungsprüfung der Adoptionsbewerber stattfindet. Auch bei der Vormundschaft wird gemäß § 1779 Abs. 1 BGB durch das Familiengericht nach Anhörung des Jugendamtes ein geeigneter Vormund ausgewählt. Die Kriterien, nach denen die Auswahl durch das Familiengericht erfolgt, sind im Einzelnen in §§ 1779 Abs. 2, 1780, 1781 BGB normiert. Insofern ist im Hinblick auf die Tatsache, dass sowohl bei der Adoption als auch bei der Vormundschaft eine Eignungsprüfung durchgeführt wird, nicht ersichtlich, warum der Gesetzgeber bei der Vormundschaft tätig wird, bei der Adoption aber nicht.

Eine verfassungsrechtliche Rechtfertigung ist vielmehr aus anderen Gründen anzunehmen: Zunächst ist der Umfang der Verantwortungsübernahme durch die Adoptiveltern einerseits und den Vormund andererseits näher in den Blick zu nehmen. Nach § 1793 Abs. 1 S. 1 BGB hat der Vormund das Recht und die Pflicht, für die Person und das Vermögen des Mündels zu sorgen, insbesondere das Mündel zu vertreten. Weitergehende obligatorische Verpflichtungen treffen den Vormund nicht. Demgegenüber gehen die Wirkungen der Kindesannahme viel weiter. Nach § 1754 Abs. 1 BGB erlangt das Kind nämlich die rechtliche

Stellung eines gemeinschaftlichen Kindes der Ehegatten, was die Adoptiveltern nicht nur zur Personen- und Vermögenssorge verpflichtet, sondern dem Kind auch jegliche unterhalts- und erbrechtliche Vorteile einräumt. Und anders als bei der Vormundschaft erlöschen nach erfolgter Adoption im Sinne von § 1755 Abs. 1 S. 1 BGB die Verwandtschaftsverhältnisse des Kindes zu den bisherigen Verwandten und die sich aus ihm ergebenden Rechte und Pflichten. Für eine verfassungsrechtliche Rechtfertigung spricht darüber hinaus der Umstand, dass die Vormundschaft nach § 1882 BGB kraft Gesetzes mit dem Wegfall der in § 1773 für die Begründung der Vormundschaft bestimmten Voraussetzungen endet, vor allem mit Eintritt der Volljährigkeit des Mündels. Während die Kindesannahme die Adoptiveltern in rechtlicher Hinsicht ein Leben lang bindet und auch nicht wieder aufgelöst werden kann, ist die Vormundschaft lediglich vorübergehender Natur. Gesetzessystematisch kann argumentiert werden, dass die Position des Vormundes nicht im Sinne von Art. 6 Abs. 2 GG mit Verfassungsrang ausgestattet ist.[511] Dadurch, dass ein vermittlungsbedürftiges Kind nach erfolgreich absolviertem Adoptionsverfahren als das leibliche Kind der Adoptiveltern angesehen wird, stehen Adoptiveltern unter dem Schutz des Art. 6 Abs. 2 GG. Auch muss dem Umstand ausreichend Rechnung getragen werden, dass die Vormundschaft eine ehrenamtliche Tätigkeit darstellt, die von den Familiengerichten beaufsichtigt und mitverfolgt und vom Staat finanziell unterstützt wird (vergleiche auch den Aufwendungsersatzanspruch des § 1835 BGB, den der Vormund zum Zweck der Führung der Vormundschaft geltend machen kann). Schließlich spricht für eine verfassungsrechtliche Rechtfertigung das Rechtsinstitut der Amtsvormundschaft, womit die durch das Jugendamt ausgeübte Vormundschaft nach §§ 1791 b ff. BGB gemeint ist.[512] Infolge der angestiegenen Erfordernisse an das Amt des Vormunds können heutzutage kaum noch geeignete Einzelpersonen ausfindig gemacht werden, die sich zur Übernahme der Vormundschaft bereit erklären, sodass aktuell etwa 80 bis 85 % der Vormundschaften als Amtsvormundschaft geführt werden.[513] Dies hat zur Folge, dass die Kinder und Jugendlichen nicht mehr bei ihrem Vormund leben, sondern in Heimen oder Pflegefamilien aufwachsen. Ansprechpartner für das Kind sind dann mehrere Personen gleichzeitig: der Amtsvormund, der Heimerzieher bzw. die Pflegeperson und das Jugendamt als Leistungsbehörde nach

---

511 *Muscheler*, Familienrecht, § 42 Rn. 732.

512 *Dethloff*, Familienrecht, § 16 Rn. 3.

513 *Dethloff*, Familienrecht, § 16 Rn. 3; vgl. *Hoffmann*, JAmt 2005, 113, 116; Studie des Instituts für soziale Arbeit e.V., JAmt 2004, 228 f.

dem SGB VIII.[514] Die Ungleichbehandlung zwischen potentiellen Adoptiveltern und Vormund ist damit verfassungsrechtlich gerechtfertigt.

(5) Potentielle Adoptiveltern und Pflegeeltern

Möglicherweise besteht auch eine Ungleichbehandlung zwischen potentiellen Adoptiveltern und Pflegeeltern. Zwar gibt es für Pflegeeltern keine das Höchstalter betreffende gesetzliche Regelung, sodass – wenn überhaupt – nur eine faktische Ungleichbehandlung bestünde. Aber unabhängig davon, ob eine solche faktische Ungleichbehandlung vorliegt oder nicht, wäre diese unter Heranziehung der zur Ungleichbehandlung zwischen potentiellen Adoptiveltern und Vormündern gemachten Erwägungen verfassungsrechtlich gerechtfertigt. Denn auch zwischen Adoptiveltern und Pflegeeltern müssen die erheblichen rechtlichen Differenzierungen beachtet werden. Vor allen Dingen das Erfordernis der Entstehung eines Eltern-Kind-Verhältnisses und die intensiveren Wirkungen der Kindesannahme im Sinne der §§ 1754 ff. BGB begründen eine verfassungsrechtliche Rechtfertigung. Denn die Entscheidungsbefugnis der Pflegeeltern ist lediglich auf die Angelegenheiten des täglichen Lebens beschränkt. Das Pflegekind bleibt rechtlich das Kind seiner leiblichen Eltern.

ff) Verstoß gegen Art. 8 Abs. 1 i.V.m. Art. 14 EMRK

Schließlich könnte eine starre Höchstaltersgrenze gegen Art. 8 Abs. 1 i.V.m. Art. 14 EMRK verstoßen. Unabhängig davon, ob Altersdiskriminierungen vom Schutzbereich des Art. 14 EMRK umfasst werden,[515] scheidet eine entsprechende Verletzung mangels Existenz einer einheitlichen europäischen Standardisierung aus. Zwar soll ein einheitlicher europäischer Standard durch Art. 9 EuAdAb geschaffen werden, aber dessen Wortlaut bezieht sich nur auf das Mindestalter und den Mindestaltersabstand. In Bezug auf das Höchstalter oder einen Höchstaltersabstand wollte der Gesetzgeber keinen einheitlichen europäischen Standard schaffen.

gg) Ergebnis

Die Höchstaltersgrenze bewirkt eine Altersdiskriminierung und verstößt somit gegen den allgemeinen Gleichheitssatz des Art. 3 Abs. 1 GG.

Wie bereits erwähnt, kann es rechtlich nicht beanstandet werden, dass die Vermittlungsstellen für das Adoptionsverfahren zwar Höchstaltersgrenzen

---

514 *Dethloff*, Familienrecht, § 16 Rn. 3; näher *Meysen*, JAmt 2005, 105 ff.

515 Bejahend *Grabenwarter/Pabel*, Europäische Menschenrechtskonvention, § 26 Rn. 8.

festschreiben. Die Altersgrenzen sollten aber den natürlichen Gegebenheiten in der heutigen Gesellschaft angepasst werden. Der Umstand, dass immer häufiger Frauen erst mit 40 Jahren ihr erstes Kind bekommen, kann die Verfassungswidrigkeit der Altersgrenze nicht begründen. Ihm muss jedoch eine Indizwirkung dahingehend zukommen, dass Adoptionsvermittlungsstellen nicht starr einer Höchstaltersgrenze folgen, sondern sich Abweichungen hiervon im zulässigen Rahmen vorbehalten. Mit Blick auf den Vorbehalt des Gesetzes im Sinne von Art. 20 Abs. 3 GG und die Wesentlichkeitstheorie des BVerfG wäre eine gesetzliche Normierung der Höchstaltersgrenze im BGB, die als Soll-Vorschrift auszugestalten ist, ein entscheidender Lösungsansatz.

c) Abweichende Kriterien

Wie bereits angedeutet, wird eine individuelle Einzelfallprüfung favorisiert, bei der neben den Altersgrenzen auch andere Kriterien zu berücksichtigen sind.

Um eine Förderung der Persönlichkeitsentwicklung des Kindes und eine Besserung seiner Lebensumstände und Rechtsstellung zu bewirken, kommt den persönlichen Verhältnissen und Charaktereigenschaften der Annehmenden eine entscheidende Rolle zu. Das Alter der Adoptionsbewerber soll dabei lediglich ein Kriterium von vielen sein, das mit in die Eignungsprüfung einfließt.[516] Neben rechtlichen Kriterien sind auch Erkenntnisse der Erfahrungswissenschaft, vor allem der Entwicklungspsychologie und der Kinderpsychiatrie, zu beachten. Insbesondere bei der Annahme fremder Kinder können zum Adoptionszeitpunkt Entwicklungsstörungen, d.h. Deprivations- und Bindungsstörungen, beim Kind vorliegen.[517] Nur auf diese Weise lässt sich eine einheitliche Arbeitsweise, die auf inhaltlich fundierten Kriterien für die Bewerberauswahl basieren, feststellen. Es werden überwiegend subjektive Erfahrungen bei der Adoptionsbewerberauswahl als Entscheidungsgrundlage herangezogen und dann mit den für das Adoptionsverfahren relevanten Aspekten kombiniert.

Fraglich ist, welchen Kriterien neben dem Alter bei der Eignungsprüfung für die Annahme einer sozial-adäquaten Elternschaft Bedeutung zukommen sollte.[518]

---

516 *Staudinger/Frank*, Adoption, Vor §§ 1741 ff. Rn. 41.

517 *Staudinger/Frank*, Adoption, Vor §§ 1741 ff. Rn. 41.

518 Einen Überblick über die Kriterien, die im Einzelfall zu beachten sind, geben die Empfehlungen der Bundesarbeitsgemeinschaft der Landesjugendämter, 6. Auflage, S. 27 ff. (abrufbar unter: http://www.bagljae.de/downloads/109_empfehlungen-adoptionsvermittlung_2009.pdf {zuletzt am 7.5.2017}), auf die im Folgenden Bezug genommen wird.

aa) Kindeswohl und Eltern-Kind-Verhältnis

Es ist zunächst festzuhalten, dass kein Merkmal das Kindeswohl ersetzen kann. Das Kindeswohl (erwähnt in §§ 1626 Abs. 3, 1627, 1666 Abs. 1, 1671 Abs. 1, 1672, 1696, 1697 a BGB) ist „Leitmotiv des Kindschaftsrechts" und eine „schwer konkretisierbare Generalklausel",[519] die einer richterlichen Auslegung zugänglich ist.

Unverzichtbares Merkmal für die Adoption ist auch die Eltern-Kind-Beziehung zwischen dem Kind und den Annehmenden, die entweder bereits besteht oder für die Zukunft erwartet werden kann (vgl. § 1741 Abs. 1 S. 1 BGB). Die Prognose erfolgt mithilfe von objektiven und subjektiven Gesichtspunkten oder kann durch den Nachweis des Adoptionspflegejahres im Sinne von § 1744 BGB erleichtert werden. Die Eltern-Kind-Beziehung muss den natürlichen Verhältnissen zwischen den Eltern und den leiblichen Kindern entsprechen, das heißt eine „soziale Elternschaft" begründen,[520] also „Fürsorge und Erziehung, wie sie leibliche Eltern typischerweise leisten".[521]

bb) Adoptionsvermittlungsgesetz

Die Eignungsprüfung der Adoptionsbewerber richtet sich im Wesentlichen nach § 7 AdVermiG, der den § 1741 BGB konkretisiert. Denn nach § 7 Abs. 1 S. 1 AdVermiG hat die Adoptionsvermittlungsstelle zur Vorbereitung der Adoptionsvermittlung die sachdienlichen Ermittlungen bei den Bewerbern aufzunehmen, wenn ihnen bekannt wird, dass für ein Kind eine Vermittlung in Frage kommt. Es muss geprüft werden, ob die Bewerber unter Beachtung der Persönlichkeit des Kindes und seiner besonderen Bedürfnisse für die Adoption geeignet sind (§ 7 Abs. 1 S. 2 AdVermiG). Konkrete Eignungskriterien sind im Einzelnen in § 7 Abs. 3 S. 3 AdVermiG normiert. Darin heißt es, dass der Adoptionseignungsbericht Angaben über die Person der Bewerber, ihre persönlichen und familiären Umstände, ihren Gesundheitsstatus, ihr soziales Umfeld und ihre Beweggründe für die Adoption enthalten muss. Das Adoptionsvermittlungsgesetz zielt auf die Schutzbedürftigkeit des Kindes ab und entspricht damit den gesetzgeberischen Intentionen, die in § 1741 BGB zum Ausdruck kommen.

---

519 *Staudinger/Frank*, Adoption, § 1741 Rn. 15; vgl. auch *Gernhuber* FamRZ 1973, 229; *Lüderitz* FamRZ 1975, 605, 606 f.; *Goldstein/Freud/Solnit/Imitis*, Rn. 101 ff.

520 *Kaiser/Schnitzler/Friederici/Schilling/Dahm*, Familienrecht, § 1741 Rn. 16.

521 *Palandt/Götz*, BGB, § 1741 Rn. 4.

cc) *Konkrete Lebensverhältnisse der Adoptionsbewerber*

Bei der Eignungsprüfung der Adoptionsbewerber spielen deren konkreten Lebensverhältnisse eine nicht unerhebliche Rolle. Dazu muss zunächst eine gewisse Stabilität der Lebenssituation nachgewiesen werden. Insbesondere muss das Kind in intakten Familienverhältnissen aufwachsen können, in denen die Grundbedingungen für einen positiven Entwicklungswerdegang gewährleistet sind. Die Ehedauer kann hierbei von großer Wichtigkeit sein: Aus einer langandauernden Ehe kann auf eine intakte Familiengemeinschaft geschlossen werden. Die Begriffe „intakte Familienverhältnisse“ und „Ehedauer“ implizieren, dass es der Entwicklung des Kindes am besten dient, wenn es gemeinschaftlich durch ein Ehepaar angenommen wird.

Zu den konkreten Lebensverhältnissen gehören auch die Wohnsituation und das soziale Umfeld der Adoptionsbewerber. Vor allem die Wohnverhältnisse müssen sich den Bedürfnissen des Kindes anpassen. Gleiches hat auch für die Berufstätigkeit der Adoptiveltern zu gelten: Es muss sichergestellt sein, dass nicht beide Adoptivelternteile Vollzeit berufstätig sind. Allerdings würde es auch nicht einer natürlichen Eltern-Kind-Beziehung entgegenstehen, wenn Adoptiveltern nach der Kindesannahme außerhäuslich berufstätig sind und für diesen Zeitraum die Kindesbetreuung einer dritten Person überlassen.[522] Aber Empfehlungen der Bundesarbeitsgemeinschaft der Landesjugendämter zufolge soll dem Kind im ersten Jahr nach Aufnahme die „ungeteilte Zuwendung einer Bezugsperson“ zukommen.[523] Finanziell müssen die Adoptionsbewerber stabile Einkommensverhältnisse nachweisen können.

dd) *Körperliche und psychische Belastbarkeit*

Ein weiterer wesentlicher Gesichtspunkt ist die körperliche und psychische Belastbarkeit der Adoptionsbewerber, um Konfliktsituationen, die mit dem Kind vor allem während der Pubertätsphase auftreten, angemessen und ohne Beeinträchtigung seiner Entwicklungsinteressen entgegentreten zu können. Das ist zur adäquaten Übernahme von Elternverantwortung unerlässlich und nicht zwangsläufig am Alter festzumachen.

---

522 Vgl. *Kaiser/Schnitzler/Friederici/Schilling/Dahm*, Familienrecht, § 1741 Rn. 20.

523 Empfehlungen der Bundesarbeitsgemeinschaft der Landesjugendämter, 6. Auflage, S. 30 (abrufbar unter: http://www.bagljae.de/downloads/109_empfehlungen-adoptionsvermittlung_2009.pdf {zuletzt am 7.5.2017}); hinzuweisen ist auf Elternzeit und Elterngeld gemäß §§ 1 Abs. 3, 15 Abs. 1 Nr. 1 b BEEG.

Mit diesem Aspekt ist eine gewisse Flexibilität der potentiellen Adoptiveltern verbunden: Sie müssen sich auf die verschiedenen Entwicklungsphasen des Kindes jederzeit einstellen können. Hierzu bedarf es einer Prognoseentscheidung, die sämtliche objektiven und subjektiven Gesichtspunkte gleichermaßen berücksichtigt. Die ausreichende persönliche Reife und das Vorhandensein von leiblichen Kindern oder Adoptivkindern ist ein ausschlaggebender Indikator, um eine gefestigte körperliche und psychische Belastbarkeit nachzuweisen. Auch anderweitige Erfahrungen mit Kindern, sei es als Pflegeeltern oder als Erzieher im Kindergarten, sollten sich positiv auf das Adoptionsverfahren auswirken. Denn derartige Bewerber gelten im Hinblick auf ihre erzieherischen Fertigkeiten als qualifiziert.

Die Adoptionsbewerber müssen auch nach psychologischer Betrachtungsweise ihren Verantwortungspflichten angemessen nachkommen können. Dies ist im Rahmen einer Prognoseentscheidung zu beurteilen.

Zunächst müssen Adoptionsbewerber zur Kenntnis genommen haben, dass die Adoptionsvermittlungsstellen keine Kinder für ungewollt kinderlose Paare suchen, sondern umgekehrt Eltern für bedürftige und vernachlässigte Kinder. Die Adoptionsbewerber müssen sich mit der Tatsache, dass sie keine eigenen leiblichen Kinder bekommen können, abgefunden haben. Denn eine instabile Persönlichkeit der Adoptiveltern dahingehend würde sich negativ auf die Kindesentwicklung auswirken. Vielmehr müssen die Adoptiveltern ein emotionales Näheverhältnis zum Kind aufbauen, in dem Einfühlungsvermögen gezeigt wird, um gemeinsam mit dem Kind das vor dem Adoptionsverfahren möglicherweise kindliche traumatische Geschehen bestmöglich verarbeiten zu können. Bei den Bewerbern muss die Entschlossenheit erkennbar sein, das adoptierte Kind mit Verantwortungsbewusstsein wie ein leibliches in die Familie zu integrieren und schließlich mit dem Kind, das eine Bereicherung ist, ein neues Leben zu beginnen. Persönliche Interessen, deren Befriedigung ohne das Kind noch möglich war, müssen hinter die Kindesinteressen zurücktreten. Von den Bewerbern muss im Hinblick auf das plötzliche Auftreten von Entwicklungsproblemen ein hoher Grad an Risikobereitschaft gefordert werden können. Dies bezieht sich insbesondere auf Krankheitssymptome, die erst nach der Kindesannahme ärztlich diagnostiziert werden. In solchen Fällen müssen die Adoptiveltern noch intensiver ihrer Verantwortungspflicht gegenüber dem Kind nachkommen und sie dürfen die Adoption keineswegs nachträglich in Frage stellen. Darüber hinaus muss den Adoptionsbewerbern bewusst sein, dass die leiblichen Eltern gegebenenfalls an der Mitverfolgung der zukünftigen Lebensentwicklung ihres zur Adoption freigegebenen Kindes interessiert sind. Infolgedessen ist auch die Herkunft des Kindes zu tolerieren und zu akzeptieren.

Angesichts der zeitintensiven Erstreckung des Adoptionsverfahrens auf viele Jahre müssen die Adoptionsbewerber ein psychisches Ausdauervermögen aufbringen.

2. Höchstaltersgrenze bei der Auslandsadoption

Ein Höchstalter oder Höchstaltersabstand kann weder dem BGB noch Art. 9 EuAdAb entnommen werden. Höchstaltersgrenzen, die international einheitliche Geltung haben, existieren nicht. Deren Festlegung sollte nach der Intention des Gesetzgebers den einzelnen Adoptionsvermittlungsstellen obliegen. Eine Vielzahl ausländischer Rechtsordnungen hat – wie das BGB – auf eine gesetzliche Normierung der Höchstaltersgrenze gänzlich verzichtet. Nichtsdestotrotz gibt es Rechtsordnungen, die die Einhaltung einer bestimmten Höchstaltersgrenze verlangen. Es gibt sogar Länder, die in ihrem Rechtssystem bewusst ein hohes Alter der Adoptionsbewerber voraussetzen, weil ein hohes Alter dort mit „Gestandenheit“ und Weisheit verbunden wird.[524] Diese Vorschriften sind im Adoptionsverfahren zu beachten. Rechtsordnungen, die ein Höchstalter oder einen Höchstaltersabstand vorschreiben, verstoßen nicht zwangsläufig gegen den ordre public-Grundsatz nach Art. 6 EGBGB bzw. Art. 24 HAÜ. Eine Verletzung kann nur bei einer zu hohen Höchstaltersgrenze, die nicht mit der Zwecksetzung der §§ 1741 ff. BGB in Einklang steht, also das Kindeswohl missachtet oder keine angemessene Eltern-Kind-Beziehung begründet, angenommen werden.

Um die Problematik des ordre public anhand eines Beispiels aus der Praxis vor Augen zu führen, ist die Entscheidung des OLG Schleswig vom 24.06.2009[525] näher zu betrachten. In dieser ging es um die Adoption eines fünfjährigen Kindes durch 56 und 65 Jahre alte Adoptionsbewerber. Das OLG Schleswig hatte zu untersuchen, ob ein ordre public-Verstoß vorlag. Das ist anzunehmen, wenn die Rechtsfolgen der ausländischen Adoptionsentscheidung besonders gravierend gegen den Sinn und Zweck des § 1741 BGB oder gegen das Persönlichkeitsrecht des betroffenen Kindes aus Art. 1 Abs. 1 i.V.m. Art. 2 Abs. 1 GG verstößt.[526] Das ausländische Gericht muss seine Entscheidung nach dem Wohl des Kindes richten.[527]

---

524 Müller-Lissner, in: „Der Tagesspiegel“ vom 14.6.2010, abrufbar unter: http://www.tagesspiegel.de/weltspiegel/reife-ueberlegung-aeltere-paare-hoffen-auf-reformiertes-adoptionsrecht/1858062.html (zuletzt am 7.5.2017).

525 OLG Schleswig vom 24.06.2009 – 2 W 38/09.

526 BayObLG vom 21.06.2000 – 1Z BR 186/99.

527 KG vom 02.12.2008 – 1 W 100/08; OLG Celle vom 05.12.2007 – 17 W 92/07; KG vom 04.04.2006 – 1 W 369/05 = Senat, NJOZ 2006, 2655 = FamRZ 2006, 1405 m.w.N.

Der Altersabstand zwischen den Beteiligten entsprach nicht der natürlichen Eltern-Kind-Beziehung. Allein das Fehlen von Erziehungserfahrung spricht nicht gegen die Fähigkeit, die Pflege und Erziehung des Kindes zu übernehmen. Denn bei kinderlosen Adoptionsbewerbern wird in den meisten Fällen keine eigene Erziehungserfahrung anzutreffen sein. Die Anerkennung der Kindesannahme steht letztendlich aus dem Grund mit dem Wohl des Kindes im Einklang, weil sonst eine „hinkende Adoption“ droht. Das Kind kann nach dem Sachrecht seines Heimatstaates nicht mehr dem leiblichen Elternteil zugeordnet werden.[528] Und wenn die deutschen Gerichte die Adoption nicht anerkennen, dann ist das Kind elternlos.

Ist das Kindeswohl gefährdet und verstößt eine ausländischen Adoptionsentscheidung gegen den ordre public-Grundsatz, kann die Anerkennung vor deutschen Gerichten nicht mit dem Elterngrundrecht aus Art. 6 Abs. 2 S. 1 GG begründet werden. Es hätte einerseits einen Zirkelschluss zur Folge, wenn ein noch nicht anerkanntes Elternrecht die Adoptionsanerkennung erfordern würde. Andererseits verdrängt das Kindeswohl die Elterninteressen.[529] Widerspricht die ausländische Gerichtsentscheidung also dem Wohl des Kindes, dann darf die Kindesannahme von den deutschen Gerichten wegen Verstoßes gegen den ordre public-Grundsatz nicht anerkannt werden.

a) Rechtliche Bedenken

Dass es bei der Auslandsadoption keine konkrete Höchstaltersgrenze gibt, ist dem Umstand geschuldet, dass die meisten vermittelten Kinder nicht nur Säuglinge, sondern Kinder jeden Alters sind.[530] Laut Empfehlungen der Bundesarbeitsgemeinschaft der Landesjugendämter zur Adoptionsvermittlung sollte der Altersunterschied zwischen Annehmenden und Anzunehmenden bei der Auslandsadoption zwischen 45 und 50 Jahren liegen.[531]

---

528 OLG Schleswig vom 24.06.2009 – 2 W 38/09; vgl. dazu auch BayObLG vom 21.06.2000 – 1Z BR 186/99.

529 OLG Schleswig vom 24.06.2009 – 2 W 38/09; BVerfG vom 17.10.1984 – 1 BvR 284/84; BVerfG vom 30.11.1988 – 1 BvR 37/89.

530 Stellungnahme zur Äußerung der Familienministerin im SZ-Artikel vom 9.5.2011 (*Braun*, in: „Süddeutsche Zeitung“ vom 9.5.2011: „Gewollt kinderlos sind die wenigsten“), abrufbar http://www.sueddeutsche.de/politik/familienministerin-schroeder-gewollt-kinderlos-das-sind-die-wenigsten-1.1094691 (zuletzt am 7.5.2017).

531 Vgl. Auswertung der Befragung der Zentralen Adoptionsstellen der Länder durch das BMJ, abrufbar unter: http://www.bmjv.de/SharedDocs/Downloads/DE/pdfs/

Gibt es für ein vermittlungsbedürftiges Kind, das zwischen 0 und 2 Jahre alt ist, schätzungsweise 1700 Adoptionsbewerber im Alter zwischen 25 und 38 Jahren, dann besteht keine Notwendigkeit, das Alter der Bewerber zu erhöhen. Die verantwortungsvolle Adoptionsvermittlungsarbeit zeichnet sich dadurch aus, dass sie sich nach dem Kindeswohl richtet. Staatlich anerkannte internationale Vermittlungsstellen wissen aus der Praxiserfahrung, dass es auch Kinder gibt, die bereits einige Jahre alt sind und zwingend Eltern benötigen. Adoptionsbewerber, die zwischen 40 und 50 Jahre alt sind und nach einer Eignungsprüfung in Frage kommen, sind dann erwünscht. Also haben auch Menschen, die die Altersgrenze von 40 Jahre überschreiten, gute Chancen auf ein aussichtsreiches Adoptionsverfahren, wenn sie dazu bereit sind, ein älteres Kind aus dem Ausland anzunehmen.[532]

Die Tatsache, dass die grenzüberschreitende Adoption gegenüber der inländischen unter Umständen an niedrigere Voraussetzungen gebunden ist, lässt viele ältere Adoptionsbewerber hoffen, ihren Kinderwunsch schließlich doch erfüllen zu können. Damit ist nicht nur die Attraktivität für zahlreiche Adoptionswillige verbunden: Neben den Vorteilen gehen auch viele Nachteile mit einer Auslandsadoption einher. Dadurch, dass die Höchstaltersgrenze für die Adoptionspraxis einen der maßgeblichen Anknüpfungspunkte für die Frage, ob ein Adoptionsantrag Erfolg hat oder nicht, bildet, muss besonders darauf Acht gegeben werden, dass die Auslandsadoption keine Kindeswohlgefährdung mit sich bringt. Paare, die sich in einem fortgeschrittenen Alter befinden, aber an sich geeignet sind und wegen ihres hohen Alters ohne konkrete Eignungsprüfung nicht akzeptiert werden, suchen andere Wege, um die teils unüberwindbaren Barrieren der Adoptionsvermittlungsstellen zu umgehen.[533] Den Adoptionsbewerbern ist oft nicht bewusst, dass sie dadurch den Kinderhandel und den Missbrauch, die durch das HAÜ strikt unterbunden werden sollen, unterstützen und somit häufig an gesetzes- oder sittenwidrigen Geschäftspraktiken mitwirken, die eine erhebliche Kindeswohlgefährdung auslösen. Der Gesetzgeber möchte mit § 1741 Abs. 1 S. 2 BGB etwaigen gesetzes- oder sittenwidrigen Adoptionsvermittlungen,

Auswertung_Antworten_der_Zentralen_Adoptionsstellen_der_Laender_auf_Fragebogen_zur_Altersgrenze_bei_Adoptionen.pdf? __blob=publicationFile.

532 Stellungnahme zur Äußerung der Familienministerin im SZ-Artikel vom 9.5.2011 (*Braun*, in: „Süddeutsche Zeitung" vom 9.5.2011: „Gewollt kinderlos sind die wenigsten"), abrufbar http://www.sueddeutsche.de/politik/familienministerin-schroeder-gewollt-kinderlos-das-sind-die-wenigsten-1.1094691 (zuletzt am 7.5.2017).

533 Vgl. *Dietrich*, Mutterschaft für Dritte, 1989, S. 301 ff. zur Leihmutterschaft.

also Kinderhandel und vergleichbaren Praktiken,[534] präventiv entgegentreten. Besteht eine Partizipation der Adoptionsbewerber an gesetzes- oder sittenwidrigen Praktiken, kann ein Ausspruch der Adoption nur dann erfolgen, wenn ein Eltern-Kind-Verhältnis zu erwarten und die Adoption für das Kindeswohl erforderlich ist.[535] Mit § 1741 Abs. 1 S. 2 BGB sollen die Adoptionsvoraussetzungen als solche erschwert und dem Anreiz entgegengewirkt werden, eine auf gesetzes- oder sittenwidrige Weise angebahnte Adoption letztendlich auch in rechtlicher Hinsicht verwirklichen zu können.[536] Das Hauptaugenmerk ist dabei besonders auf die Privatadoption und die Leihmutterschaft zu legen.

aa) Privatadoption[537]

Die aussichtslose Situation von Adoptionsbewerbern, die wegen ihres hohen Alters für eine Kindesannahme nicht in Frage kommen, verursacht häufig eine Partizipation am illegalen Kinderhandel, der von geschäftstüchtigen Agenten betrieben wird.[538] Gerade das versucht die Präambel des HAÜ zu unterbinden.

Bei der Privatadoption nehmen die Adoptionswilligen die Angelegenheit ohne Unterstützung staatlich anerkannter Vermittlungsstellen und ohne die Durchführung einer vorherigen Eignungsprüfung selbst in die Hand. Selbstbeschaffungswege, bei denen das Adoptionsvermittlungsgesetz umgangen wird, erhöhen die Gefahr illegaler Kinderbeschaffung. Es stellt sich die Frage, ob eine Adoptionsvermittlung, die auf kommerzieller Grundlage erfolgt, dem Kindeswohl im Sinne von § 1741 Abs. 1 S. 1 BGB entspricht.

In sozialpädagogisch-psychologischer Hinsicht ist zu beanstanden, dass dem Kind sein Leben lang die Wahrheit bzw. ein wesentlicher Teil seiner Lebensgeschichte vorenthalten bleibt. Unter solchen Umständen kann nicht von einer „dauerhaft vertrauensvollen Beziehung“ zwischen Eltern und Kind die Rede sein.[539]

Die kommerziell betriebene Vermittlung von Kindern ist auch nicht mit dem Schutz der Menschenwürde im Sinne von Art. 1 Abs. 1 GG in Einklang zu

---

534 BT-Drucks. 13/8511, S. 75.

535 *Kaiser/SchnitzlerFriederici/Schilling/Dahm*, Familienrecht, § 1741 Rn. 23.

536 BT-Drucks. 13/8511, S. 75.

537 Eine Auflistung der Zahlen von Privatadoptionen beim Statistischen Bundesamt existiert nicht. Allerdings besteht die Vermutung, dass rund ein Viertel aller Auslandsadoptionen Privatadoptionen sind.

538 Zur Veranschaulichung, wie illegaler Kinderhandel in der Praxis ablaufen kann: *Luthin*, FamRZ 1991, 652, 653; vgl. auch BT-Drucks. 11/5212.

539 *Bach*, FamRZ 1990, 574, 577.

bringen.[540] Es würde nämlich dem „Schutzgehalt des Art. 1 Abs. 1 GG als tragendem Konstitutionsprinzip und oberstem Wert im grundrechtlichen Wertsystem" nicht entsprechen, den „Menschen zum bloßen Objekt im Staate bzw. des Staates zu machen oder ihn einer Behandlung auszusetzen, die seine Subjektqualität prinzipiell in Frage stellt".[541] Eine solche Schutzpflicht resultiert nicht nur aus einem Verstoß gegen die Menschenwürde durch staatliches Handeln, sondern auch durch Eingriffe von Privaten, die die Menschenwürde missachten.[542] Eine Verletzung der Menschenwürde ist dann anzunehmen, wenn Säuglinge und Kinder, die vollumfänglich eine Partizipation am Schutzgehalt von Art. 1 Abs. 1 GG genießen,[543] durch ihre leiblichen Eltern bzw. durch Dritte zum „Objekt eines kommerziellen, auf Gewinnerzielung gerichteten Handeln" gemacht werden.[544]

Auch ist die Freigabe des Kindes, das auf Grundlage der Kommerzialisierung erfolgt, mit der „Pflichtengebundenheit" des Elternrechts aus Art. 6 Abs. 2 GG nicht zu vereinbaren und sie findet auch keine Rechtfertigung unter dem Aspekt des Grundrechtsverzichts.[545]

Die staatliche Gemeinschaft hat für die Einhaltung des Kindeswohls zu sorgen, Art. 6 Abs. 2 S. 2 GG. Auch der Umstand, dass die leiblichen Eltern wegen ihrer misslichen „familiären, wirtschaftlichen und sozialen Situation verschuldenslos handeln", ist kein Rechtfertigungsgrund dafür, ihrer in Art. 6 Abs. 2 GG verankerten Aufsichts- und Schutzfunktion nicht nachzukommen.[546]

540 VG Frankfurt vom 19.07.1988 – V/2 H 1258/88 = FamRZ 1989, 210.

541 VG Frankfurt vom 19.07.1988 – V/2 H 1258/88; BVerfGE 27, 1, 6; 50, 166, 175.

542 VG Frankfurt vom 19.07.1988 – V/2 H 1258/88.

543 VG Frankfurt vom 19.07.1988 – V/2 H 1258/88.

544 VG Frankfurt vom 19.07.1988 – V/2 H 1258/88. Die Generalversammlung der Vereinten Nationen hat infolgedessen in Grundsatz 9 ihrer am 20.11.1959 beschlossenen „Charta des Kindes" (abgedruckt unter anderem in „Terres des Hommes", Kindesrecht und Ausländerrecht, 1983, S. 12) entschieden, dass Kinder vor Vernachlässigung, Grausamkeit und Ausnutzung jeder Art geschützt werden müssen und unter keinen Umständen Gegenstand eines Handels sein dürfen. Die Verabschiedung der UN-Charta des Kindes ergab schließlich ein Einigsein dahingehend, Kinderhandel zu verachten und „die Form gewerblicher Ausnutzung von Kindern den Formen der Sklaverei, Leibeigenschaft und ähnlicher Praktiken, deren Bekämpfung sich die Bundesrepublik Deutschland zuletzt durch den Beitritt zu dem Zusatzabkommen vom 7.9.1956 über die Abschaffung der Sklaverei, des Sklavenhandels und sklavereiähnlicher Einrichtungen und Praktiken durch Gesetz vom 4.7.1958 verpflichtet hat (BGBl 1958 II 203, in Kraft getreten am 14.1.1959, BGBl 1959 II 407), gleichzuachten ist".

545 VG Frankfurt vom 19.07.1988 – V/2 H 1258/88.

546 VG Frankfurt vom 19.07.1988 – V/2 H 1258/88.

Ein Verstoß gegen Art. 1 Abs. 1 GG ist auch nicht deshalb abzulehnen, weil die Tätigkeit durch Art. 12 Abs. 1 oder Art. 6 Abs. 1 GG geschützt und damit ein sachlicher Grund gegeben ist. Gegen eine Verletzung von Art. 12 GG spricht schon der Umstand, dass die Tätigkeit nicht von dessen Schutzbereich umfasst ist, da es „am Vorliegen eines anerkannten Berufsbilds des Kindervermittlers mangelt". Außerdem soll durch Art. 12 Abs. 1 GG eine „erlaubte wirtschaftliche und berufliche Betätigung geschützt werden".[547] Der Schutzbereich von Art. 6 Abs. 1 GG ist nicht eröffnet, da die Tätigkeit nicht den Zweck hat, eine eigene Ehe oder Familie zu begründen.[548]

Es ist den Adoptionsbewerbern infolgedessen nachhaltig nahezulegen, sich von den Adoptionsvermittlungsstellen oder anderen autorisierten Organisationen begleiten zu lassen, auch wenn dies mit Schwierigkeiten verbunden ist.

bb) Leihmutterschaft, §§ 13 a – d AdVermiG

Ein weiterer alternativer Lösungsweg von älteren Adoptionswilligen ist die Vereinbarung einer Leihmutterschaft: Wenn eine Mutter als Ersatzmutter ein eigenes Kind oder als Leihmutter den Embryo der Wunschmutter (und des Wunschvaters) austrägt, dann handelt es sich bei der Ersatz- oder Leihmutter um die rechtliche Mutter; deren Ehemann ist nach § 1592 Nr. 1 BGB der Vater (bei nicht verheirateten Partnern muss die Vaterschaft nach § 1592 Nr. 2 BGB anerkannt werden). Den Wunscheltern bleibt nur die (gemeinschaftliche) Adoption.[549] Eine Adoption wird auch nicht am Verbot der Adoption des eigenen Kindes scheitern, weil die Leihmutterschaft keine rechtliche Mutter- oder Vaterschaft begründet.[550]

(1) Unzulässigkeit nach deutschem Recht

Die Zulässigkeit der Kindesannahme nach in Anspruch genommener Leih- oder Ersatzmutterschaft bestimmt sich nach § 1741 Abs. 1 S. 2 BGB.[551]

---

547 Vgl. BVerfGE 32, 311, 316.

548 VG Frankfurt vom 19.07.1988 – V/2 H 1258/88.

549 *Palandt/Brudermüller*, BGB, Vor § 1591 Rn. 22 und § 1591 Rn. 2; OLG Stuttgart vom 07.02.2012 – 8 W 46/12 = FamRZ 2012, 1740; *Soergel/Schmidt-Recla*, Familienrecht 3/1, § 1591 Rn. 4 f.; zum deutschen Kollisionsrecht gemäß Art. 19 EGBGB vgl. *Heiderhoff*, NJW 2014, 2673 ff.

550 *Palandt/Götz*, § 1741 Rn. 12; AG Gütersloh vom 17.12.1985 – 5 XVI 7/85 = FamRZ 1986, 718.

551 AG Hamm vom 22.02.2011 – XVI 192/08 = FamFR 2011, 551; LG Düsseldorf vom 15.3.2012 – 25 T 758/10; wohl OLG Stuttgart vom 07.02.2012 – 8 W 46/12 = NJW-RR 2012, 389, 390; vgl. *Rieck*, FamFR 2012, 166; *Benicke*, StAZ 2013, 101, 112; a.A. LG

Die Leihmutterschaft ist in Deutschland gemäß § 134 BGB i.V.m. § 1 Abs. 1 Nr. 7 ESchG (Embryonenschutzgesetz)[552] und §§ 13 c, d i.V.m. 14 b AdVermiG (Adoptionsvermittlungsgesetz) gesetzeswidrig. Gemäß § 1 Abs. 1 Nr. 7 ESchG wird nämlich bestraft, wer es unternimmt, bei einer Frau, welche bereit ist, ihr Kind nach der Geburt Dritten auf Dauer zu überlassen (Ersatzmutter), eine künstliche Befruchtung durchzuführen oder auf sie einen menschlichen Embryo zu übertragen und nach §§ 13 c, d i.V.m. 14 b AdVermiG derjenige, der eine Leihmutterschaft vermittelt. Die Leihmutter und Wunscheltern sind dagegen im Sinne von §§ 1 Abs. 3 Nr. 2, 11 Abs. 2 ESchG und § 14 b Abs. 3 AdVermiG straffrei.

Ferner sind Leihmutterschaften nach § 138 Abs. 1 BGB sittenwidrig.[553] Das kann mit den gesetzgeberischen Wertungen des ESchG begründet werden. Die Leihmutterschaft bewirkt eine sittliche Verwerflichkeit, die nicht deutschen moralischen Anschauungen entspricht,[554] da das Kind durch eine Entgeltabrede, die die Aufwandsentschädigung überschreitet,[555] „zum Gegenstand eines Rechtsgeschäfts gemacht und daher zu einer Ware herabgewürdigt wird".[556] Die Tatsache, dass die Leihmutter das Kind im Ausland[557] ausgetragen hat und dass dort – anders als in Deutschland – kein strafrechtlich relevantes Verhalten vorliegt, spielt für die Wirksamkeit des Adoptionsvollzugs vor den deutschen Gerichten keine Rolle. Denn nach Art. 22, 23 EGBGB sind für die Adoptionsentscheidung deutsche Sachvorschriften maßgebend, da mit Beauftragung und Bezahlung der Ersatz- oder Leihmutter eine Mitwirkung an einer Vermittlung im Sinne von § 1741 Abs. 1 S. 2 BGB stattfindet. Das bedeutet, dass bei der Gerichtsentscheidung die

---

Frankfurt vom 03.08.2012 – 2-09 T 50/11 = NJW 2012, 3111 f.: es würde ansonsten zwischen ehelichen und unehelichen Kindern eine Ungleichbehandlung entstehen, was ein Verstoß des § 1741 Abs. 1 S. 2 BGB gegen Art. 6 Abs. 5 GG zur Folge hätte; DIJuF-Rechtsgutachten, JAmt 2012, 576, 577; *Bamberger/Roth/Enders*, BGB, § 1741 Rn. 26.

552 Vom 13.12.1990 (BGBl I. S. 2746).

553 Vgl. *Staudinger/Sack*, Allgemeiner Teil, § 138 Rn. 450.

554 AG Hamm vom 22.02.2011 – XVI 192/08.

555 AG Düsseldorf in seiner Entscheidung vom 19.11.2010 – 96 XVI 23/09; *Giesen*, JZ 1985, 1055, 1057; *Poll/Jurisic*, JR 1999, 226, 232; a.A. *Coester-Waltjen*, Jura 1987, 629, 633 ff.

556 AG Düsseldorf vom 19.11.2010 – 96 XVI 23/09; BT-Drucks. 11/4154, S. 9; OLG Hamm vom 02.12.1985 – 11 W 18/85 = NJW 1986, 781 f.; *Lauff/Arnold*, ZRP 1984, 279, 282; *Schuhmacher*, FamRZ 1987, 313, 323.

557 Vgl. hierzu AG Hamm vom 22.02.2011 – XVI 192/08.

in § 1741 Abs. 1 S. 2 BGB zugrundeliegenden Wertbegriffe ausreichend beachtet werden müssen.[558]

Zu berücksichtigen ist, dass diejenigen, die sich auf eine Leihmutterschaft einlassen und einen Leihmuttervertrag abschließen, keine Rechtssicherheit dahingehend haben, dass dem Adoptionsantrag in Deutschland stattgegeben wird und dass das Kind nicht nur „zu dem Vater ein eigenes rechtliches Band besitzt": Denn nach deutscher Rechtslage wurde eine sitten- und gesetzeswidrige und mithin strafbare Handlungsweise unterstützt.[559] Gemäß § 1 Abs. 1 Nr. 7, Abs. 2 ESchG ist nämlich die Durchführung einer Leihmutterschaft für Ärzte strafbar. Würde einem Adoptionsantrag vor deutschen Gerichten stattgegeben werden, dann würde dies eine Umgehung des Embryonenschutzgesetzes und somit gewissermaßen eine nachträgliche Legalisierung der Leihmutterschaft zur Folge haben. Dabei wird die Gefahr billigend in Kauf genommen, dass das Kind in seiner Identitätsfindung belastet aufwächst, weil es niemals seine genetische Mutter kennenlernen wird und zudem mit dem Bewusstsein fertig werden muss, gegen Geldzahlung weggegeben worden zu sein.[560]

Darüber hinaus folgt durch die Einteilung der Elternschaft in biologische und rechtliche eine „Zerrissenheit des Kindes" (wie bei der Stiefkindadoption): Das ist insbesondere dann anzunehmen, wenn der Kontakt des Kindes zu allen Elternteilen parallel aufrechterhalten bleibt, etwa weil zwischen der Leih- oder Ersatzmutter und den Eltern ein Verwandtschaftsverhältnis besteht.[561] Infolgedessen werden Ersatzmutterschaften „von der Rechtsordnung missbilligt, weil sie der Werteordnung des Grundgesetzes widersprechen und zu psychischen und sozialen Konflikten für alle Beteiligten führen können".[562]

---

558 Vgl. AG Düsseldorf 19.11.2010 – 96 XVI 23/09; AG Hamm vom 22.02.2011 – XVI 192/08; a.A. LG Frankfurt vom 03.08.2012 – 2–09 T 50/11: keine Vermittlung, sondern Austragung eines Kindes; zum Streitstand ausführlich: *Botthof/Diel*, StAZ 2013, 211, 212 ff.

559 AG Hamm vom 22.02.2011 – XVI 192/08.

560 AG Hamm vom 22.02.2011 – XVI 192/08.

561 *Kaiser/SchnitzlerFriederici/Schilling/Dahm*, Familienrecht, § 1741 Rn. 29; MüKo-*Maurer*, Familienrecht II, § 1741 Rn. 25; zu dem hohen Konfliktpotential generell bei Annahmen durch Verwandte OLG Karlsruhe vom 08.07.2010 – 11 Wx 113/09 = StAZ 2011, 210, 211.

562 BT-Drucks. 11/4154, S. 1; *Lüderitz*, NJW 1990, 1633, 1636; Es stellt sich darüber hinaus die Frage, ob die Ersatz- oder Leihmutterschaft verfassungsrechtlich im Sinne von Art. 1 Abs. 1 GG zu beanstanden ist: vgl. dazu *Dietrich*, Mutterschaft für Dritte, S. 268 f., 271, 300 ff.

(2) Aktuelle Rechtsprechung zur Leihmutterschaft

Der BGH hatte in seiner Entscheidung vom 10.12.2014[563] über einen Fall zu entscheiden, in dem es um zwei deutsche eingetragene Lebenspartner ging, die in Kalifornien mit einer unverheirateten Frau einen Leihmutterschaftsvertrag abgeschlossen hatten. Die Zeugung des Kindes erfolgte mit dem Samen eines der Lebenspartner und mit einer anonym gespendeten Eizelle.[564] Der kalifornische Superior Court hatte nicht die Leihmutter, sondern die deutschen eingetragenen Lebenspartner als Eltern des Kindes angesehen. Der BGH musste sich mit der Frage auseinandersetzen, ob die Adoption gegen den ordre public-Grundsatz des § 109 Abs. 1 Nr. 4 FamFG verstieß, also mit wesentlichen Grundsätzen des deutschen Rechts offensichtlich unvereinbar war.[565]

Einerseits war die Menschenwürde der Leihmutter im Sinne von Art. 1 Abs. 1 GG tangiert. Andererseits musste aber das Recht des Kindes auf Gewährleistung elterlicher Pflege und Erziehung gemäß Art. 2 Abs. 1 i.V.m. Art. 6 Abs. 2 S. 1 GG berücksichtigt werden, das verletzt ist, „wenn eine bestehende rechtliche Eltern-Kind-Zuordnung als Statusverhältnis beseitigt wird“[566] oder wenn dem Kind die statusrechtliche Zuordnung zu einem Wunschelternteil untersagt wird, der dann nicht mehr die Möglichkeit hat, elterliche Verantwortung im Rechtssinne zu seinen Gunsten zu übernehmen.[567] Das Wohl des Kindes hat gemäß Art. 3 Abs. 1 der UN-Kinderrechtskonvention und nach Art. 24 Abs. 2 der EU-Grundrechtecharta bei allen Maßnahme, die das Kind betreffen, oberste Priorität. Auch die Rechte der Wunsch- oder Bestelleltern aus Art. 2 Abs. 1 und Art. 6 Abs. 1 GG

---

563 BGH vom 10.12.2014 – XII ZB 463/13; vgl. auch EGMR vom 26.06.2014 – 65192/11, BeckRS 2014, 14980 – Mennesson/France und EGMR vom 26.06.2014 – 65941/11 – Labassee/France, die über zwei Adoptionsverfahren in Frankreich zu entscheiden hatten.

564 Die Vaterschaftsanerkennung durch den Samenspender ist nach deutschem Recht wirksam, da die Leihmutter nicht verheiratet war. Eine Anerkennung der Vaterschaft wäre bei einer verheirateten Leihmutter nicht möglich gewesen, da dann nach Art. 19 Abs. 1 S. 1 EGBGB i.V.m. § 1592 Nr. 2 BGB der Ehemann der Leihmutter als Vater des Kindes angesehen würde. Gemäß § 1592 Abs. 2 BGB ist eine Anerkennung der Vaterschaft nicht wirksam, solange die Vaterschaft eines anderen Mannes besteht.

565 Zu der Konstellation, wenn kein Gericht den Wunscheltern die Elternstellung einräumt und das deutsche Kollisionsrecht gemäß Art. 19 EGBGB Anwendung findet: *Heiderhoff*, NJW 2014, 2673 ff.

566 BVerfG vom 17.12.2013 – 1 BvL 6/10 = NJW 2014, 1364 = FamRZ 2014, 449.

567 BVerfG vom 19.02.2013 – 1 BvL 1/11, 1 BvR 3247/09 = NJW 2013, 847 = FamRZ 2013, 521.

bzw. aus Art. 8 Abs. 1 EMRK waren zu beachten.[568] Im Ergebnis hat der BGH das Urteil des kalifornischen Superior Court anerkannt.

Das Verbot der Leihmutterschaft, das im Adoptionsvermittlungsgesetz von 1989 und im Embryonenschutzgesetz von 1991 seinen Anklang findet, hat generalpräventive Gründe. Der Anwendungsbereich dieser strafrechtlich relevanten Vorschriften beschränkt sich ausschließlich auf inländisch durchgeführte Leihmutterschaften (vgl. § 7 StGB).[569]

Ein Verstoß gegen die Menschenwürde nach Art. 1 Abs. 1 GG kann abgelehnt werden, wenn sich die Leihmutter freiwillig zur Durchführung der Leihmutterschaft und anschließender Herausgabe des Kindes an die Wunscheltern entscheidet. Dann ist die Situation vergleichbar mit derjenigen einer in die Kindesannahme einwilligenden Mutter. Allein die Leihmutterschaft als solche begründet noch keinen Verstoß gegen Art. 1 Abs. 1 GG. Nichts anderes kann für das Kind gelten, das ohne die Leihmutterschaft erst gar nicht geboren wäre. Hierfür spricht auch der Vergleich mit einer vertraulichen Geburt nach §§ 25 ff. des Schwangerschaftskonfliktgesetzes (SchKG) und der darauffolgenden Inkognito-Adoption gemäß § 1747 Abs. 4 S. 2 BGB, die auch mit einer Trennung des Kindes von seiner Mutter verbunden ist.[570]

Mit Blick auf das Kindeswohl sind die Rechte des Kindes aus Art. 2 Abs. 1 i.V.m. Art. 6 Abs. 2 GG und aus Art. 8 Abs. 1 EMRK[571] maßgeblich, die im Interesse des Kindes die rechtliche Zuordnung zu beiden Elternteilen sicherstellen müssen. Art. 8 Abs. 1 EMRK ist verletzt, wenn das Kind im Inland nicht dem zweiten Wunschelternteil zugeordnet werden kann. Eine rechtliche Eltern-Kind-Verbindung ist dann nicht mehr gewährleistet.[572] Die rechtliche Verbindung zu nur einem Wunschelternteil wird Art. 8 Abs. 1 EMRK nicht gerecht, weil das Kind dann statt zwei nur einen Elternteil hätte, obwohl Art. 6 Abs. 1 GG von „Familie" spricht.[573] Anders als eine Leihmutterschaft, die contra legem im Inland durchgeführt wird und dem Kind zwei vollwertige rechtliche Eltern zuordnen würde, steht das „hinkende Verwandtschaftsverhältnis" zur Leihmutter, das in

---

568 BGH vom 10.12.2014 – XII ZB 463/13; *Dethloff*, JZ 2014, 922, 927.

569 BGH vom 10.12.2014 – XII ZB 463/13.

570 BGH vom 10.12.2014 – XII ZB 463/13.

571 EGMR vom 26.06.2014 – 65192/11, BeckRS 2014, 14980 – Mennesson/France und EGMR vom 26.06.2014 – 65941/11 – Labassee/France; Zusammenfassung FamRZ 2014, 1525 mit Anmerkung *Frank*, FamRZ 2014, 1527.

572 EGMR vom 26.06.2014 – 65192/11, BeckRS 2014, 14980 – Mennesson/Frankreich Nr. 96.

573 BGH vom 10.12.2014 – XII ZB 463/13.

deren Heimatstaat unwirksam ist (diese ist nämlich nur nach deutschem Recht Elternteil des Kindes), nicht mit den Anforderungen aus Art. 2 Abs. 1 i.V.m. Art. 6 Abs. 2 GG und aus Art. 8 Abs. 1 EMRK in Einklang. Demzufolge sollte der deutsche Gesetzgeber die Anerkennung der Adoption nicht ausschließlich aus generalpräventiven Gründen untersagen, nur um eine Umgehung des Verbots der Leihmutterschaft in Deutschland zu verhindern.[574] Es darf in diesem Zusammenhang nicht außer Acht gelassen werden, dass das Kindeswohl im Vordergrund steht: Zumindest das Kind hat keinen Einfluss auf die Umstände seiner Entstehung und darf hierfür nicht zur Verantwortung gezogen werden.[575]

Ein ordre public-Verstoß scheidet demnach aus, wenn das ausländische Sachrecht der sozialen Elternschaft als gewollt und lebenslang übernommene Elternverantwortung zum Wohl des Kindes den Vorrang einräumt und im Ergebnis feststellt, dass der Leihmutterschaftsvertrag, der zum Schutz der Leihmutter alle Rahmenbedingungen enthält, rechtlich anerkannt wird.[576]

b) Abweichende Kriterien

Fraglich ist, welchen Stellenwert das Alter bei der Auslandsadoption hat. Die Ausführungen zur Inlandsadoption haben gezeigt, dass das Alter der Adoptionsbewerber lediglich als ein Merkmal neben vielen anderen ebenso bedeutenden mit zu berücksichtigen sein sollte.

In dieselbe Richtung gehen zahlreiche gerichtliche Entscheidungen, die über die Befähigung von Adoptionsbewerbern bei Auslandsadoptionen zu urteilen hatten. Bei der Kindesannahme ist unter Beachtung der Interessen und der Schutzbedürftigkeit des Kindes (Kindeswohl) vorzugsweise Wert darauf zu legen, dass ein umfassendes Gesamtbild von den Bewerbern erstellt wird, in dessen Rahmen zu prüfen ist, ob sie bezüglich ihrer körperlichen und geistig-seelischen Verfassung und mit Blick auf ihre wirtschaftliche Lage und ihre Wohnverhältnisse als geeignet anzusehen sind.[577] Überdies sind Charaktereigenschaften wie die Bereitschaft zur Auseinandersetzung mit dem Herkunftsland und ein erhöhtes Maß an Belastbarkeit und Flexibilität als berücksichtigungsfähig anerkannt worden. Eine adäquate Belastbarkeit in psychischer und physischer Hinsicht ist deshalb erforderlich, um etwaige Konfliktsituationen, die das Adoptivkind in

574 BGH vom 10.12.2014 – XII ZB 463/13; *Dethloff*, JZ 2014, 922, 927.

575 *Dethloff*, JZ 2014, 922, 931.

576 BGH vom 10.12.2014 – XII ZB 463/13.

577 VG Hamburg vom 01.12.2005 – 13 K 3059/05; *Paulitz*, ZfJ 1997, 126, 129.

Anbetracht seiner neuen Lebenssituation bereitet, bewältigen zu können.[578] Ein zu hohes Alter stellt demgegenüber nicht zwangsläufig ein Hindernis dar, um dem Kind für mehrere Jahre eine sozial-adäquate Bezugsperson zu sein: Denn auch Personen mit hohem Alter können wertvolle Erziehungsarbeit leisten.[579]

Dafür sprechen auch Art. 10 Abs. 1, 2 EuAdAb und § 7 Abs. 1, Abs. 3 S. 3 AdVermiG, die die vorangehende Untersuchung der Adoptionsvermittlungsstellen im Einzelnen näher konkretisieren und Kriterien wie die Persönlichkeit, den Gesundheitszustand und das soziale Umfeld des Annehmenden für maßgeblich erachten. Art. 10 Abs. 2 EuAdAb zeigt mit seiner Formulierung „unter anderem" zum einen, dass die Aufzählung nicht abschließend ist, und mit der Formulierung „soweit möglich" zum anderen einen gewissen eigenen Gestaltungsspielraum der Vertragsstaaten in Bezug auf die Eignungsprüfung. Infolgedessen obliegt den Adoptionsvermittlungsstellen die Prioritätensetzung. Das bedeutet, dass dem Alter in bestimmten Fallkonstellationen als Richtwert dafür, ob eine Eltern-Kind-Beziehung begründet wurde, und zur Beurteilung der Frage, ob die Adoption dem Kindeswohl dient, ein sehr hoher Stellenwert zukommen kann – insbesondere dann, wenn ein Eltern-Kind-Verhältnis wegen zu großen Altersunterschieds nicht zu erwarten ist.[580] Das Vorliegen einer liebevollen und engen Beziehung muss in solch einem Fall zurücktreten. Von einer rechtsfehlerhaften Gerichtsentscheidung kann nicht die Rede sein, wenn das Gericht den evidenten Altersunterschied, der eine biologische Elternschaft ausschließt und typischerweise ein Großeltern-Kind-Verhältnis zur Folge hat, als maßgebenden Anknüpfungspunkt für das Fehlen eines Eltern-Kind-Verhältnisses heranzieht.[581]

3. Abschließende Stellungnahme

Richtigerweise sollte die Adoptionsentscheidung nicht schematisch anhand von starren Altersgrenzen festgemacht werden. Eine starre Höchstaltersgrenze von 40 Jahren ist verfassungsrechtlich nicht mit Art. 3 Abs. 1 GG vereinbar und entspricht nicht dem Wandel der Lebensauffassungen in der heutigen Gesellschaft. Die Adoptionsvermittlungsstellen müssen alles daran setzen, verlässliche und geeignete Ehepaare für vermittlungsbedürftige Kinder zu finden. Dabei sollte das Alter bei der Eignungsprüfung kein Ausschlusskriterium sein, sondern neben anderen wichtigen Faktoren mitberücksichtigt werden. Nur auf diese Weise kann

578 VG Hamburg vom 01.12.2005 – 13 K 3059/05; *Paulitz*, ZfJ 1997, 126, 129.

579 VG Hamburg vom 01.12.2005 – 13 K 3059/05.

580 Beschluss des OLG Frankfurt vom 12.06.2003 – 20 W 264/02.

581 Beschluss des OLG Frankfurt vom 12.06.2003 – 20 W 264/02.

das Kindeswohl umfassend gewahrt werden. Vergleicht man die Auffassung der Bundesarbeitsgemeinschaft der Landesjugendämter mit dem Meinungsstand der Großen Koalition des Deutschen Bundestages zu den Höchstaltersgrenzen im Adoptionsrecht, dann ist letztere vorzugswürdig. Richtigerweise kommt der Kinderwunsch in der heutigen Gesellschaft zunehmend in fortgeschrittenem Alter auf. Die existentielle Absicherung hat für die Menschen Priorität. In diese Richtung geht auch die Stellungnahme des Petitionsausschusses vom 21.09.2011. Eine Anhebung der Höchstaltersgrenzen erscheint vor diesem Hintergrund sinnvoll und entspricht dem Kindeswohl.

Darüber hinaus stellt sich die Frage, ob im Hinblick auf die Höchstaltersgrenze die Inlands- oder die Auslandsadoption das für die Adoptionsbewerber attraktivere Rechtsinstitut darstellt. Infolge der Tatsache, dass das BGB weder für die Inlands- noch für die Auslandsadoption ein Höchstalter normiert, können grundsätzlich auch zwei 50-jährige Adoptionsbewerber ein Kind annehmen. Allerdings sinken die Chancen auf ein aussichtsreiches Adoptionsverfahren mit steigendem Alter. Dies ist dem Umstand geschuldet, dass die Adoptionsvermittlungsstellen aus einer Vielzahl von Adoptionsbewerbern die qualifiziertesten auswählen müssen. Ein hohes Alter ist hierbei nicht immer von Vorteil, da der Altersabstand zwischen den Beteiligten möglichst der natürlichen Generationenfolge entsprechen soll. So scheitert die Inlandsadoption zumeist am hohen Alter der Adoptionsbewerber. Sind Adoptionsbewerber für eine Inlandsadoption zu alt, dann verbleibt ihnen die Möglichkeit der im Allgemeinen vielversprechenderen Auslandsadoption. Dies wird sicherlich damit zusammenhängen, dass es viel mehr ausländische vermittlungsbedürftige Kinder gibt, während bei der Inlandsadoption die Anzahl der Adoptionsbewerber die der vermittlungsbedürftigen Kinder bei weitem übersteigt. Nichtsdestotrotz handelt es sich hierbei um eine statistische Auswertung, die lediglich einen Erfahrungswert darstellt. Zwar besteht die Möglichkeit, dass der Heimatstaat des Anzunehmenden ein gesetzlich fixiertes Höchstalter normiert und damit gegebenenfalls strengere Befähigungsnachweise verlangt. Dieses ist im Adoptionsverfahren von den deutschen Gerichten zu berücksichtigen und muss dem ordre public-Grundsatz standhalten.

Die Höchstaltersgrenzen bilden bei der Inlands- und Auslandsadoption für eine Vielzahl von Bewerbern ein fortwährend auftretendes Hindernis, das unbedingt behoben werden muss. Deswegen gestaltet sich die Beantwortung der Frage nach der Präferenz als schwierig. Der Umstand, dass der nationale Adoptionsverlauf den Beteiligten im Vergleich zum internationalen geringfügigere Chancen auf einen erfolgsversprechenden Ausgang einräumt, macht die Auslandsadoption tendenziell zum vorzugswürdigen Rechtsinstitut. Es darf in diesem Zusammenhang aber nicht verkannt werden, dass mit der Attraktivität, die die Auslandsadoption für zahlreiche Adoptionswillige ausstrahlt, auch gravierende Nachteile einhergehen: Das betrifft in erster Linie die Gefahr des Kindeshandels und des Missbrauchs.

Im Ergebnis zeigen die (verfassungs-)rechtlichen Erwägungen, dass der demokratisch legitimierte Gesetzgeber im Hinblick auf die Höchstaltersgrenzen dringend tätig werden muss.

E. Altersgrenzen bei der Adoption nach ausländischen Rechtsordnungen

Ein Blick auf ausländische Rechtsordnungen soll dem deutschen Gesetzgeber vor Augen führen, dass die aktuelle Fassung des § 1743 BGB zwingend reformbedürftig ist.

Das Hauptaugenmerk soll hierbei im Besonderen auf die Rechtslage in der Schweiz und in Österreich gerichtet sein. Sie eignen sich unter anderem deshalb als Vergleichsländer, weil sowohl das ZGB als auch das ABGB – anders als das BGB – einen Mindestaltersabstand gesetzlich normieren. Die Schweiz und Österreich sind auch aus folgenden Gründen der besonderen Betrachtung wert: Der Oberste Gerichtshof Österreichs hat den in § 193 Abs. 2 ABGB normierten starren Mindestaltersabstand für verfassungswidrig erklärt. Und das ZGB, dessen Adoptionsregelungen erheblich von denen des BGB abweichen, soll im Hinblick auf die Altersgrenzen reformiert werden. Dazu wurde ein Vorentwurf entwickelt, der insgesamt an geringere Voraussetzungen anknüpft und sich dafür ausspricht, die Höchstaltersgrenze gesetzlich zu regeln. Die Erörterung dieser Fragen soll den deutschen Gesetzgeber zum Nachdenken anregen: Aus Gründen der Rechtssicherheit und Rechtsklarheit kann es auch in Deutschland angebracht sein, den Mindest- und Höchstaltersabstand gesetzlich zu normieren, damit die Adoptionsvermittlungsstellen nicht mehr von starren Altersgrenzen Gebrauch machen.

I. Rechtslage in der Schweiz

Die allgemeinen adoptionsrechtlichen Voraussetzungen sind in den Art. 264 ff. ZGB normiert. Während in Art. 264 a Abs. 2 ZGB das Mindestalter der Adoptionsbeteiligten bei einer gemeinschaftlichen Adoption und in Art. 264 b Abs. 1 ZGB das Mindestalter einer unverheirateten Person geregelt ist, setzt Art. 265 Abs. 1 ZGB einen Mindestaltersabstand zwischen den Beteiligten fest. Ein Höchstalter hat der Gesetzgeber nicht in das ZGB aufgenommen. Jedoch findet sich ein Höchstalter in Art. 5 Abs. 4 der Adoptionsverordnung (AdoV). Leitprinzip des Adoptionsrechts ist nach dem ZGB das Kindeswohl.

1. Mindestalter und Mindestaltersabstand

a) Mindestalter

aa) Die gemeinschaftliche Adoption im Sinne von Art. 264 a ZGB

(1) Art. 264 a Abs. 2 ZGB

Nach Art. 264 a Abs. 2 ZGB müssen Ehegatten, die im Sinne von Art. 264 a Abs. 1 ZGB nur gemeinschaftlich adoptieren können, fünf Jahre verheiratet sein oder das 35. Altersjahr zurückgelegt haben. Art. 264 b ZGB erlaubt dem Adoptierenden die Einzeladoption, wenn dieser das 35. Altersjahr vollendet hat. Damit Eheleute gegenüber Einzelpersonen nicht schlechter gestellt sind, müssen auch sie in diesem Alter adoptieren dürfen, selbst wenn ihre Ehe noch keine fünf Jahre Bestand hat.[582]

Vor Ausspruch der Adoption bedarf es einer Eignungsprüfung, in der ermittelt wird, ob die Ehe tragfähig ist und ob die Ehegatten die nötige Reife haben.[583] Beide Ehegatten müssen das Mindestalter erfüllen: Solange dieses Alter bei nur einem Ehegatten vorliegt, muss abgewartet werden, bis der andere Ehegatte auch das Mindestalter erlangt hat oder bis die Ehedauer von fünf Jahren erreicht wurde.[584] Die Tatsache, dass beide Ehegatten das Mindestalterserfordernis in Art. 264 a Abs. 2 ZGB erfüllen müssen, wirkt sich für Ehegatten mit großem Altersunterschied gegenüber Einzelpersonen nachteilig aus.[585] Sinn und Zweck von Art. 264 a Abs. 2 ZGB ist dabei die Gewährleistung von stabilen Verhältnissen mit emotionaler Beziehung des Kindes zu Vater und Mutter.[586] Nur dann kann dem Kindeswohl entsprochen werden.

Im Gegensatz zur ursprünglichen Regelung des Art. 264 Abs. 1 ZGB von 1907, die bei der Adoption von Kleinkindern ein unnatürlich hohes Mindestalter von 40 Jahren normierte, um gewährleisten zu können, dass auch künftig die Geburt eigener Kinder ausgeschlossen ist,[587] soll mit Art. 264 a Abs. 2 ZGB ein „flexibler, den biologischen Gegebenheiten entsprechender Rahmen gesetzt werden“.[588] Das ursprünglich normierte Mindestalterserfordernis von 40 Jahren

582 BBl 1971 I. 1222; vgl. die Kritik bei *Eichenberger*, Die materiellen Voraussetzungen der Adoption Unmündiger, S. 183.

583 BK-*Hegnauer*, Art. 264 a Rn. 25.

584 BK-*Hegnauer*, Art. 264 a Rn. 26.

585 Basler Kommentar/*Breitschmid*, Art. 264 a Rn. 5; BK-*Hegnauer*, Art. 264 a Rn. 26.

586 Basler Kommentar/*Breitschmid*, Art. 264 a Rn. 1, 6.

587 BBl 1971 I. 1220.

588 Basler Kommentar/*Breitschmid*, Art. 264 a Rn. 1, 6.

wird nunmehr durch das Erfordernis der fünfjährigen Ehedauer substituiert.[589] Mit der Mindestehedauer werden insgesamt zwei Zwecke verfolgt:[590] Einerseits soll das Kind durch die Adoption ein beständiges Heim bekommen (so auch Art. 4 Abs. 2 EuAdAb). Es muss nämlich vermieden werden, dass das Kind in eine brüchige Ehe adoptiert wird. Mit der Ehedauer von fünf Jahren lässt sich ihre Bewährung halbwegs beurteilen.[591] Andererseits bleibt die Kinderlosigkeit ein beachtliches Motiv für die Adoptierenden. Denn in den ersten fünf Jahren Ehedauer stellt sich in der Regel heraus, ob die Ehegatten bereit für die Adoption sind und wie sie mit dem Thema Kinderlosigkeit umgehen.[592]

Das durch Art. 264 a Abs. 2 ZGB bezweckte Stabilitätserfordernis nimmt zum einen Bezug auf die Ehe an sich und zum anderen auf das familiäre Umfeld (vor allem die Existenz von leiblichen Kindern der Ehegatten). Das Vorhandensein stabiler Verhältnisse bedarf in jedem Fall gesondert einer umfassenden qualitativen Würdigung. Denn die „Erfüllung der abstrakten zeitlichen Notwendigkeiten" für sich genommen kann weder automatisch die genügende Stabilität noch die persönliche und erzieherische Befähigung begründen. Vielmehr sind „nominelle Grenzfälle" verstärkt unter dem Gesichtspunkt der Stabilität zu prüfen.[593]

(2) Art. 264 a Abs. 3 ZGB

Art. 264 a Abs. 3 ZGB normiert die Voraussetzungen der Stiefkindadoption. Demnach darf ein Ehegatte das Kind des anderen adoptieren, wenn beide Ehegatten seit mindestens fünf Jahren verheiratet sind. Das revidierte Recht von 1972 gab sich bei der Kindesannahme durch den anderen Ehegatten mit einer Ehedauer von zwei Jahren bzw. dem Vorliegen des Mindestalters von 35 Jahren nur beim Adoptierenden zufrieden (Art. 264 a Abs. 3 ZGB a.F.). Im Zuge der Revision des Scheidungsrechts hat man diese Privilegierung insoweit abgeändert, dass nunmehr eine Mindestehedauer von fünf Jahren vorzuweisen ist, während auf ein bestimmtes Mindestalter verzichtet wird.[594] Auch in Bezug auf Art. 264 a Abs. 3 ZGB steht das qualitative Stabilitätsmoment und nicht das quantitative Element im Vordergrund. Mit der umstrittenen Privilegierung der Stiefkindadoption

589 BK-*Hegnauer*, Art. 264 a Rn. 23.

590 Vgl. *Hegnauer*, SJZ 1969, 89; ZVW 1973, 44; *Eichenberger*, Die materiellen Voraussetzungen der Adoption Unmündiger, S. 180 f.

591 BK-*Hegnauer*, Art. 264 a Rn. 21.

592 BK-*Hegnauer*, Art. 264 a Rn. 22.

593 Basler Kommentar/*Breitschmid*, Art. 264 a Rn. 6.

594 Basler Kommentar/*Breitschmid*, Art. 264 a Rn. 7; vgl. Pra 2000, S. 514, Bundesgericht, II. Zivilabteilung, Entscheid vom 30.9.1999.

soll die „Vervollständigung der Stieffamilie“ bezweckt werden,[595] wofür in erster Linie stabile Familienverhältnisse und weniger ein bestimmtes Mindestalter erforderlich ist. Müsste nämlich die Vollendung des 35. Lebensjahres abgewartet werden, dann könnte dies ein „Hinauszögern der Adoption bis zu einem entwicklungspsychologisch späten Zeitpunkt“ zur Folge haben.[596]

Das Problem bei der Stiefkindadoption liegt meistens vorwiegend darin, dass Stieffamilien erzwungenermaßen eine „rechtliche Stabilisierung“ beabsichtigen. Es sollte nicht außer Acht gelassen werden, dass die erneute Familiengründung nach gescheiterter Erstehe unter Umständen auf einer wenig stabilen und emotional zumeist erheblich belasteten Grundlage aufbaut. Darüber hinaus wird vielfach verkannt, dass „rechtlich eine engere Bindung geschaffen wird, als sie zwischen leiblichem und adoptierendem Stiefelternteil besteht, was wiederholt zu hinkenden familienrechtlichen Beziehungen führen kann“.[597] Zudem muss beachtet werden, dass die Annahme durch den Stiefelternteil die „rechtliche Bande zum leiblichen Elternteil und dessen Angehörigen“, zu denen eventuell noch engere emotionale Bindungen bestehen, trennt, sodass eine sorgfältige Abwägung des Kindeswohls unerlässlich ist.[598]

bb) Die Einzeladoption im Sinne von Art. 264 b ZGB

Nach Art. 264 b Abs. 1 ZGB darf eine unverheiratete Person allein adoptieren, wenn sie das 35. Altersjahr vollendet hat. Die Einzeladoption stellt zu der gemeinschaftlichen Adoption den Ausnahmefall dar. Das Kind wird nämlich anders als bei einer Stiefkindadoption nicht in eine Familiengemeinschaft eingegliedert; es bekommt lediglich einen Elternteil. Sie ist aber in bestimmten Fällen kindeswohldienlich und kommt demnach in folgenden Situationen in Betracht:[599] wenn es kein adoptionswilliges Ehepaar gibt, das zur Aufnahme eines gebrechlichen Kindes bereit ist, oder wenn zur Einzelperson bereits ein enges Verhältnis besteht.[600] Sinn und Zweck dieser Regelung ist der gleiche wie bei der gemeinschaftlichen Adoption durch Ehegatten. Mit dem Mindestalter von 35 Jahren soll die nötige Reife des Adoptierenden gewährleistet werden. Darüber hinaus soll sich die Einzelperson in einem Alter befinden, in dem die Lebenssituation ein gewisses Maß an Stabilität hat und die Wahrscheinlichkeit einer Heirat und der

---

595 BK-*Hegnauer*, Art. 264 a Rn. 29 f.

596 Basler Kommentar/*Breitschmid*, Art. 264 a Rn. 9.

597 Basler Kommentar/*Breitschmid*, Art. 264 a Rn. 10.

598 Basler Kommentar/*Breitschmid*, Art. 264 a Rn. 10; BK-*Hegnauer*, Art. 264 a Rn. 42.

599 BBl 1971 I. 1218 f.

600 Basler Kommentar/*Breitschmid*, Art. 264 b Rn. 1, BK-*Hegnauer*, Art. 264 b Rn. 5.

Geburt eigener Kinder gering ist.[601] Eine Dispensmöglichkeit sieht Art. 264 b Abs. 1 ZGB indes nicht vor.

Erwähnenswert ist auch die Vorschrift des Art. 264 b Abs. 2 ZGB, wonach eine verheiratete Person, die das 35. Altersjahr vollendet hat, allein adoptieren darf, wenn sich die gemeinschaftliche Adoption als unmöglich erweist, weil der Ehegatte dauernd urteilsunfähig oder seit mehr als zwei Jahren mit unbekanntem Aufenthalt abwesend, oder wenn die Ehe seit mehr als drei Jahren gerichtlich getrennt ist. Verglichen mit der Stiefkindadoption im Sinne von Art. 264 a Abs. 3 ZGB steht bei Art. 264 b Abs. 2 ZGB die Adoption eines fremden Kindes im Vordergrund.[602]

b) *Mindestaltersabstand*

Der schweizerische Gesetzgeber hat in Art. 265 ZGB einen Mindestaltersabstand normiert. Nach Art. 265 Abs. 1 ZGB muss das Kind wenigstens 16 Jahre jünger sein als die Adoptiveltern. Der Mindestaltersabstand wurde in den kantonalen Rechten teils auf 16 und teils auf 15 oder wie nach Art. 264 Abs. 2 ZGB a.F. auf 18 Jahre festgesetzt.

Mit der Regelung des Art. 265 Abs. 1 ZGB will der Gesetzgeber die „Angleichung an die biologische Elternschaft und damit eine ausgewogene Familienstruktur“ gewährleisten.[603] Das Erfordernis des Mindestaltersabstandes folgt aus dem Grundsatz des Kindeswohls („gesellschaftliche Glaubwürdigkeit des fiktiven Eltern-Kind-Verhältnisses“).[604] Der Mindestaltersabstand in Art. 265 Abs. 1 ZGB entspricht der Vorstellung, dass die Adoption „das auf Abstammung beruhende Kindesverhältnis nachbildet“: „adoptio naturam imitatur“. Es verlangt eine „minimale Klarheit der Familienstruktur“.[605] Mit Art. 265 Abs. 1 ZGB wird darüber hinaus „Einfachheit, Einheitlichkeit und Voraussehbarkeit der Rechtsanwendung“ begünstigt.[606] In Bezug auf Art. 265 Abs. 1 ZGB gilt nichts anderes für die sogenannte Volljährigenadoption: Denn gemäß Art. 266 Abs. 3 ZGB sind die Bestimmungen über die Adoption Minderjähriger sinngemäß anwendbar.

---

601 BK-*Hegnauer*, Art. 264 b Rn. 6; BBl 1971 I. 1221.

602 Basler Kommentar/*Breitschmid*, Art. 264 b Rn. 7.

603 Basler Kommentar/*Breitschmid*, Art. 265 Rn. 1.

604 *Hegnauer*, ZVW 1993, 95.

605 BK-*Hegnauer*, Art. 265 Rn. 3; *Hegnauer*, Die Adoption – das Gesetz und seine Anwendung, in: Kindes- und Adoptionsrecht, S. 41 f.

606 BK-*Hegnauer*, Art. 265 Rn. 3; *Hegnauer*, Die Adoption – das Gesetz und seine Anwendung, in: Kindes- und Adoptionsrecht, S. 41 f.; siehe auch *Schnyder* ZVW 1975, 44; demgegenüber OLG Köln FamRZ 1982, 844.

Diese Analogie schließt auch den in Art. 265 Abs. 1 ZGB normierten Mindestaltersabstand von 16 Jahren mit ein.[607]

Bedeutung erlangt der Altersabstand auch für die Frage, ob die Adoption mit dem Kindeswohl vereinbar ist. Die Überschreitung des Mindestaltersabstandes kann unter Umständen rechtlich relevant sein. Ein sehr großer Altersabstand kann nämlich ein Rechtfertigungsgrund dafür sein, die Adoption abzulehnen. In solchen Fällen hat die Adoptionsbehörde zu überprüfen, ob die Adoption im Sinne von Art. 264 ZGB den Kindesinteressen dient.[608] Dasselbe gilt auch für den hohen Altersunterschied zwischen Ehegatten: So vermag die Annahme eines 16-jährigen Kindes durch einen 70-jährigen Ehemann und eine 32-jährige Ehefrau Zweifel zu begründen.[609]

Soll ein Kind durch Ehegatten angenommen werden, wird maßgebend auf das Alter des jüngeren Ehegatten abgestellt. Der ältere Ehegatte, der dem Altersunterschied gerecht wird, kann das Kind nicht allein annehmen, wenn der jüngere Ehegatte das Erfordernis des Art. 265 Abs. 1 ZGB nicht erfüllt. Um eine Reduktion der Zahlen von Adoptionen, die infolge dieser Gegebenheiten scheiterten, zu erzielen, wurde ein herabgesetzter Mindestaltersabstand in das neue Recht übernommen.[610]

Auch bei der Stiefkindadoption muss der adoptierende Stiefelternteil 16 Jahre älter sein als das Kind.[611] Bei der Adoption von Geschwistern muss zum ältesten der Mindestaltersabstand von 16 Jahren gewahrt sein. Ist dies nicht der Fall, dann ist eine gemeinsame Adoption der Geschwister ausgeschlossen. Das wirft die Frage auf, ob die Adoption des jüngeren Geschwisterteils den Nachteil der rechtlichen Trennung der Geschwister überwiegt.[612]

aa) Rechtslage nach dem Adoptionsrecht von 1907

Das Adoptionsrecht von 1907 setzte noch einen Mindestaltersunterschied von 18 Jahren voraus, Art. 264 Abs. 2 ZGB a.F.[613] Die Botschaft vom 12.5.1971 hatte darauf aufmerksam gemacht, dass die Kindesannahme an diesem Erfordernis

607 Vgl. BGE 102 II 79; Basler Kommentar/*Breitschmid*, Art. 265 Rn. 15.

608 *Hegnauer*, ZVW 1993, 95, 97.

609 BK-*Hegnauer*, Art. 265 Rn. 6.

610 BK-*Hegnauer*, Art. 265 Rn. 5; BBl 1971 I. 1224.

611 BK-*Hegnauer*, Art. 265 Rn. 5.

612 BK-*Hegnauer*, Art. 265 Rn. 5 a; *Hegnauer*, Die Adoption – das Gesetz und seine Anwendung, in: Kindes- und Adoptionsrecht, Zürich 1981, 43 f.

613 Dieser war unangefochten und hatte bei der Revision lediglich einen untergeordneten Stellenwert, *Hegnauer*, SJZ 1969, 86.

scheitern könnte. Infolgedessen wurde durch Art. 265 Abs. 1 des Entwurfes der Mindestaltersunterschied auf 16 Jahre festgesetzt.[614] Der Ständerat hat den Mindestaltersabstand von 18 Jahren als Regelfall angesehen und wollte nur bei wichtigen Gründen ausnahmsweise eine Reduktion auf 16 Jahren gewähren.[615] Selbst wenn eine Adoption zugelassen wird, kann eine „unauffällig-konventionelle Familienstruktur" nicht mit rechtlichen Mitteln herbeigeführt werden, wenn von den biologischen Gegebenheiten abgewichen wird und im Großen und Ganzen auszuschließen ist, dass der Adoptierende als gewissermaßen „älterer Geschwisterteil" die Vater- oder Mutterrolle einnehmen kann.[616] Obendrein kann die Stiefkindschaft durchaus im Sinne der Beteiligten ausgestaltet werden, damit die Übernahme erzieherischer und wirtschaftlicher Verantwortung möglich ist. In extrem gelagerten Fallkonstellationen – einem Abweichen von Tagen oder Wochen zum ältesten eines Geschwisterpaares, das zu adoptieren ist[617] – ist eine Abweichung schon de lege lata vorstellbar, um die Gleichbehandlung von Geschwistern und hiermit gewissermaßen auch die Einheitlichkeit der rechtlichen Familienstruktur zu ermöglichen.[618]

Nichtsdestotrotz hielt der Nationalrat am Entwurf fest.[619] Schließlich lenkte der Ständerat ein, wobei er der Meinung war, dass bei einem Mindestaltersabstand von nur 16 Jahren eine Adoption lediglich aus schwerwiegenden Gründen ausgesprochen werden würde.[620] Nach Auffassung des historischen Gesetzgebers waren die 16 Jahre evident als absolute, selbst in der Stiefkindsituation nicht unterschreitbare Grenze zu verstehen. Er war sich auch bewusst darüber, dass in den Fällen, in denen der Mindestaltersabstand nicht eingehalten wird, die Adoption ohne Ausnahme nicht möglich sein würde. Dies kann nicht als Irrtum des Gesetzgebers interpretiert werden.[621] Verändernde Verhältnisse seit Erlass des Gesetzes sind nur dann als bedeutend anzusehen, wenn sich die rechtliche oder soziale Situation des Adoptivkindes gegenüber des Nichtadoptierten wesentlich verbessert oder umgekehrt die des letzteren im Vergleich zu der des erstgenannten wesentlich verschlechtert hätte. Hiervon kann aber nicht die Rede sein.[622]

---

614 *Hegnauer*, ZVW 1993, 95, 98; BBl 1971 I. 1224.

615 AmtlBullStR 1.12.1971, S. 719 – 721; AmtlBullNR 26.4.1972, S. 581.

616 Basler Kommentar/*Breitschmid*, Art. 265 Rn. 3; vgl. *Hegnauer*, ZVW 1994, 116.

617 Von *Riemer* aufgenommenes Beispiel bei BK-*Hegnauer*, Art. 265 Rn. 5 a.

618 Basler Kommentar/*Breitschmid*, Art. 265 Rn. 3; vgl. *Hegnauer*, ZVW 1994, 116.

619 AmtlBullNR 26.4.1972, S. 581.

620 AmtlBullStR 13.6.1972, S. 394.

621 *Hegnauer*, ZVW 1993, 95, 98.

622 *Hegnauer*, ZVW 1993, 95, 98.

bb) Dispensmöglichkeit

Wie der Wortlaut von Art. 265 Abs. 1 ZGB zeigt, ist eine Dispensmöglichkeit nicht vorgesehen:[623] Diese hätte die Frage nach dem Mindestaltersabstand nur verschoben.[624] Vielmehr zeigt das Wort „wenigstens", dass die 16 Jahre eine Grenze darstellen, die zu beachten ist.[625] Ein anderer Zweck kann der Vorschrift nicht entnommen werden: Das elternlose Kind soll neue Eltern bekommen, soweit das in seinem Interesse liegt. Das ist dann der Fall, wenn die Adoptiveltern in sozialpsychischer Hinsicht bereit sind, die Elternstellung einzunehmen.[626] Vom Alter her müssten sie dann als leibliche Eltern angesehen werden können. Nur auf diese Weise kann das Autoritätsverhältnis zwischen Annehmenden und Anzunehmenden gewahrt werden. Für die gesellschaftliche Glaubwürdigkeit des Eltern-Kind-Verhältnisses ist der Mindestaltersabstand unerlässlich. Infolge dessen ist er ein Gebot des Kindeswohls.[627]

2. Höchstaltersgrenze

a) Rechtslage nach dem ZGB

Ein Höchstalter ist im ZGB zwar nicht ausdrücklich statuiert, ein solches wird allerdings durch das Prinzip des Kindeswohls vorgegeben. Sinn und Zweck der Adoption ist nämlich, dass das Kind Adoptiveltern bekommt, die ungefähr so alt wie natürliche Eltern sind.[628] Es soll die natürliche Generationenfolge eingehalten werden. Dies dient der Sicherstellung, dass die Adoptiveltern dem Kind während seiner gesamten Entwicklungsphase die erforderliche „emotionale, fürsorgerische und geistige Betreuung" zuteil werden lassen. Nur wenn eine derartige Betreuung gewährleistet ist, kann dem Kindeswohl längerfristig Rechnung

---

623 BGE 102 II 79; *Hegnauer*, ZZW 1975, 310, 312; kritisch *Eichenberger*, Die materiellen Voraussetzungen der Adoption Unmündiger, S. 170 f.

624 *Hegnauer*, ZVW 1993, 95.

625 *Hegnauer*, ZVW 1993, 95, 96; ZVW 1984, 146; ZVW 1985, 107; *Stettler*, Droit suisse de la Filiation, 115 ff.; BGE 102 II 79.

626 *Hegnauer*, ZVW 1993, 95, 97; vgl. auch *Eichenberger*, Die materiellen Voraussetzungen der Adoption Unmündiger, S. 170.

627 *Hegnauer*, ZVW 1993, 95, 97; vgl. auch *Eichenberger*, Die materiellen Voraussetzungen der Adoption Unmündiger, S. 170.

628 BBl 1971 I. 1220; vgl. BGE 5 A.6/2004, Urteil vom 7.6.2004 = FamPra.ch 2004, 708 ff., nach dem ein Altersunterschied von 45 Jahren nicht mit dem Kindeswohl vereinbar ist.

getragen werden.[629] Davon kann aber bei einer Adoption durch Bewerber, die die großelterliche Altersstufe erreicht haben, nicht die Rede sein.[630] Zwar gibt es für die Wahrung des Kindeswohls nie eine absolute Garantie: Denn auch jüngere Ehepaare können frühzeitig sterben oder ihre Erziehungsfähigkeit einbüßen. Eine Prognoseentscheidung, die zu erkennen gibt, ob Adoptiveltern geeignet sind, ein Kind zu adoptieren, ist stets mit gewissen Unsicherheitsfaktoren verbunden.[631] Der Grad der Wahrscheinlichkeit, dass sich derartige „Gefahrenmomente" auch verwirklichen, ist unter dem Gesichtspunkt des Kindeswohls von ausschlaggebender Bedeutung: Je höher die Wahrscheinlichkeit ist, dass sich die Adoption negativ auf das Kindeswohl auswirkt, desto eher ist der Adoptionsantrag abzulehnen.[632] Es muss berücksichtigt werden, dass ein zentrales Adoptionserfordernis wie die längerfristig gewährte Erziehungsfähigkeit nicht durch eine vorhandene größere Lebenserfahrung kompensiert werden kann.[633]

Die Höchstaltersgrenze soll letztendlich Gewähr dafür bieten, dass bei einer Minderjährigenadoption psychisch das Verständnis für die Interessen des Kindes während seiner ganzen Entwicklungsphase gewährleistet ist und dem Kind physisch solange elterliche Betreuung zukommt, wie sie notwendig ist.[634] Bei der Erwachsenenadoption gilt es zu vermeiden, dass diese nur aus erbrechtlichen Gründen beabsichtigt wird, obwohl in Wirklichkeit kein echtes sozialpsychisches Eltern-Kind-Verhältnis bestand.[635]

b) Rechtslage nach der AdoV

Die Adoptionsverordnung (AdoV), die am 1.1.2012 in Kraft getreten ist, legt in Art. 5 Abs. 4 S. 1 ein Höchstalter fest: Nach Art. 5 Abs. 4 S. 1 AdoV ist die Adoptionseignung zu verneinen, wenn der Altersunterschied zwischen dem aufzunehmenden Kind und den künftigen Adoptiveltern mehr als 45 Jahre beträgt. Art. 5 Abs. 4 S. 2 AdoV macht hiervon eine Ausnahme: Danach kann die Eignung ausnahmsweise trotzdem gegeben sein, wenn zwischen den künftigen Adoptiveltern und dem aufzunehmenden Kind bereits eine vertraute Beziehung besteht. Auch

629 ZVW 1985, 69, 70.

630 ZVW 1985, 69, 71.

631 ZVW 1985, 69, 71.

632 ZVW 1985, 69, 71.

633 ZVW 1985, 69, 71.

634 Basler Kommentar/*Breitschmid*, Art. 265 Rn. 4; ZVW 1985, 69, 71.

635 Basler Kommentar/*Breitschmid*, Art. 265 Rn. 4; siehe zum Altersunterschied bei der Adoption Volljähriger Beschluss des OG Zürich vom 8.3.2010, NX100007.

vor Inkrafttreten der AdoV wurde ein Altersunterschied von mehr als 45 Jahren vom Bundesgericht für nicht mit dem Kindeswohl vereinbar gehalten.[636]

3. Gesetzesentwurf von 2014[637]

Die Bundesversammlung der Schweizerischen Eidgenossenschaft hat im Jahre 2014 einen Gesetzesentwurf entwickelt, in dem sämtliche Vorschriften des Adoptionsrechts abgeändert wurden.

Gemäß Art. 9 Abs. 1 S. 2 EuAdAb darf das Mindestalter des Annehmenden nicht unter 18 Jahren und nicht über 30 Jahren liegen. Dieser Rahmen wird mit der Mindestaltersgrenze von 35 Jahren gesprengt. Infolgedessen nimmt der Gesetzesentwurf von 2014 eine Modifikation dahingehend vor, dass Ehegatten ein Kind gemeinschaftlich adoptieren können sollen, wenn sie seit mindestens drei Jahren miteinander verheiratet sind und beide das 28. Altersjahr vollendet haben. Auch sieht der Entwurf einen Abweichungsvorbehalt bei Vorliegen von wichtigen Gründen vor, wenn dadurch das Kindeswohl nicht gefährdet wird. Verglichen mit der aktuellen Gesetzeslage, wonach die Mindestaltersgrenze von 35 Jahren lediglich eine alternative Voraussetzung zur Ehedauer von fünf Jahren darstellt, müssen Adoptionsbewerber nach der neuen Rechtslage sowohl eine Mindestehedauer als auch ein bestimmtes Mindestalter kumulativ vorweisen. Die Dispensmöglichkeit soll in diesem Zusammenhang eine Neuregelung sein, die der aktuelle Gesetzestext nicht umfasst.

Die gegenwärtig in Art. 264 a Abs. 3 ZGB normierte Stiefkindadoption soll isoliert von der gemeinschaftlichen Adoption in einem eigenständigen Art. 264 c ZGB fixiert werden. Auch bei der Stiefkindadoption soll die Mindestehedauer auf mindestens drei Jahre reduziert werden: Dadurch, dass die Zweitehe gegenüber der Erstehe kaum wesentlich stabiler sein kann, ist eine Reform der Fünfjahresfrist auf drei Jahre als zweifelhaft anzusehen.[638]

Für die Einzeladoption durch eine nicht verheiratete Person sieht der Gesetzesentwurf entsprechende Änderungen vor: Auch hier soll das Mindestalter auf 28 Jahre herabgesetzt und ein Dispens ermöglicht werden.

Interessant ist auch die geplante Fassung des Art. 265 ZGB. Hat der Gesetzgeber in Art. 265 Abs. 1 ZGB bisher nur einen Mindestaltersabstand von 16 Jahren

---

636 BGE 5 A.6/2004.

637 Vgl. hierzu allgemein: Änderungen des Schweizerischen Gesetzbuches, abrufbar unter: https://www.bj.admin.ch/dam/data/bj/gesellschaft/gesetzgebung/adoptionsrecht/vorentw-d.pdf (zuletzt am 7.5.2017).

638 Vgl. Basler Kommentar/*Breitschmid*, Art. 264 a Rn. 9.

festgesetzt, soll nunmehr auch ein Höchstalter mit aufgenommen werden. Der Entwurf hat den Art. 265 ZGB dahingehend geändert, dass nach Absatz 1 der Altersunterschied zwischen dem Kind und den adoptierenden Personen nicht weniger als 16 Jahre (so auch die aktuelle Gesetzeslage) und nicht mehr als 45 Jahre betragen darf. Während die aktuelle Fassung von Art. 265 Abs. 1 ZGB noch zwingendes Recht ist, will der Entwurf in Absatz 2 eine Abweichungsmöglichkeit von den Altersgrenzen aus wichtigen Gründen hinzufügen, wenn das Kindeswohl dadurch nicht gefährdet wird. Verfassungsrechtliche Bedenken, die infolge der aktuell geltenden starren Mindestaltersabstandsgrenze zu befürchten sind, sind mit dem Entwurf letztlich ausgeräumt.

4. Rechtsvergleich zu Deutschland

Stellt man das deutsche Adoptionsrecht dem schweizerischen Recht gegenüber, dann sind beachtliche Unterschiede festzustellen.

Der deutsche und der schweizerische Gesetzgeber verfolgen mit der Adoption denselben Sinn und Zweck: Wahrung des Kindeswohls. Durch die Adoption sollen geeignete Eltern für das Kind gefunden werden, die die notwendige Reife zur Verantwortungsübernahme haben, damit es in stabilen Verhältnissen mit den bestmöglichen Entwicklungsbedingungen aufwachsen kann. Es steht also das Kindeswohl an oberster Stelle.

In Bezug auf die Mindestaltersgrenze zeigen beide Rechtsordnungen eine uneinheitliche Verfahrensweise: Geht das BGB von einem Mindestalter von 25 Jahren bei der Einzeladoption durch eine unverheiratete Person aus, weicht das ZGB mit seiner Regelung (Mindestalter von 35 Jahren) von Art. 9 Abs. 1 S. 1 EuAdAb ab. Während nach § 1743 S. 2 BGB für die gemeinschaftliche Adoption ein Mindestalter von 21 Jahren als ausreichend angesehen wird, wenn der andere Ehegatte das 25. Lebensjahr vollendet hat, manifestiert das ZGB eine Besonderheit dahingehend, dass die Ehegatten alternativ zum Mindestalter von 35 Jahren, das im Übrigen von beiden zu erfüllen ist, eine Mindestehedauer von fünf Jahren vorweisen können. Von einer solchen Mindestehedauer hat der deutsche Gesetzgeber trotz Erwägungen in den Reformarbeiten nicht Gebrauch gemacht. Eine Mindestaltersregelung mit einer Abweichungsmöglichkeit für bestimmte Fallkonstellationen (§ 1743 S. 1 Hs. 2 und S. 2 BGB) ist einem einheitlichen Mindestalter vorzuziehen. Denn bei der einheitlichen Mindestaltersgrenze – wie Art. 264 a Abs. 2 ZGB – werden diejenigen adoptionswilligen Ehegatten benachteiligt, die einen großen Altersunterschied untereinander aufweisen. Ist beispielsweise bei einem frisch verheirateten Paar, das vorher mehrere Jahre lang eine stabile nichteheliche Lebensgemeinschaft geführt hat, einer der Ehegatten schon 35 Jahre alt, der andere aber nur 31 Jahre, dann wären sie gezwungen, weitere vier Jahre zu warten, bis auch der jüngere Ehegatte das 35. Lebensjahr erreicht hat. Solche rechtlichen Hindernisse sollen nunmehr durch den Entwurf 2014, der europäischen Standards entspricht, ausgeräumt werden.

Unterschiede sind auch in Bezug auf die Stiefkindadoption erkennbar: Während das ZGB eine Mindestehedauer von fünf Jahren vorschreibt und auf ein bestimmtes Mindestalter verzichtet, ist deren Anerkennung nach deutscher Rechtslage neben § 1743 S. 1 HS. 2 BGB von einer Einzelfallprüfung abhängig.

Auch bezüglich des Mindestaltersabstandes und der Höchstaltersdifferenz gibt es keine einheitliche Regelung: Während Art. 265 Abs. 1 ZGB einen Mindestaltersabstand von 16 Jahren und Art. 5 Abs. 4 AdoV ein Höchstalter von 45 Jahren regeln, hat der deutsche Gesetzgeber von einer Übernahme des Mindestaltersabstandes seit dem FamRÄndG 1961 (vor dem FamRÄndG 1961 bestand nämlich gemäß § 1744 BGB a.F. durch das AdoptG ein Mindestaltersabstand von 18 Jahren) abgesehen und auf die Normierung einer Höchstaltersgrenze gänzlich verzichtet. Mit dem Entwurf 2014 soll der aktuell in Art. 265 Abs. 1 ZGB zwingend normierte Mindestaltersabstand zu einem solchen mit Dispensmöglichkeit reformiert werden, um verfassungsrechtlichen Anforderungen zu entsprechen. Gleichzeitig soll die Höchstaltersgrenze von 45 Jahren erstmalig im ZGB fixiert werden. Die Entscheidungsbefugnis über den Mindestaltersabstand und das Höchstalter kommt nach deutschem Recht dagegen den Gerichten und Adoptionsvermittlungsstellen zu.

Im Ergebnis ist festzuhalten, dass das schweizerische Adoptionsrecht die Altersgrenzen umfassender als das deutsche Recht regelt. Der Vergleich zum schweizerischen Recht soll zeigen, dass die gesetzlich normierten Altersgrenzen nicht nur ein gegenwärtiges Problem in der Schweiz, sondern auch in Deutschland sind. Deswegen sollte sich der Gesetzgeber – genau wie der schweizerische Gesetzgeber es mit dem Entwurf 2014 getan hat – Gedanken über eine Reform des Adoptionsrechts machen.

II. Rechtslage in Österreich

Im Folgenden ist ein Blick auf die Rechtslage in Österreich zu werfen. Hierbei ist zu beachten, dass die Adoption im Sinne von § 194 Abs. 1 S. 1 ABGB nur zu bewilligen ist, wenn sie dem Kindeswohl dient und eine dem Verhältnis zwischen leiblichen Eltern und Kindern entsprechende Beziehung besteht oder hergestellt werden soll. Die Altersgrenzen, die in § 180 ABGB a.F. normiert waren, sind mit denen in § 193 ABGB n.F. zu vergleichen. Rechtlich interessant ist zum einen die schrittweise Reduzierung des Mindestalters von 50 auf 25 Jahre und zum anderen der verfassungsrechtlich bedenkliche und in § 193 Abs. 2 ABGB n.F. festgelegte starre Mindestaltersabstand. Auch der österreichische Gesetzgeber hat im ABGB von einem Höchstalter abgesehen.

1. Mindestalter und Mindestaltersabstand

a) Mindestalter

aa) Das Mindestalter nach § 180 Abs. 1 ABGB a.F.

Bis zur ersten Teilnovelle zum ABGB (1914) musste der Annehmende ein Mindestalter von 50 Jahren vollendet haben. Mit der ersten Teilnovelle 1914 wurde das Mindestalter auf 40 Jahre herabgesetzt. Mit dem Mindestalter von 50 Jahren wollte der österreichische Gesetzgeber ausschließen, dass die Wahleltern[639] noch leibliche Kinder bekommen können. Gleichzeitig hatten aber junge Wahleltern keine Chance, junge Kinder anzunehmen.[640] Letztlich bewirkte das AdoptionsG vom 17.2.1960[641] eine Senkung der Mindestaltersgrenze auf das 30. Lebensjahr für den Wahlvater und auf das 28. Lebensjahr für die Wahlmutter (so die Regelung des § 180 Abs. 1 S. 1 ABGB in der Form vor dem KindNamRÄG 2013). Der Wortlaut von § 180 Abs. 1 S. 1 ABGB a.F. zeigte also eine geschlechtsspezifische Mindestaltersdifferenzierung zwischen dem Mann und der Frau.[642] Die Differenzierung wurde nicht als gleichheitswidrig angesehen, da empirische Daten belegten, dass in Österreich in den meisten Ehen die Männer ein höheres Alter als die Frauen aufweisen, womit unsachliche Differenzierungsmerkmale ausgeräumt werden konnten.[643]

In § 180 Abs. 1 S. 2 ABGB a.F. waren Ausnahmen vom Regelfall des § 180 Abs. 1 S. 1 ABGB a.F. normiert: Nahmen Ehegatten gemeinsam an oder war das Wahlkind ein leibliches Kind des Ehegatten des Annehmenden, dann war gemäß § 180 Abs. 1 S. 2 ABGB a.F. eine Unterschreitung der Mindestaltersgrenze zulässig, wenn zwischen dem Annehmenden und dem Wahlkind bereits eine dem Verhältnis zwischen leiblichen Eltern und Kindern entsprechende Beziehung bestand. Unterste Abweichungsgrenze sollte hierbei das Volljährigkeitsalter von

---

639 So der Terminus im österreichischen ABGB.

640 *Kodek/Schwimann/Höllwerth*, 5. Auflage, § 193 ABGB Rn. 4; näher dazu ErläutRV 107 BlgNR 9. GP 28.

641 BGBl 1960 Nr. 58.

642 So aktuell die Rechtslage in Liechtenstein.

643 *Kodek/Schwimann/Höllwerth*, 4. Auflage, § 180 ABGB Rn. 5; *Feil/Marent*, Familienrecht, S. 250; *Fenyves/Kerschner/Vonkilch/Pichler*, § 180 Rn. 2; *Rummel/Stabentheiner*, § 180 Rn. 1.

18 Jahren sein, was allerdings von den besonderen Umständen des Einzelfalls abhing.[644] Aspekte, die für die Zulässigkeit und das Ausmaß der Unterschreitung der Mindestaltersgrenze eine Rolle spielten, waren die Dauer und die Stabilität der Ehe der Adoptiveltern und der Grad der Intensität der Eltern-Kind-Beziehung des Annehmenden zum Kind.[645]

bb) Das Mindestalter nach § 193 Abs. 1 ABGB n.F.

Nach § 193 Abs. 1 ABGB müssen die Wahleltern das 25. Lebensjahr vollendet haben. Die aktuell in § 193 Abs. 1 ABGB[646] fixierte Regelung beruht auf dem KindG[647] und ermöglicht eine „Flexibilisierung der Altersgrenze bei den Adoptiveltern".[648] Der Entwurf zu § 193 Abs. 1 ABGB hatte explizit vorgesehen, das differenzierte Mindestalter für die Wahlmutter und den Wahlvater durch eine einheitliche Mindestaltersgrenze zu substituieren. Denn divergierende Altersgrenzen wie in § 180 Abs. 1 S. 1 ABGB a.F. sind nicht mit dem Verständnis von heute vereinbar und müssen aus Gründen der Gleichbehandlung beanstandet werden.[649] Auch die Möglichkeit der Unterschreitung der Mindestaltersgrenze – wie in § 180 Abs. 1 S. 2 ABGB a.F. vorgesehen – wäre nicht sachgerecht und geboten und besteht demnach nicht mehr. Die aktuelle Fassung von § 193 Abs. 1 ABGB ist zwingendes Recht.[650]

---

644 *Kodek/Schwimann/Höllwerth*, 5. Auflage, § 193 ABGB Rn. 4; OGH vom 9.2.1988, 4Ob512/88; OGH vom 28.1.2002, 2 Ob 7/02x, EF 100.387; LGZ Wien vom 4.7.1984, 44 R 3393/84, EF 45.907; LGZ Wien vom 4.1.1989, 44 R 3577/88, EF 59.862; LGZ Wien 25.10.2001, 43 R 513/01m, EF 96.704; *Rummel/Stabentheiner*, § 180 Rn. 1; *Fenyves/Kerschner/Vonkilch/Barth/Neumayr*, § 180 Rn. 3.

645 *Kodek/Schwimann/Höllwerth*, 5. Auflage, § 193 ABGB Rn. 4; *Fenyves/Kerschner/Vonkilch/Barth/Neumayr*, § 180 Rn. 3. Vgl. auch LGZ Wien EF 45.907, 59.862, 96.704; LGZ Wien vom 2.5.1995, EF 78.275; OGH EF 100.387, wonach bei einer Mindestaltersunterschreitung von sechs Jahren eine „besonders intensive und gefestigte Eltern-Kind-Beziehung Voraussetzung ist".

646 § 180 ABGB vor dem KindNamRÄG 2013.

647 BGBl 1977/403.

648 *Kodek/Schwimann/Höllwerth*, 5. Auflage, § 193 ABGB Rn. 4; LGZ Wien vom 10.9.1980, 44 R 3321/80, 36.054, LGZ Wien vom 18.2.1981, 44 R 33/81, EF 38.433.

649 Vgl. die Erläuterungen zur Regierungsvorlage des KindNamRÄG 2013 (BGBl I. 2013/15): 2004 BlgNR 24. GP, 31 f.; *Kodek/Schwimann/Höllwerth*, 5. Auflage, § 193 ABGB Rn. 7.

650 *Kodek/Schwimann/Höllwerth*, 5. Auflage, § 193 ABGB Rn. 8.

Es genügt, wenn das gesetzlich vorgeschriebene Mindestalter im Zeitpunkt der gerichtlichen Bewilligung der Wahlkindschaft gegeben ist.[651]

b) Mindestaltersabstand

aa) Der Mindestaltersabstand nach § 180 Abs. 2 ABGB a.F.

(1) § 180 Abs. 2 S. 1 ABGB a.F.

§ 180 Abs. 2 S. 1 ABGB a.F. setzte einen Mindestaltersabstand von 18 Jahren zwischen Wahlvater und Wahlmutter zum Wahlkind voraus. Damit sollte verhindert werden, dass ein geschwisterähnliches Wahlkindschaftsverhältnis zwischen den Beteiligten entsteht.[652] § 180 Abs. 2 S. 1 ABGB a.F. bestimmte weiterhin, dass eine geringfügige Unterschreitung dieses Zeitraums unbeachtlich sei, wenn zwischen dem Annehmenden und dem Wahlkind bereits eine dem Verhältnis zwischen leiblichen Eltern und Kindern entsprechende Beziehung besteht. Der Ausnahmefall verwies auf das erforderliche Autoritätsverhältnis: Bestand also ein Eltern-Kind-Verhältnis, dann musste das Autoritätsverhältnis nicht zunächst begründet werden, sondern rechtfertigte das geringe Alter des Annehmenden.[653] „Geringfügig" ist ein unbestimmter Rechtsbegriff, für dessen Auslegung es auf eine einzelfallbezogene Betrachtungsweise ankommt.[654] Unter dem Begriff „geringfügige Unterschreitung des Altersunterschieds" hat man eine kurze Zeitspanne[655] von Monaten[656] und nicht von Jahren[657] verstanden.

---

651 *Rummel/Stabentheiner*, § 180 Rn. 1; LGZ Wien EF 84.229.

652 *Fenyves/Kerschner/Vonkilch/Barth/Neumayr*, § 180 Rn. 4; *Kodek/Schwimann/Höllwerth*, 4. Auflage, § 180 ABGB Rn. 9; OGH vom 22.10.1999, 1 Ob 252/99m, EF 89.858.

653 *Jordan*, ÖA 1992, 43.

654 *Fenyves/Kerschner/Vonkilch/Barth/Neumayr*, § 180 Rn. 6; *Jordan*, ÖA 1992, 43.

655 LGZ Wien 13.1.2002, 43 R 3/02p, EF 100.389; LGZ Wien vom 14.5.2003, 43 R 298/03X, EF 104.433; LGZ Wien vom 25.8.2004, 45 R 484/04S, EF 107.845; *Dittrich/Tades*, S. 74.

656 OGH vom 10.3.1992, 5 Ob 1516/92, EF 68.901; LGZ Wien vom 29.5.1987, 44 R 62/87, EF 54.095; LGZ Wien vom 18.12.1991, 44 R 1109/91, EF 66.135; LG Linz 6.3.2003, 15 R 321/02k, EF 104.434; OHG 28.1.2002, 2 Ob 7/02x, EF 100.388; *Kodek/Schwimann/Höllwerth*, 5. Auflage, § 193 ABGB Rn. 5; *Rummel/Stabentheiner*, § 180 Rn. 2.

657 OGH EF 68.901; LGZ Wien vom 29.10.1997, 10 Ob 212/97t, EF 84.226 (Altersunterschied von weniger als 13 Jahren); OGH vom 22.1.2009, 2 Ob 279/08f, EF 123.360; LGZ Wien vom 2.5.1995, 44 R 256/95, EF 78.275, LGZ Wien vom 28.9.1999, 43 R 807/99s, EF 89.860 (Altersunterschied von 16 Jahren); LGZ Wien 27.1.2000, 43 R 22/00d, EF 93.199, LGZ Wien vom 25.10.2001, 43 R 513/01m, EF 96.705

(2) § 180 Abs. 2 S. 2 ABGB a.F.

Nach § 180 Abs. 2 S. 2 ABGB a.F. sollte ein Mindestaltersunterschied von 16 Jahren genügen, wenn das Wahlkind ein leibliches Kind des Ehegatten des Annehmenden oder mit dem Annehmenden verwandt ist. Eine geringfügige Unterschreitung galt auch für die Regelung des § 180 Abs. 2 S. 2 ABGB a.F.[658] Zwar sprachen die Gesetzesmaterialien gegen eine Unterschreitung der Altersgrenze für den Fall des § 180 Abs. 2 S. 2 ABGB a.F.[659]

Gleichwohl schaffte die im Gesetz angelegte Flexibilität bei anderen das Alter betreffende Vorschriften nach Ansicht des Obersten Gerichtshofs eine hinreichende Grundlage dafür, diesen Grundsatz auch auf die Mindestaltersabstandsgrenze von 16 Jahren zu übertragen.[660]

(3) Gleichheitsprobleme bei der Adoption von Geschwistern

Zu beachten ist auch, dass Gleichheitsprobleme auftreten können, wenn simultan zu mehreren leiblichen Kindern des Ehegatten ein faktisches Eltern-Kind-Verhältnis begründet wird und diese angenommen werden sollen. Für derartig gelagerte Fallkonstellationen bedarf es eines gesetzlich geregelten Ausnahmefalls. Der Gesetzgeber hat diesen wichtigen Fall nicht bedacht, was eine verdeckte Lücke zur Folge hat, die infolge teleologischer Reduktion des überschießenden Gesetzeswortlauts zu schließen ist.[661] Während derjenige Geschwisterteil, der den notwendigen Mindestaltersunterschied zum Annehmenden aufweist, ohne weiteres angenommen werden kann, würde dem anderen Geschwisterteil diese Möglichkeit „der Angleichung der rechtlichen Situation an dasselbe faktisch bestehende Familienverhältnis versagt werden“. Dies bewirkt trotz gleicher Familiensituation für das Geschwisterkind des Adoptivkindes eine ungleiche Behandlung, die nicht verfassungsrechtlich gerechtfertigt ist und somit die

---

(Altersunterschied von 8 Jahren); LGZ Wien, 25.10.2001, 43 R 513/01m, EF 96.705, LGZ Wien EF 100.389, 104.433.

658 *Kodek/Schwimann/Höllwerth*, 5. Auflage, § 193 ABGB Rn. 5; *Rummel/Stabentheiner*, § 180 Rn. 2; *Fenyves/Kerschner/Vonkilch/Barth/Neumayr*, § 180 Rn. 6; a.A. *Höllwerth* in *Gitschthaler*, KindNamRÄG 2013, 155, 158; LGZ Wien EF 89.858; OGH EF 100.387; LGZ Wien EF 54.095.

659 107 BlgNR 14. GP, 16.

660 OGH 20.1.2014, 4 Ob 214/13v. Fraglich war nur, ob die Wortlautgrenze überschritten wurde, wodurch eine Analogie erfolgte, oder ob eine unpräzise Vorschrift in einem bestimmten Sinn ausgelegt wurde. Dies hat sich allerdings mit dem Inkrafttreten von § 193 Abs. 2 ABGB erledigt.

661 *Jordan*, ÖA 1992, 43.

Verfassungswidrigkeit der Regelung begründet. Ein praktikabler Lösungsansatz ist eine teleologische Reduktion der starren Altersgrenze.[662] Demnach wird der Mangel des Mindestaltersabstandes geheilt, wenn sich trotz geringfügigen Altersunterschieds eine Eltern-Kind-Beziehung entwickelt hat. Einem Eltern-Kind-Verhältnis, das tatsächlich besteht, muss gegenüber einer natürlichen Familie, die lediglich schematisch nachgezeichnet wird, der Vorrang eingeräumt werden.[663]

bb) Der Mindestaltersabstand nach § 193 Abs. 2 ABGB n.F.

Nach § 193 Abs. 2 ABGB n.F. müssen Wahlvater und Wahlmutter mindestens 16 Jahre älter sein als das Wahlkind. Damit hat also eine Herabsetzung des Mindestaltersabstandes von 18 auf 16 Jahren stattgefunden. Mit der Adoption soll das Kindeswohl gefördert werden (Schutzprinzip). Kindern, die keine Eltern haben, aus zerrütteten Familien stammen oder Eltern haben, die jedoch keine adäquate Erziehung gewähren können, sollen geeigneten und verantwortungsbewussten Adoptiveltern vermittelt werden. Zwischen den Adoptionsbeteiligten muss für eine dem Wohl des Kindes entsprechende Erziehung ein angemessener Altersabstand bestehen. Nur dann kann von einem Autoritätsverhältnis die Rede sein. Die Adoption muss demzufolge die Verhältnisse in der natürlichen Familie weitestgehend nachbilden.[664] Dieser Zweck sollte mit § 193 Abs. 2 ABGB erreicht werden. Vom Mindestaltersabstand des § 193 Abs. 2 ABGB kann nicht abgewichen werden; § 193 Abs. 2 ABGB ist demnach eine zwingende gesetzliche Regelung,[665] was mit dem Willen des Gesetzgebers in Einklang steht. Der Entwurf zu § 193 Abs. 2 ABGB bezweckte also eine Rechtsvereinheitlichung.

cc) Die Verfassungswidrigkeit von § 193 Abs. 2 ABGB

In einer Entscheidung vom 20.1.2014[666] hat der Oberste Gerichtshof Österreichs Bedenken gegenüber der Verfassungsmäßigkeit der starren Mindestaltersabstandsgrenze von 16 Jahren in § 193 Abs. 2 ABGB geäußert. In der Sache ging es um die Entscheidungsfindungen der Vorinstanzen, die die Annahme eines 16-jährigen Jugendlichen deshalb ablehnten, weil der Altersabstand zwischen der Adoptivmutter als Frau des leiblichen Vaters und dem Kind lediglich 15 Jahre und 7,5 Monate betrug. Rechtlich unbeachtlich blieb der Umstand, dass

---

662 *Jordan*, ÖA 1992, 43.
663 *Jordan*, ÖA 1992, 43.
664 *Kodek/Schwimann/Höllwerth*, 5. Auflage, § 193 ABGB Rn. 9.
665 *Kodek/Schwimann/Höllwerth*, 5. Auflage, § 193 ABGB Rn. 9.
666 OGH 20.1.2014, 4 Ob 214/13v.

bereits seit 14 Jahren ein gemeinsamer Haushalt bestand, in dem die Beteiligten lebten. Infolgedessen stellte der OGH beim österreichischen Verfassungsgericht einen Antrag, den § 193 Abs. 2 ABGB als verfassungswidrig aufzuheben.[667] Das Verfassungsgericht ist diesem Begehren nachgekommen.

Fraglich ist, auf welche Entscheidungsgründe sich das Verfassungsgericht im Einzelnen gestützt hat. In Betracht kommt ein Verstoß gegen das Gebot zur Wahrung des Kindeswohls nach Art. 1 des Bundesverfassungsgesetzes (BVG) über die Rechte von Kindern, gegen das in Art. 7 des Bundes-Verfassungsgesetzes (BVG) enthaltene Sachlichkeitsgebot und gegen das Grundrecht auf Familienleben gemäß Art. 8 Abs. 1 i.V.m. Art. 14 EMRK.[668]

(1) Verstoß gegen Art. 1 BVG über die Rechte von Kindern

Der Mindestaltersabstand des § 193 Abs. 2 ABGB scheint nicht mit Art. 1 BVG über die Rechte von Kindern vereinbar zu sein. Nach Art. 1 S. 1 des BVG über die Rechte von Kindern hat jedes Kind einen Anspruch auf den Schutz und die Fürsorge, die für sein Wohlergehen notwendig sind, auf bestmögliche Entwicklung und Entfaltung sowie auf die Wahrung seiner Interessen auch unter dem Gesichtspunkt der Generationengerechtigkeit. Art. 1 S. 2 betont dabei, dass bei allen Kinder betreffenden Maßnahmen öffentlicher und privater Einrichtungen das Wohl des Kindes eine vorrangige Erwägung sein muss. Hierdurch wird der Schutz des Kindeswohls ebenso verfassungsrechtlich geboten.[669]

Die Bundesregierung ist der Auffassung, dass § 193 Abs. 2 ABGB nicht gegen Art. 1 des BVG über die Rechte von Kindern verstößt. Begründet wird diese Annahme durch Art. 7 BVG über die Rechte von Kindern. Danach ist eine Beschränkung der in Art. 1 BVG gewährleisteten Rechte und Ansprüche nur zulässig, wenn sie gesetzlich vorgesehen ist und eine Maßnahme darstellt, die in einer demokratischen Gesellschaft für die nationale Sicherheit, die öffentliche Ruhe und Ordnung, das wirtschaftliche Wohl des Landes, die Verteidigung der Ordnung und zur Verhinderung von strafbaren Handlungen, zum Schutz der Gesundheit oder zum Schutz der Rechte und Freiheiten anderer notwendig ist. Art. 7 BVG hebt damit hervor, dass dem Kindeswohl gegenüber anderen Rechtspositionen kein genereller Vorrang zukommt, sondern dass es vielmehr mit

667 OGH 20.1.2014, 4 Ob 214/13v.

668 Vgl. Zak 2014/156, Gesetzesprüfungsantrag zum Mindestaltersunterschied im Adoptionsrecht, 19.3.2014, Heft 5/2014.

669 OGH 20.1.2014, 4 Ob 214/13v; *Fuchs*, Kinderrechte in der Verfassung: Das BVG über die Rechte von Kindern, in: Jahrbuch Öffentliches Recht, 2011, S. 91, 98.

anderen grundrechtlichen Interessenpositionen und öffentlichen Interessen abgewogen werden muss. Diesen Anforderungen kommt § 193 Abs. 2 ABGB nach, da mit dieser Vorschrift unter Berücksichtigung des Kindeswohls anstelle einer geschwisterähnlichen eine natürliche Familienbeziehung entstehen soll.[670]

Nichtsdestotrotz sprechen die besseren Argumente für die Annahme eines Verstoßes gegen Art. 1 BVG: Ein starrer Mindestaltersabstand, wie in § 193 Abs. 2 ABGB normiert, kann zu einem Ergebnis führen, das in keiner Weise dem Wohl des Kindes entspricht. In vielen Fällen kommt es nämlich vor, dass anstelle einer Kontaktaufnahme zum leiblichen Elternteil ein faktisches Eltern-Kind-Verhältnis zwischen dem Kind und einer anderen ihm vertrauten Person entsteht. In einem solchen Fall dient es den Kindesinteressen, diese faktische Beziehung infolge Adoption „rechtlich zu formalisieren und zu konsolidieren" und gegebenenfalls eine geringfügige Unterschreitung des Mindestaltersabstandes des § 193 Abs. 2 ABGB zuzulassen.[671] Auch wenn der Mindestaltersabstand des § 193 Abs. 2 ABGB dem Grunde nach sachlich gut begründet ist, macht die Tatsache, dass eine Dispensmöglichkeit trotz Bestehens einer faktischen Eltern-Kind-Beziehung und Beachtung des Kindeswohls nicht vorgesehen ist, die Vorschrift unverhältnismäßig. Die leichtere Handhabung im Rahmen des Adoptionsverfahrens und das Interesse an Rechtssicherheit können nicht als Rechtfertigungsgrund im Sinne von Art. 7 BVG angesehen werden.[672] Denn es leuchtet nicht ein, einen Adoptionsantrag wegen formaler Anforderungen ohne konkrete Kindeswohlprüfung abzulehnen. Der Mindestaltersabstand in § 193 Abs. 2 ABGB verstößt demnach gegen Art. 1 BVG.

(2) Verstoß gegen Art. 7 BVG

Des Weiteren kommt eine Verletzung von Art. 7 BVG in Betracht. Gemäß Art. 7 Abs. 1 S. 1 BVG sind alle Staatsbürger vor dem Gesetz gleich. Danach muss Gleiches gleich und Ungleiches ungleich behandelt werden. Differenzierungen, die der Gesetzgeber vornimmt, müssen also sachlich gerechtfertigt sein.[673] Es muss zunächst festgehalten werden, dass die Normierung eines der natürlichen Generationenfolge entsprechenden Mindestaltersabstandes durch den österreichischen Gesetzgeber nicht rechtlich zu beanstanden ist. Darüber hinaus sind geringe Altersabstände nichts Außergewöhnliches: So kommt es durchaus vor,

670 VfGH vom 11.12.2014, G 18/2014-14.

671 OGH 20.1.2014, 4 Ob 214/13v.

672 *Kolmasch*, Starrer Mindestaltersunterschied bei der Adoption verfassungswidrig, Zak 2015/74, 17.2.2015 Heft 3/15.

673 VfSlg 15.580.

dass auch unter 16-Jährige Kinder bekommen. Dieser Aspekt für sich lässt die Annahme einer Verfassungswidrigkeit von § 193 Abs. 2 ABGB aber noch nicht begründen. Auch die Bundesregierung lehnt einen Verstoß gegen Art. 7 BVG ab, da es aus der Perspektive des Gleichheitssatzes rechtlich nicht zu kritisieren ist, dass es bei der Bestimmung eines Mindestaltersabstandes Personen gibt, die die ihnen zugeschriebenen Eigenschaften noch nicht oder nicht mehr haben, da solche Fälle unvermeidbar sind. § 193 Abs. 2 ABGB kann als typisierende Vorschrift nur dann als verfassungswidrig klassifiziert werden, „wenn sie gegen jede sachliche Erfahrung verstößt",[674] was hier nicht anzunehmen ist. Ferner sollen durch § 193 Abs. 2 ABGB etwaige Rechtsunsicherheiten und mithin auch „frustrierte Hoffnungen" potentieller Adoptiveltern verhindert werden, da die einfache und handhabbare Regelung des § 193 Abs. 2 ABGB für sämtliche Adoptionsbeteiligte unmissverständlich zu verstehen gibt, wann mit einer Adoption zu rechnen ist und dass keine Einzelfallprüfung durchgeführt wird.[675]

Es darf allerdings nicht außer Acht gelassen werden, dass es keine verfassungsrechtliche Rechtfertigung dafür gibt, dass selbst bei Bestehen einer faktischen Eltern-Kind-Beziehung eine Unterschreitung der Mindestaltersabstandsgrenze nicht erlaubt ist. Gleiches – „faktisch bestehende Familienbeziehungen, die durch Adoption formalisiert und konsolidiert werden sollen" – wird ungleich behandelt, ohne dass es dafür einen sachlichen Grund gibt.[676] Mit der Festsetzung eines starren Mindestaltersabstandes verlässt der Gesetzgeber das „Ordnungssystem des Familienrechts". § 138 Abs. 1 ABGB legt zudem fest, dass bei sämtlichen Angelegenheiten, in denen minderjährige Kinder involviert sind, deren Wohl oberste Richtschnur ist und so gut, wie es geht, gewahrt werden muss. Ein starrer Mindestaltersabstand wie in § 193 Abs. 2 ABGB, der eine typisierende Betrachtung vornimmt, widerspricht mangels sachlicher Rechtfertigungsgründe diesem Regelungskonzept.[677]

(3) Verstoß gegen Art. 8 Abs. 1 i.V.m. Art. 14 EMRK

Schließlich könnte § 193 Abs. 2 ABGB gegen Art. 8 Abs. 1 i.V.m. Art. 14 EMRK verstoßen. Etwaige Zweifel bezüglich Art. 8 Abs. 1 i.V.m. Art. 14 EMRK sind nach Auffassung der Bundesregierung nicht haltbar, da in Bezug auf die Altersgrenze und des Mindestaltersabstandes kein einheitlicher europäischer Standard existiert.

674 VfGH vom 11.12.2014, G 18/2014-14.
675 VfGH vom 11.12.2014, G 18/2014-14.
676 OGH 20.1.2014, 4 Ob 214/13v.
677 OGH 20.1.2014, 4 Ob 214/13v.

Wie die Rechtsordnungen der europäischen Staaten zeigen, sind entweder überhaupt keine Mindestaltersabstände normiert oder verschiedenartige Altersgrenzen.[678] Diese Argumentation trifft gleichwohl nicht zu: Gerade durch Art. 9 Abs. 1 S. 3 EuAdAb soll ein einheitlicher europäischer Standard geschaffen werden.

Es ist also zu prüfen, ob eine sachlich nicht gerechtfertigte Ungleichbehandlung vorliegt. Zunächst müssten Personen „in vergleichbarer oder rechtserheblich ähnlicher Lage unterschiedlich behandelt worden sein".[679] Die Merkmale des Art. 14 EMRK sind dabei nicht als abschließend anzusehen („oder eines anderen Status"). Der Wortlaut „anderer Status" liegt einer weiten Auslegung zugrunde: Sie beschränken sich nicht auf eine verschiedenartige Behandlung aufgrund von Merkmalen, die persönlich oder eng mit der Person in einem Zusammenhang stehen.[680] Altersdiskriminierungen sind demzufolge auch vom Anwendungsbereich des Art. 14 EMRK erfasst.[681] § 193 Abs. 2 ABGB kann die „rechtliche Formalisierung und Konsolidierung eines faktischen Eltern-Kind-Verhältnisses verhindern".[682] Unter sonst gleichen Umständen findet eine Differenzierung allein nach dem Alter des Annehmenden statt. Anknüpfungspunkt der Vorschrift ist demnach – jedenfalls mittelbar – das Alter des Annehmenden. Eine sachliche Rechtfertigung ist demnach abzulehnen. Ein Verstoß gegen Art. 8 Abs. 1 i.V.m. Art. 14 EMRK ist im Ergebnis anzunehmen.

2. Höchstalter

Eine Höchstaltersgrenze sieht das ABGB nicht vor. Allerdings gestaltet sich eine Adoption für Bewerber, die bereits das 40. Lebensjahr vollendet haben, als schwierig. Denn je älter Adoptionsbewerber sind, desto geringer sind ihre Chancen auf einen erfolgreichen Adoptionsverfahrensausgang. Ob ein Adoptionsbewerber für die Kindesannahme geeignet ist, kann nicht allein anhand des Alters festgemacht werden; das Alter muss gleichwohl für die Frage, ob ein natürliches Eltern-Kind-Verhältnis vorliegt, berücksichtigt werden.[683] Es muss

---

678 VfGH vom 11.12.2014, G 18/2014–14.

679 *Meyer-Ladewig*, EMRK: Europäische Menschenrechtskonvention, Handkommentar, Art. 14 Rn. 9.

680 *Meyer-Ladewig*, Art. 14 Rn. 16; EGMR vom 13.7.2010, 7205/07 Nr. 59 – Clift/Vereinigtes Königreich.

681 *Grabenwarter/Pabel*, Europäische Menschenrechtskonvention, § 26 Rn. 8.

682 OGH 20.1.2014, 4 Ob 214/13v.

683 *Winroither/Weise*, in: „Die Presse" vom 15.3.2014, abrufbar unter: http://diepresse.com/home/bildung/erziehung/1575457/Adoption_Der-lange-Weg-zum-Kind (zuletzt am 7.5.2017).

stets geprüft werden, ob die Frau noch die Möglichkeit hat, in ihrem Alter auf natürlichem Wege eigene Kinder zu bekommen. De facto liegt die Höchstaltersgrenze für potentielle Adoptiveltern in Österreich bei 45 Jahren.[684] Es darf nicht unberücksichtigt bleiben, dass sich das durchschnittliche Gebäralter der Mutter stets nach hinten verlagert: Während das durchschnittliche Gebäralter der Mutter im Jahre 2003 bei 27,5 Jahren lag, ist dieses im Jahr 2013 auf 29 Jahre gestiegen.[685] Dieser Anstieg zeigt, dass eine niedrige Höchstaltersgrenze von etwa 40 Jahren nicht mehr mit den heutigen Lebensauffassungen vereinbar ist. Denn der Wunsch nach einem Kind kommt in der heutigen Gesellschaft zunehmend erst in höherem Alter auf.

3. Rechtsvergleich zu Deutschland

Zwischen dem österreichischen Adoptionsrecht und dem deutschen Recht sind einige Parallelen zu verzeichnen. Das betrifft nicht nur die Tatsache, dass beide Adoptionsinstitute auf eine das Kindeswohl gerechte Regelung besonderen Wert legen. Rechtlich interessant ist zunächst, dass § 180 ABGB a.F. im Hinblick auf das Mindestalter eine geschlechtsspezifische Differenzierung zwischen Mann und Frau vornahm; eine Konstruktion, die dem deutschen Adoptionsrecht fremd ist. § 193 ABGB n.F. hat schließlich das Mindestalter ohne Dispensmöglichkeit auf 25 Jahre festgesetzt und keine dem § 1743 S. 1 Hs. 2 und S. 2 BGB vergleichbare Ausnahmeregelung vorgesehen. Anders als das BGB enthält § 193 Abs. 2 ABGB einen Mindestaltersabstand zwischen Annehmenden und Kind von 16 Jahren. Eine Abweichung hiervon ist in bestimmten Fallkonstellationen nicht möglich. Demzufolge ist die starre Altersgrenze durch das österreichische Verfassungsgericht für verfassungswidrig erklärt worden. Das zeigt, dass sich auch der deutsche Gesetzgeber Gedanken um einen Mindestaltersabstand mit Dispensmöglichkeit machen sollte, um ein flexibleres Adoptionsverfahren zu gewährleisten.

Genau wie das BGB enthält auch das ABGB keine Höchstaltersgrenze. Die Rechtspraxis der österreichischen Vermittlungsstellen ist gleichwohl als milder

684 *Winroither/Weise*, in: „Die Presse“ vom 15.3.2014, abrufbar unter: http://diepresse.com/home/bildung/erziehung/1575457/Adoption_Der-lange-Weg-zum-Kind (zuletzt am 7.5.2017). Dadurch, dass der Vollzug der Adoption den einzelnen Bundesländern obliegt, variieren die Regelungen: In Tirol gelangen beispielsweise nur Adoptionsbewerber bis zu einem Alter von 40 Jahren auf die Vormerkliste, während in Niederösterreich der Altersabstand von 45 Jahren nicht überschritten werden darf.

685 Vgl. *Kaindl/Schipfer*, Familien in Zahlen 2014, Gebäralter, S. 7, abrufbar unter: http://www.oif.ac.at/fileadmin/OEIF/FiZ/fiz_2014.pdf (zuletzt am 7.5.2017).

anzusehen, da deren Empfehlungen zufolge eine Höchstaltersdifferenz von 45 Jahren mit der natürlichen Generationenfolge in Einklang steht.

III. Rechtslage in Frankreich

Das aktuell geltende französische Adoptionsrecht (Art. 343 ff. C.c.) wurde durch das Gesetz Nr. 96-604 vom 5.7.1996 und durch die Gesetze vom 4.3.2002 und vom 4.7.2005 modifiziert.[686] Die frühere Rechtslage sah lediglich die Adoption Volljähriger vor (Art. 346 C.c. a.F.). Die Folgen des 1. Weltkrieges bewirkten schließlich eine „Neubelebung des adoptionsrechtlichen Instituts“[687]. Wegen der hohen Anzahl an Kriegswaisen wurde schließlich die Minderjährigenadoption eingeführt.[688] Das Adoptionsrecht in seiner heutigen Gestalt unterscheidet insgesamt zwei Adoptionsformen: Die Volladoption (adoption plénière) und die einfache Adoption (adoption simple). Die Volladoption bezieht sich dabei ausschließlich auf Minderjährige. Art. 345 Abs. 1 C.c. ordnet in diesem Zusammenhang an, dass das Kind jünger als 15 Jahre zu sein hat, wovon Art. 345 Abs. 2 C.c. Ausnahmen zulässt.[689] Im Vergleich dazu kann die einfache Adoption unabhängig vom Alter des Angenommenen durchgeführt werden.[690]

Die einzelnen Altersgrenzen der Annehmenden sind in Art. 343 und Art. 344 C.c. festgelegt. Art. 343 C.c. n.F. normiert die Voraussetzungen für eine gemeinschaftliche Adoption durch Ehegatten: Demnach müssen die Ehegatten entweder eine Mindestehedauer von zwei Jahren vorweisen können oder sie müssen alternativ beide mindestens das 28. Lebensjahr vollendet haben. Art. 343-1 C.c. regelt die Einzeladoption und unterscheidet in seinen Absätzen zwischen verheirateten und nicht verheirateten Personen. Eine unverheiratete Person muss bei der Adoption nach Art. 343-1 Abs. 1 C.c. ein Mindestalter von 28 Jahren aufweisen. Ist der Annehmende dagegen verheiratet, dann bedarf es für die Adoption nach Art. 343-1 Abs. 2 der Zustimmung seines Ehegatten, es sei denn, der Ehegatte kann einen solchen Willen nicht bekunden. Die Altersbedingungen des

686 *Kaiser/Schnitzler/Friederici/Schilling/Junggeburth*, Familienrecht, Länderbericht zu Frankreich, S. 2777 Rn. 163.

687 *Heinsheimer/Kaden/Wolff/Merk*, Art. 343.

688 *Kaiser/Schnitzler/Friederici/Schilling/Junggeburth*, Familienrecht, Länderbericht zu Frankreich, S. 2777 Rn. 163; *Courbe*, Droit de la famille, S. 415.

689 *Kaiser/Schnitzler/Friederici/Schilling/Junggeburth*, Familienrecht, Länderbericht zu Frankreich, S. 2777 Rn. 165.

690 *Kaiser/Schnitzler/Friederici/Schilling/Junggeburth*, Familienrecht, Länderbericht zu Frankreich, S. 2778 Rn. 168.

Art. 343–1 C.c. sind nach Art. 343–2 C.c. nicht einzuhalten, wenn das Kind des Ehegatten angenommen werden soll, also bei der Stiefkindadoption. Näheres hierzu wird in Art. 345–1 C.c. geregelt.

Auch das französische Adoptionsrecht setzt einen Mindestaltersabstand voraus. Art. 344 Abs. 1 S. 1 C.c. legt einen Mindestaltersabstand von 15 Jahren zwischen Annehmenden und Kind fest. Von diesem Regelfall sind gleichwohl Ausnahmen zulässig. Eine solche Ausnahmeregelung findet sich in Art. 344 Abs. 1 S. 2 C.c.: Demnach reduziert sich der Mindestaltersabstand von 15 Jahren auf 10 Jahre, wenn das Kind des Ehegatten adoptiert wird. Darüber hinaus gestattet Art. 344 Abs. 2 C.c. dem Gericht, vom Mindestaltersabstand des Art. 344 Abs. 1 S. 1 C.c. bei Vorliegen von wichtigen Gründen abzuweichen. Ein Höchstalter sieht das französische Adoptionsrecht nicht vor.

Eine Gegenüberstellung von deutschem und französischem Adoptionsrecht zeigt erhebliche Unterschiede: Das betrifft zum einen die Tatsache, dass das französische Recht anders als § 1743 S. 2 BGB ein Mindestalter bei der gemeinschaftlichen Adoption nicht zwingend voraussetzt; es genügt, wenn die Ehegatten bereits seit zwei Jahren miteinander verheiratet sind. Zum anderen ist die Besonderheit festzustellen, dass nach französischem Recht sowohl für die Einzeladoption durch unverheiratete als auch für die gemeinschaftliche Adoption durch verheiratete Personen ein höheres Mindestalter von 28 Jahren festgelegt wird. Eine Differenzierung zwischen diesen Adoptionstypen erfolgt nicht. Rechtlich interessant ist auch der Umstand, dass weder bei der Einzeladoption durch eine verheiratete Person noch bei der Stiefkindadoption das gesetzlich normierte Mindestalter einzuhalten ist. Auch insoweit unterscheidet sich das französische vom deutschen Adoptionsrecht. Schließlich ermöglicht das französische Adoptionsrecht mit dem Mindestaltersabstand von 15 Jahren ein vergleichsweise flexibleres Adoptionsverfahren. Ein Vergleich dieser Adoptionsinstitute zeigt, dass das französische C.c. nicht immer auf starre Altersgrenzen abstellt, sondern zum Wohl des Kindes die Entscheidung über den Ausgang des Verfahrens primär vom Einzelfall abhängig macht. Auch der deutsche Gesetzgeber sollte es sich zur Aufgabe machen, das Adoptionsrecht in diesem Sinne kindeswohlgerechter zu gestalten.

IV. Rechtslage in weiteren europäischen Ländern[691]

Ein Blick auf die Rechtsordnungen anderer europäischer Länder zeigt eine in weiten Teilen einheitliche Rechtspraxis, die sich im zulässigen Rahmen des Art. 9 EuAdAb bewegt. Es sind aber auch einige Parallelen zu § 1743 BGB erkennbar. Insgesamt ist das Adoptionsrecht in diesen Ländern umfassender geregelt und gewährleistet ein flexibleres Adoptionsverfahren.

1. Mindestalter[692]

§ 1743 BGB setzt bei der Einzeladoption durch eine unverheiratete Person ein Mindestalter von 25 Jahren voraus und macht hiervon in den Fällen des § 1743 S. 2 BGB dahingehend eine Ausnahme, dass bei einem verheirateten Paar der eine Ehegatte lediglich das 21. Lebensjahr erreicht haben muss, wenn der andere Ehegatte 25 Jahre alt ist. Eine identische Regelung enthält Luxemburg in Art. 334 ZGB.

Des Weiteren gibt es diverse andere europäische Rechtsordnungen, die eine ähnliche Mindestaltersregelung enthalten. Das Mindestalter variiert hierbei in den verschiedenen Rechtsordnungen zwischen 18 (bzw. das Alter der Volljährigkeit) und 30 Jahren.[693] Ein Mindestalter von 18 Jahren sehen die Rechtsordnungen in Bulgarien (Art. 79 FamGB), Litauen (Art. 3.210 ZGB) und Rumänien (Art. 9 Abs. 1 FamGB) vor. Eine Mindestaltersgrenze von 21 Jahren gilt in England (Section 50 Abs. 1, 2 Adoption and Children Act 2002) und in Irland (Section 10 Abs. 5 a Adoption Act 1991). Ein Großteil der Staaten verlangt – wie Deutschland – ein Mindestalter von 25 Jahren: Belgien (Art. 345 BW), Zypern (Art. 4 FamG), Estland (Art. 150 FamG), Finnland (Art. 6 FamG), Island (Art. 5 FamGB), Lettland (Art. 163 ZGB), Norwegen (Art. 3 FamG), Portugal (Art. 1979 ZGB), Spanien (Art. 175 Abs. 1 CC) und Schweden (Section 5:1 Children and Parents Code {1949: 381}). Abweichend hiervon wird ein Mindestalter von 28

691 Zu den meisten Staaten der USA vgl. *Leavy/Weinberg*, Law of Adoption, 4. Auflage 1979; *Alabama* (Code § 26-10-1), *Illinois* (Adoption Act [750ILCS50] § 2-A-a), *New York* (Domestic Relation Law § 110), *Pennsylvania* (Adoption Act § 2312) verlangen grundsätzlich Volljährigkeit; *Georgia* setzt alternativ die Vollendung des 25. Lebensjahres oder eine bestehende Ehe voraus (Code § 74-402 (a) (1)).

692 Vgl. hierzu *Fenton-Glynn*, Children's Rights in Intercountry Adoption, Chapter 8, S. 159 f.

693 Vgl. hierzu *Fenton-Glynn*, Children's Rights in Intercountry Adoption, Chapter 8, S. 159 f.

Jahren in Malta (Art. 115 ZGB) und ein Mindestalter von 30 Jahren in Griechenland (Art. 1543 ZGB) verlangt.

Zu beachten ist, dass es sich hierbei nicht stets um starre Mindestaltersgrenzen handelt: Vielmehr ist den meisten Vorschriften darüber hinaus eine Dispensmöglichkeit zu entnehmen. Ausnahmeregelungen dienen dazu, die Fürsorge des Kindes zu wahren und den Kindesinteressen zu entsprechen. Ist in einer Vorschrift kein Dispens vorgesehen, dann können Zweifel aufkommen, ob die starre Altersgrenze das Kindeswohl fördert. Zwar erfolgt dadurch eine Eingrenzung potentieller Adoptiveltern, allerdings wird dem Kind unter Umständen die Möglichkeit verweigert, bei geeigneten Eltern aufzuwachsen.[694]

Im Folgenden soll eine nähere Auseinandersetzung mit bestimmten europäischen Rechtsordnungen stattfinden. Betrachtet man beispielsweise das spanische Adoptionsrecht, dann muss der Annehmende im Sinne von Art. 175 Abs. 1 CC ein Mindestalter von 25 Jahren erreicht haben. Von diesem Grundsatz wird für den Fall der gemeinschaftlichen Adoption durch Ehegatten – wie § 1743 S. 2 BGB – eine Ausnahme gemacht: Den Mindestalterserfordernissen wird entsprochen, wenn nur einer der Ehegatten das Alter von 25 Jahren vollendet hat.[695] Das portugiesische Recht[696] dagegen unterscheidet in Art. 1979 ZGB in Bezug auf das Mindestalter zwischen gemeinschaftlicher Adoption durch Ehegatten und Einzeladoption durch eine nicht verheiratete Person. Die potentiellen Adoptiveltern müssen bei der gemeinschaftlichen Adoption ein Mindestalter von 25 Jahren aufweisen. Im Gegensatz zum deutschen Recht besteht aber nicht die Möglichkeit einer ausnahmsweisen Mindestaltersreduzierung auf 21 Jahre. Einer unverheirateten Person wird die Adoption nach Art. 1979 ZGB nur dann ermöglicht, wenn diese das 30. Lebensjahr vollendet hat. In Schweden muss der Annehmende nach Section 5:1 Children and Parents Code das 25. Lebensjahr vollendet haben, um ein Kind adoptieren zu können. Genau wie im deutschen Recht wird auch hier ein Dispens zugelassen. Der Unterschied liegt gleichwohl darin, dass das schwedische Recht einer Person, die zwar schon das 18., aber noch nicht das 25. Lebensjahr vollendet hat, die Adoption für den Fall gestattet, dass

---

694 Vgl. hierzu *Fenton-Glynn*, Children's Rights in Intercountry Adoption, Chapter 8, S. 161.

695 So auch die Rechtsordnungen von Bulgarien (Art. 79 FamGB) und Zypern (Art. 4 FamG).

696 Vgl. hierzu Schweizerische Eidgenossenschaft, Bundesamt für Justiz, abrufbar unter: https://www.bj.admin.ch/bj/de/home/gesellschaft/adoption/herkunftslaender/portugal.html (zuletzt am 7.5.2017).

diese ein eigenes Kind, ein Kind bzw. Adoptivkind des Ehegatten[697] betrifft oder wenn sonstige wichtige Gründe[698] gegeben sind.[699] Eine vom deutschen Recht abweichende Vorschrift enthält das Adoptionsrecht von Griechenland. Denn das griechische Recht unterscheidet bei der Adoption zwischen Minderjährigen und Volljährigen. Bei der Minderjährigenadoption muss der Annehmende nach Art. 1543 ZGB das Alter von 30 Jahren vollendet haben, während eine volljährige Person[700] erst dann angenommen werden kann, wenn der Annehmende gemäß Art. 1579 ZGB das 40. Lebensjahr erreicht hat.

Rechtlich interessant sind darüber hinaus die Rechtsordnungen in Italien und den Niederlanden, die keine Mindestaltersregelung haben. Soll ein Kind in den Niederlanden adoptiert werden, dann muss der Adoptierende gemäß Art. 1:228 Abs. 1 a BW das Kind für mindestens drei aufeinanderfolgende Jahre versorgt und erzogen haben; bei gemeinschaftlicher Adoption genügt die Versorgung und Erziehung durch die Annehmenden für mindestens ein Jahr.[701] Das italienische Adoptionsrecht setzt in Art. 6 des Gesetzes Nr. 184/04 vom 4.5.1983, das durch das Gesetz Nr. 149/2001 ergänzt wurde, voraus, dass ein Kind nur durch Ehegatten angenommen werden kann, die seit mindestens drei Jahren eine intakte Ehe führen und die dazu geeignet sind, das Adoptivkind zu erziehen, zu unterhalten und zu unterstützen.[702] Das Recht von Estland lässt den Dispens zu, wenn das Gericht gute Gründe hierfür vorbringt.

Auch andere Nicht-EU-Staaten, die aber das Europäische Übereinkommen über die Adoption von Kindern ratifiziert haben, weisen ähnliche Mindestaltersgrenzen auf. Ein Mindestalter von 18 Jahren gilt für Georgien (Art. 1245 ZGB), von 21 Jahren für Serbien (Art. 103 Abs. 1 FamGB) und die Ukraine (Art. 211

697 Ähnliche Abweichungsgründe enthalten auch die Rechtssysteme von Bulgarien (Art. 79 FamiGB), Irland (Art. 10 Abs. 5 a FamG), Belgien (Art. 345 BW) und Finnland (Art. 6 FamG).

698 Eine Dispensmöglichkeit bei Vorliegen von wichtigen Gründen sehen auch die Adoptionsrechte von Finnland (Art. 6 Adoption FamG), Island (Art. 5 FamGB) und Norwegen (Art. 3 FamG) vor.

699 *Kaiser/Schnitzler/Friederici/Schilling/Junggeburth*, Familienrecht, Länderbericht zu Skandinavien, S. 3008 Rn. 108.

700 Bei der Volljährigenadoption muss der Anzunehmende mit dem Annehmenden bis zum vierten Grad verwandt oder verschwägert sein.

701 Vgl. Gesetz vom 21.12.2000 über die Änderung des Buches 1 des Bürgerlichen Gesetzbuches, abrufbar unter: http://www.lsvd.de/bund/lpartg/nl-adoption.html (zuletzt am 7.5.2017).

702 *Kaiser/Schnitzler/Friederici/Schilling/Junggeburth*, Familienrecht, Länderbericht zu Italien, S. 2847 Rn. 152.

FamGB), von 25 Jahren für Moldawien (Art. 121 FamGB) und San Marino (Art. 7 FamGB), von 28 Jahren für Monaco (Art. 242 ZGB) und von 30 Jahren für Montenegro (Art. 126 FamGB).

2. Mindestaltersabstand[703]

Wie bereits festgestellt, hat der deutsche Gesetzgeber von einer Übernahme des Mindestaltersabstandes von 18 Jahren zwischen Annehmenden und Kind (§ 1744 BGB a.F.) abgesehen. Im Vergleich zur deutschen Rechtslage gibt es andere europäische Rechtsordnungen, die einen solchen Mindestaltersabstand voraussetzen. Von nahezu allen Rechtssystemen wird ein Mindestaltersabstand zwischen Annehmenden und Anzunehmenden verlangt.[704] Auffallend ist hierbei Spanien mit seinem sehr geringen Mindestaltersabstand von nur 14 Jahren (Art. 175 Abs. 2 CC). Ein gesetzlich angeordneter Mindestaltersabstand von 15 Jahren findet sich demgegenüber in Belgien (Art. 345 BW), Bulgarien (Art. 79 FamGB) und Luxemburg (Art. 334 ZGB) und von 16 Jahren in Portugal (Art. 1979 ZGB). Eine Mindestaltersabstandsgrenze von 18 Jahren wird von den Rechtsordnungen in Zypern (Art. 4 FamG), Finnland (Art. 7 FamG), Griechenland (in Art. 1543 ZGB für die Minderjährigenadoption und in Art. 1579 ZGB für die Adoption eines Volljährigen), Italien (Art. 6 Abs. 3 CC), Lettland (Art. 163 ZGB), Litauen (Art. 3.210 ZGB) und Niederlande (Art. 1:228 Abs. 1 c BW) vorausgesetzt. Eine Besonderheit zeigt zum einen Malta mit seinem Mindestaltersabstand von 21 Jahren (Art. 115 ZGB) und zum anderen Tschechien, Polen und die Slowakei, die wie Deutschland keine entsprechende Altersbegrenzung normieren, sondern stattdessen den Gerichten die Entscheidung darüber belassen, ob zwischen den Beteiligten eine angemessene Altersdifferenz besteht. Dieser Umstand kann aber Probleme bei grenzüberschreitenden Adoptionen verursachen: Einerseits ist eine Umgehung der Altersbeschränkungen des deutschen Rechts zu befürchten und andererseits können aus der Sicht potentieller Adoptiveltern beachtliche Unsicherheiten aufkommen, wenn diese bereits ein Alter erreicht haben, bei dem nicht ohne Weiteres geklärt werden kann, ob sie für die Kindesannahme geeignet sind oder nicht; gerichtliche Entscheidungen dienen hier nicht als

---

703 Vgl. hierzu *Fenton-Glynn*, Children's Rights in Intercountry Adoption, Chapter 8, S. 156 f.

704 Vgl. hierzu *Fenton-Glynn*, Children's Rights in Intercountry Adoption, Chapter 8, S. 156 f.

Orientierungspunkt.[705] Spanien und Belgien missachten mit ihrem niedrigen Mindestaltersabstand den zulässigen Rahmen von Art. 9 Abs. 1 S. 3 EuAdAb.

Auch andere Nicht-EU-Staaten, die aber das Europäische Übereinkommen über die Adoption von Kindern ratifiziert haben, weisen ähnliche Altersabstandsgrenzen auf. Dies gilt mit einem Mindestaltersabstand von 15 Jahren für Andorra (Art. 4 FamGB), Moldawien (Art. 123 FamGB), Monaco (Art. 266 ZGB) und die Ukraine (Art. 211 FamGB), von 16 Jahren für Russland (Art. 128 FamGB)[706] und von 18 Jahren für Albanien (Art. 241 FamGB), Liechtenstein (Art. 180 ZGB), Mazedonien (Art. 118 FamGB), Montenegro (Art. 126 FamGB), San Marino (Art. 7 LFamG) und Serbien (Art. 103 FamGB).

Erwähnenswert ist noch, dass sämtliche der oben genannten Rechtssysteme eine Dispensmöglichkeit vom gesetzlich fixierten Mindestaltersabstand zulassen. Auch der deutsche Gesetzgeber sollte eine entsprechende Regelung im BGB normieren.

3. Höchstaltersgrenzen[707]

In den wenigsten Rechtsordnungen ist ein Höchstalter bzw. eine Höchstaltersdifferenz vorgesehen.

Der Höchstaltersabstand bewegt sich europaweit zwischen 40 und 50 Jahren. Ein Höchstaltersabstand von 40 Jahren gilt in Dänemark und in den Niederlanden, von 45 Jahren in Finnland (Art. 7 FamG), Italien (Art. 6 Abs. 3, 6 CC) und Malta (Art. 115 ZGB) und von 50 Jahren in Griechenland (Art. 1544 ZGB) und Portugal (Art. 1979 Abs. 3, 4 ZGB). Demgegenüber liegt das gesetzlich fixierte Höchstalter zwischen 35 und 60 Jahren. Das Höchstalter von 35 Jahren

---

705 Vgl. hierzu *Fenton-Glynn*, Children's Rights in Intercountry Adoption, Chapter 8, S. 161.

706 Dem russischen Adoptionsrecht ist ausschließlich die Minderjährigenadoption bekannt, Art. 124 Ziff. 2 FamGB. Die Annehmenden müssen in eingetragener Ehe leben. Eine Besonderheit enthält das russische Recht allerdings mit seiner Mindestaltersgrenze von 18 Jahren. Das Gericht kann vom Mindestaltersabstand bei Vorliegen von wichtigen Gründen eine Befreiung erteilen. Eine Höchstaltersgrenze für die potentiellen Adoptiveltern ist nicht vorgesehen. Vgl. Zentrum Ruslan: http://www.zentrum-ruslan.ch/de/adoptionen/dossier-russland-10 (zuletzt am 7.5.2017); *Kaiser/Schnitzler/Friederici/Schilling/Junggeburth*, Familienrecht, Länderbericht zu Russland, S. 2959 Rn. 125.

707 Vgl. hierzu *Fenton-Glynn*, Children's Rights in Intercountry Adoption, Chapter 8, S. 158, 160 f.

soll in Kroatien nicht überschritten werden.[708] In den Niederlanden sollte der Annehmende nicht älter als 41 Jahre sein. Demgegenüber ist ein Höchstalter von 50 Jahren in Finnland (Art. 6 FamG) und Litauen (Art. 3.210 ZGB) und ein Höchstalter von sogar 60 Jahren in Griechenland (Art. 1543 ZGB) und Portugal (Art. 1979 ZGB) einzuhalten.

Auch Nicht-EU-Staaten enthalten vergleichbare Normierungen: Das gilt in Bezug auf eine Höchstaltersdifferenz von 45 Jahren für Mazedonien (Art. 118 FamGB) und San Marino (Art. 7 FamG) und von 50 Jahren für Montenegro (Art. 126 FamGB) und Serbien (Art. 103 FamGB). Das Höchstalter der Annehmenden wird in Moldawien (Art. 121 FamGB) und Montenegro (Art. 126 FamGB) auf 50 Jahre angesetzt.

Auch in Bezug auf die Höchstaltersgrenzen sind entsprechende Abweichungen möglich, etwa wenn das Adoptivkind das Kind des Ehegatten ist oder wenn wichtige Gründe vorliegen. Der deutsche Gesetzgeber sollte sich im Rahmen von Reformarbeiten ebenfalls über eine solche Regelung Gedanken machen.

VI. Rechtslage in muslimisch geprägten Ländern

Das türkische Recht hat mit der Reform des Jahres 2001 das Adoptionsrecht in Art. 305 ff. ZGB elementar modifiziert, um europäischen Standards genügen zu können.[709] Nach Art. 305 Abs. 2 ZGB muss die Adoption dem Kindeswohl dienen. Jedoch sind die Altersgrenzen im Vergleich zu anderen europäischen Rechtsordnungen als sehr streng anzusehen: So müssen die Ehegatten bei der gemeinschaftlichen Adoption entweder eine Mindestehedauer von fünf Jahren vorweisen können oder beide das 30. Lebensjahr vollendet haben. Eine Ausnahme macht Art. 306 Abs. 3 ZGB für die Stiefkindadoption: Diese ist zulässig, wenn die Ehegatten seit mindestens zwei Jahren verheiratet sind oder wenn der annehmende Ehegatte das 30. Lebensjahr erreicht hat. Bei der Einzeladoption muss der unverheiratete Annehmende gemäß Art. 307 Abs. 1 ZGB das 30. Lebensjahr vollendet haben. Art. 308 Abs. 1 ZGB normiert zusätzlich einen Mindestaltersabstand von 18 Jahren.[710]

---

708 Auffallend ist, dass aktuell das Mindestalter in der Schweiz (35 Jahre) das Höchstalter in Kroatien darstellt.

709 *Kaiser/Schnitzler/Friederici/Schilling/Junggeburth*, Familienrecht, Länderbericht zur Türkei, S. 3093 Rn. 52.

710 *Kaiser/Schnitzler/Friederici/Schilling/Junggeburth*, Familienrecht, Länderbericht zur Türkei, S. 3094 Rn. 53.

Das iranische Recht enthält demgegenüber keinerlei Adoptionsvorschriften, da die Kindesannahme nach dem klassischen islamischen Recht nicht vorgesehen ist. Dem iranischen Recht ist indes das Rechtsinstitut von „sarparasti“[711] oder „farzand-khandegi“ bekannt. Bis September 2013 gab es das „Gesetz zum Schutze von Kindern ohne Vormund von 1975“, das vergleichbar war mit der dem deutschen Recht bekannten schwachen Adoption.[712] September 2013 ist schließlich das Gesetz von 1975 durch ein neues „Gesetz zum Schutze von Kindern und Jugendlichen ohne Vormund“ (KSchG 2013) revidiert worden,[713] dessen Ziel nach Art. 1 KSchG 2013 der körperliche und seelische Schutz des Kindes ist. Das KSchG enthält nunmehr auch Altersgrenzen für die Antragsteller. Von kinderlosen Ehegatten wird verlangt, dass ihre Ehe seit mindestens fünf Jahren Bestand hat, während gleichzeitig einer der Ehegatten das 30. Lebensjahr vollendet haben muss.[714] Es dürfen nach Art. 9 KSchG 2013 ausschließlich Kinder und Jugendliche adoptiert werden, die das Pubertätsalter[715] noch nicht erfüllt haben sowie solche, die zwar die Pubertät, aber noch nicht das 16. Lebensjahr erreicht haben und die nicht die nötige geistige Reife aufweisen.[716]

Es gibt auch muslimisch geprägte Länder, die das Rechtsinstitut der Adoption gänzlich verbieten, da sie nach dem Koran verboten ist.[717] Solche Länder sind deshalb weder Vertragsstaat des HAÜ noch Mitglied im Haager Kinderschutzübereinkommen von 1996 (KSÜ) und greifen infolgedessen auf das adoptionsähnliche Rechtsinstitut der „kafala“ zurück.[718] Die Kindesannahme ist demnach gemäß § 149 FamFG unwirksam.[719] Die kafala greift gerade nicht in

711 Hierbei handelt es sich um eine Form der Betreuung oder Fürsorge, vgl. *Zimmermann*, NZFam 2016, 249.

712 *Kaiser/Schnitzler/Friederici/Schilling/Junggeburth*, Familienrecht, Länderbericht Iran, S. 2825 Rn. 61; Vgl. OLG Köln vom 24.4.2012 – 4 UF 185/10, JurisPK-BGB/*Behrentin*, Art. 22 EGBGB Rn. 5.

713 *Kaiser/Schnitzler/Friederici/Schilling/Junggeburth*, Familienrecht, Länderbericht Iran, S. 2825 Rn. 61.

714 *Kaiser/Schnitzler/Friederici/Schilling/Junggeburth*, Familienrecht, Länderbericht Iran, S. 2825 Rn. 63.

715 Dieses ist nach Art. 1210 Anmerkung 1 CC bei Jungen mit Vollendung des 15. Lebensjahres und bei Mädchen mit Vollendung des neunten Lebensjahres erreicht.

716 *Kaiser/Schnitzler/Friederici/Schilling/Junggeburth*, Familienrecht, Länderbericht zum Iran, S. 2825 Rn. 64; Die Annehmenden müssen der in der Islamischen Republik Iran genannten Religion angehören.

717 Sura Al-Ahzab 33, Vers 5.

718 Vgl. *Staudinger/Henrich*, Art. 22 EGBGB Rn. 71.

719 *Rieck*, Ausländisches Familienrecht, Marokko, Rn. 33; vgl. *Ahlborn*, StAZ 1970, 221.

Abstammungs- und Verwandtschaftsverhältnisse ein. Ein Kind wird vielmehr „unter Aufrechterhaltung seiner biologischen Herkunft anderen Eltern durch Übertragung der elterlichen Sorge zur Betreuung und Erziehung anvertraut".[720] Es entsteht keine andauernde Eltern-Kind-Beziehung, sondern die kafala ist zu vergleichen mit einem „Dauerpflegeverhältnis verbunden mit einer Vormundschaft".[721] Dies bewirkt zivilverfahrensrechtliche Probleme: Da die kafala lediglich zu einem Pflegekindverhältnis führt, ist eine Anerkennung im Sinne des AdWirkG nicht möglich.[722]

---

720 Bundesamt für Justiz, Fragen zur internationalen Adoption, Frage 1, abrufbar unter: https://www.bundesjustizamt.de/DE/Themen/Buergerdienste/BZAA/Fragen/1.html (zuletzt am 7.5.2017); vgl. auch *Reinhardt*, JAmt 2011, 180.

721 Bundesamt für Justiz, Fragen zur internationalen Adoption, Frage 1, abrufbar unter: https://www.bundesjustizamt.de/DE/Themen/Buergerdienste/BZAA/Fragen/1.html (zuletzt am 7.5.2017); vgl. auch *Reinhardt*, JAmt 2011, 180.

722 *Zimmermann*, NZFam 2016, 249; OLG Köln vom 23.04.2012 – II-4 UF 185/10; vgl. auch BVerwGE vom 26.10.2010 – 1 C 16.09; BVerwGE vom 10.3.2011 – 1 C 7.10.

F. Reformvorschlag

Eine Reform des § 1743 BGB ist nicht nur sinnvoll, sondern auch von Verfassungs wegen geboten. Eine umfassende und systematische Neuregelung der adoptionsrechtlichen Altersgrenzen wird vor allem von Stimmen aus der Großen Koalition des deutschen Bundestages als notwendig angesehen.

Neu zu regeln ist zunächst das Mindestalter der Annehmenden. Darüber hinaus sollen weitere Adoptionsvoraussetzungen wie eine Mindestanzahl an Ehejahren, ein Mindestalters- und Höchstaltersabstand normiert werden. Auf diese Weise kann unter der Berücksichtigung des Kindeswohls ein flexibleres Adoptionsverfahren geschaffen werden. Der Entwurfsvorschlag zielt gleichwohl auf eine überschaubare Differenzierung zwischen der Einzel-, Stiefkind- und gemeinschaftlichen Adoption ab. Die einzelnen Sätze des § 1743 BGB sind durch Absätze zu ersetzen. In einem neuen § 1743 a BGB-E sind die unterschiedlichen Altersabstände zwischen den Beteiligten festzuhalten.

Es müssen auch die „europarechtlichen Ausformungen des Verbots der Altersdiskriminierung durch die Richtlinie 2000/78/EG der Europäischen Union" beachtet werden. Durch entsprechende unionsrechtliche Bedingungen wird das verfassungsrechtliche Erfordernis verstärkt, dass der Gesetzgeber zur Beantwortung der Frage, ob Höchstaltersgrenzen festzulegen sind, berufen ist, „weil die Rechtfertigung von Art und Maß einer Ungleichbehandlung auch danach eine Abwägung mit anderen legitimen Zielen erfordert".[723]

§ 1743 BGB ist wie folgt zu ändern:

§ 1743
(1) Wer ein Kind allein annehmen will, muss das 25. Lebensjahr vollendet haben. Vom Mindestalter kann abgewichen werden, wenn wichtige Gründe vorliegen, das Wohl des Kindes dadurch nicht gefährdet wird und der Annehmende zumindest das 21. Lebensjahr vollendet hat.
(2) In den Fällen des § 1741 Abs. 2 S. 2 muss ein Ehegatte das 25. Lebensjahr, der andere Ehegatte das 21. Lebensjahr vollendet haben und beide Ehegatten müssen seit mindestens drei Jahren miteinander verheiratet sein.

723 Vgl. die Entscheidung des BVerfG vom 21.4.2015 – 2 BvR 1322/12, 2 BvR 1989/12, in der es um die Altershöchstgrenzen für die Einstellung in den öffentlichen Dienst ging.

(3) In den Fällen des § 1741 Abs. 2 S. 3 muss der Annehmende das 21. Lebensjahr vollendet haben und die Ehe muss seit mindestens drei Jahren bestehen.

§ 1743 a
Der Altersunterschied zwischen dem Kind und den annehmenden Personen darf nicht weniger als 18 Jahre und nicht mehr als 45 Jahre betragen. Hiervon kann abgewichen werden, wenn wichtige Gründe vorliegen und das Wohl des Kindes dadurch nicht gefährdet wird.

I. Einzeladoption im Sinne von § 1743 Abs. 1 BGB-E

Der Annehmende muss bei einer Einzeladoption, die gegenüber der gemeinschaftlichen Adoption und der Stiefkindadoption die Ausnahme darstellt, weil das Kind nicht in eine bereits bestehende Familiengemeinschaft eingegliedert, sondern lediglich einer Einzelperson zugeordnet wird, gemäß § 1743 Abs. 1 S. 1 BGB-E das 25. Lebensjahr vollendet haben. Obwohl die Einzeladoption ein Ausnahmefall ist, kann diese in bestimmten Situationen dem Kindeswohl entsprechen. Das gilt beispielsweise für den Fall des Fehlens eines adoptionswilligen Paares (z.B. für die Adoption eines gebrechlichen Kindes), oder wenn bereits ein enges Verhältnis zwischen dem Annehmenden und anzunehmenden Kind besteht. Mit der Mindestaltersgrenze von 25 Jahren wird gewährleistet, dass der Annehmende ein gewisses Maß an Stabilität und Reife besitzt, um Verantwortung für das anzunehmende Kind zu übernehmen.

Nach § 1743 Abs. 1 S. 2 BGB-E soll bei besonderen Umständen zum Wohl des Kindes die Mindestaltersgrenze von 25 Jahren ausnahmsweise unterschritten werden dürfen. Ein solcher Dispens macht Sinn, wenn zwischen dem Annehmenden und dem zu adoptierenden Kind bereits seit Jahren eine enge Verbundenheit und häusliche Gemeinschaft besteht, die der zwischen Kindern und leiblichen Eltern entspricht. Maßgeblich ist der Grad der Intensität des Eltern-Kind-Verhältnisses. Der Annehmende muss nach § 1743 Abs. 1 S. 2 BGB-E aber zumindest das 21. Lebensjahr vollendet haben, weil sonst eine Privilegierung der Einzeladoption gegenüber der gemeinschaftlichen Adoption und der Stiefkindadoption die Folge wäre.

II. Gemeinschaftliche Adoption im Sinne von § 1743 Abs. 2 BGB-E

Nach § 1743 Abs. 2 BGB-E muss in den Fällen des § 1741 Abs. 2 S. 2 BGB der eine Ehegatte das 25. Lebensjahr, der andere Ehegatte das 21. Lebensjahr vollendet haben. Um Eheleute im Vergleich zu Einzelpersonen nicht zu benachteiligen, muss diesen die Adoption bei gleichem Alter gewährt werden. Die Regelung eines geringfügigen Mindestalters für Adoptionsbewerber ist „entwicklungspsychologischen Erkenntnissen geschuldet", demzufolge nicht strittig und für die Rechtspraxis eher irrelevant, weil eine Vielzahl an Adoptionsbewerbern ein Alter zwischen 30 und 50 Jahren aufweisen und den Gedanken an eine Adoption erst dann aufkommen lassen, wenn sämtliche Versuche auf natürlicher oder medizinischer Weise fehlgeschlagen sind.[724]

Kumulativ hierzu ist von den potentiellen Adoptiveltern der Nachweis einer Mindestehedauer von drei Jahren zu erbringen (§ 1743 Abs. 2 BGB-E). Anlässlich des bereits relativ niedrig angesetzten Mindestalters sollte die Einhaltung einer Mindestehedauer von drei Jahren keine alternativ, sondern eine kumulativ einzuhaltende Adoptionsvoraussetzung sein.

In diesem Zusammenhang stellen sich drei Fragen: Zum einen ist zu prüfen, wie der Umstand rechtlich zu bewerten ist, dass § 1743 Abs. 2 BGB-E ausnahmsweise auf ein Mindestalter von 21 und nicht 18 Jahren abstellt. Zum anderen muss erörtert werden, ob eine Mindestdauer an Ehejahren tatsächlich unverzichtbar ist. Schließlich ist zu diskutieren, wie sich der Entwurfsvorschlag auf eingetragene Lebenspartner im Sinne von § 9 Abs. 7 S. 2 LPartG auswirkt.

1. Reduzierung auf 18 Jahre?

Auf den ersten Blick ist die Abweichung des Mindestalters in § 1743 BGB-E von der Volljährigkeit im Sinne von § 2 BGB nicht einleuchtend. Denn die Volljährigkeit indiziert die nötige Reife für alle anderen zivilrechtlichen Rechtshandlungen,[725] auch für die Eheschließung. Aus diesem Grunde erscheint es zweifelhaft, warum bei verheirateten Personen der eine Ehegatte ausnahmsweise mindestens 21 Jahre und nicht 18 Jahre alt sein sollte.

Gegen die Zulässigkeit einer wiederholten Herabsetzung der aktuell geltenden Mindestaltersgrenze von 21 auf 18 Jahre kann fürs Erste historisch mit Art. 7 Abs. 1 S. 2 EuAdAb a.F., wonach das Mindestalter potentieller Adoptiveltern zwischen 21 und 35 Jahren zu liegen hatte, argumentiert werden. Hintergrund der letzten Reduzierung des Mindestalters von 35 Jahren auf 25 und ausnahmsweise 21 Jahre, welche nicht von den Bestimmungen des Europäischen Adoptionsübereinkommens abwich und demnach keinerlei Schwierigkeiten bereitete,

---

724 *Paulitz*, Adoption, S. 225.

725 *Kaiser/Schnitzler/Friederici/Schilling/Dahm*, Familienrecht, § 1743 Rn. 3; kritisch auch MüKo-*Maurer*, Familienrecht II, § 1743 Rn. 5 mwN und *Gernhuber/Coester-Waltjen*, Familienrecht, § 68 Rn. 32.

war die Erkenntnis, kleine Kinder an junge geeignete Eltern zu vermitteln.[726] Zu berücksichtigen ist aber das am 27.11.2008 revidierte Europäische Übereinkommen über die Adoption von Kindern, dessen Art. 9 Abs. 1 S. 2 EuAdAb n.F. nunmehr eine Mindestaltersgrenze von minimal 18 und maximal 30 Jahren festlegt. Eine Altersreduzierung auf 18 Jahre würde den zulässigen Rahmen des Art. 9 Abs. 1 S. 2 EuAdAb n.F. nicht sprengen und demnach europarechtskonform sein. Damit stünde also einer weiteren Reduzierung der Mindestaltersgrenze nichts im Wege.

Nichtsdestotrotz würde eine erneute Alterssenkung dem Kindeswohl widersprechen. Zwar sollen kleine Kinder an junge Eltern vermittelt werden. Dessen ungeachtet dürfen die potentiellen Adoptiveltern nicht zu jung sein: Mit einem Alter von 18 Jahren beginnt gerade einmal das Volljährigkeitsalter, was mit erheblichen Pflichten verbunden ist. Die Annahme eines Kindes durch eine 18-jährige Person würde diese nach § 1626 Abs. 1 S. 1 BGB zur elterlichen Sorge, die gemäß § 1626 Abs. 1 S. 2 BGB die Sorge für die Person des Kindes (Personensorge) und das Vermögen des Kindes (Vermögenssorge) umfasst, verpflichten. Die 18-jährige Person müsste im Sinne von § 1626 Abs. 2 S. 1 BGB bei der Pflege und Erziehung des Adoptivkindes die wachsenden Fähigkeiten und das wachsende Bedürfnis des Kindes zu selbstständigem verantwortungsbewusstem Handeln berücksichtigen und fördern. Dieser erhebliche Verantwortungsumfang kann nicht in adäquater Weise durch eine gerade 18 Jahre alt gewordene Person ohne weiteres bewältigt werden. Eine volljährige Person, die vor kurzem selbst nicht ohne das Einverständnis seiner gesetzlichen Vertreter in sämtlichen Personen- und Vermögensangelegenheiten agieren durfte, benötigt Zeit, um eigenverantwortliches Handeln zu erlernen, bevor Verantwortung für eine dritte Person übernommen werden kann. Das junge Alter des einen Ehegatten kann auch nicht durch ein entsprechend höheres Alter des anderen Ehegatten kompensiert werden, da gerade zu beiden Elternteilen eine sozial-adäquate Eltern-Kind-Beziehung aufgebaut werden soll. Die mangelnde Reife und unzureichende Lebenserfahrung spricht – vor allem im Hinblick auf das Kindeswohl – gegen eine weitere Reduzierung des Mindestalters auf 18 Jahre. Im Ergebnis ist eine Alterssenkung auf ausnahmsweise 18 Jahren vorbehaltlos abzulehnen.

2. Mindestehedauer von drei Jahren

Es gibt Rechtsordnungen, die neben dem Mindestalter auch die Einhaltung einer Mindestehedauer von den Annehmenden verlangen (Frankreich zwei Jahre nach Art. 242 Cc, Italien drei Jahre nach Art. 6 AdoptG oder Portugal vier Jahre gemäß

726 *Mende*, ZblJugR 1970, 189, 191.

Art. 1979 Abs. 1 Cc). In den Reformarbeiten zum deutschen Adoptionsrecht kam wiederholt die Frage auf, ob bei der gemeinschaftlichen Adoption durch ein verheiratetes Paar mit dem Mindestalter kumulativ eine Mindestdauer an Ehejahren zu fordern ist.[727] Eine Aufnahme in das AdoptG 1976 erfolgte jedoch nicht. Es stellt sich die Frage, ob ein entsprechendes kumulativ einzuhaltendes Erfordernis zur Kindeswohlförderung sinnvoll wäre.

Dessen Notwendigkeit kann einstweilen aus den folgenden Gründen abgelehnt werden: Eine solche starre Grenze ist „angesichts der schwerlich verallgemeinernd erfassbaren Umstände aller Einzelfälle nicht zu empfehlen".[728] Das Europäische Abkommen über die Adoption von Kindern sieht in seiner revidierten Fassung nicht die Einhaltung einer bestimmten Anzahl an Ehejahren vor (so auch die ursprüngliche Fassung von 1967). Auch zeigen die Thesen der AGJJ, dass die Fixierung einer Mindestanzahl an Ehejahren nicht zwingend erforderlich ist. Eine Mindestehedauer kann für den Adoptionsverfahrensausgang nicht richtungweisend sein. Jedoch kann der Nachweis, dass die Ehe schon für eine angemessene Zeit Bestand hat, für die Vermittlungstätigkeit der einzelnen Adoptionsstellen eine beträchtliche Relevanz haben.[729]

Die Frage, ob eine bestimmte Anzahl an Ehejahren im BGB zu normieren ist, ist auch vor dem Hintergrund der aktuell hohen Scheidungsquote zu erörtern. Dazu sind die Scheidungszahlen der letzten Jahre miteinander zu vergleichen.[730] Während im Jahr 1950 von insgesamt 750452 Ehen 134600 geschieden (also 17,94 %) worden sind, waren im Jahr 2003 von 395992 Eheschließungen 213975 Scheidungsfälle (54,04 %). Das bedeutet, dass sich die Scheidungsrate von 1950 bis 2003 trotz abnehmender Eheschließungszahl um 36,1 % erhöht hat. Im Jahr 2003 war also die höchste Scheidungsquote seit 1950 zu verzeichnen. Die darauffolgenden Jahre zeigten einen kontinuierlichen Rückgang der Scheidungsfälle

---

727 *Mende*, ZblJugR 1970, 189, 192; vgl. auch Thesen der AGJ zur Neuregelung des Adoptionsrechts, MittAGJJ (Mitteilungsblatt der AGJJ 57/58), Dezember 1969, S. 32–35 (These 7.2).

728 *Engler*, Auf dem Weg zu einem neuen Adoptionsrecht, S. 65.

729 *Mende*, ZblJugR 1970, 189, 192.

730 Vgl. hierzu Statistisches Bundesamt, Bevölkerung und Erwerbstätigkeit, abrufbar unter: https://www.destatis.de/DE/Publikationen/Thematisch/Bevoelkerung/Bevoelkerungsbewegung /Scheidungsstatistik2010140137004.pdf?__blob=publicationFile (zuletzt am 7.5.17).

bei etwa gleichbleibender Anzahl an Eheschließungen.[731] Betrachtet man vergleichsweise die aktuelleren Scheidungszahlen der letzten Jahre, dann ist trotz geringfügigen Rückgangs der Scheidungsfälle immer noch eine hohe Scheidungsquote festzustellen. Im Jahr 2011 wurden von 377816 geschlossenen Ehen 187640 wieder geschieden (49,66 %), im Jahr 2012 waren es 179147 Scheidungen bei 387423 Eheschließungen (46,24 %) und im Jahr 2013 insgesamt 169833 Scheidungsfälle bei 373655 eingegangenen Ehen (45,45 %). Vergleicht man also die Scheidungsquoten der Jahre 2011 bis 2013, dann kann festgestellt werden, dass im Jahr 2012 4,53 % weniger Scheidungen als im Vorjahr durchgeführt worden sind und im Jahr 2013 5,20 % weniger als 2012. Schaut man sich nunmehr für das Jahr 2013 die Anzahl an Jahren an, in denen die Ehe bestand, bevor sie geschieden wurde, dann ist festzustellen, dass nach sieben Jahren 22,55 %, also 38289 aller Ehen geschieden worden sind. Die hohe Scheidungsquote mag zwar auf den ersten Blick gegen die Einführung einer entsprechenden Regelung sprechen. Aber es ist zu beachten, dass die Scheidung ein Resultat ist, das sich im Laufe der Ehejahre anbahnt. Bei Ehegatten, die sich in der Ehe regelmäßig streiten, wird der Gedanke an eine Adoption eher eine untergeordnete Rolle spielen. Wenn jedoch nach drei Jahren der Wunsch aufkommt, ein Kind zu adoptieren, kann von stabilen Familienverhältnissen ausgegangen werden.

Die besseren Argumente sprechen für die Einführung einer Mindestehedauer von drei Jahren: Das anzunehmende Kind soll nicht in brüchige Familienverhältnissen adoptiert werden, sondern durch die Adoption ein beständiges Heim erhalten (vgl. Art. 4 Abs. 2 EuAdAb). In vielen Fällen ist das durch den Bestand einer angemessenen Ehedauer gewährleistet. Nach Ablauf von drei Ehejahren wird sich für gewöhnlich zum einen die Bereitschaft der Ehegatten zur Adoption und zum anderen deren Umgang mit dem Thema, keine leiblichen Kinder bekommen zu können, herausstellen. Eine gewisse Stabilität der Familienverhältnisse ist für das Kindeswohl unerlässlich. Es soll verhindert werden, dass die Adoptivkinder, die bereits aus zerrütteten Familien stammen, zu Scheidungskindern werden. Bei der gemeinschaftlichen Adoption durch verheiratete Paare besteht nämlich die Besonderheit, dass das zu adoptierende Kind eine emotionale Bindung zu beiden Elternteilen aufbaut, die im Falle eines Scheidungseintritts womöglich zu mindestens einem Elternteil gestört werden könnte. Infolge der Tatsache, dass Adoptivkinder häufig aus instabilen Familien stammen, würde sich ein solcher Scheidungsfall

731 Im Jahr 2005 insgesamt 201693 Scheidungen bei 388451 Ehen; 2006 insgesamt 190928 Scheidungen bei 373681 Ehen und im Jahr 2010 insgesamt 187027 Scheidungsfälle bei 382047 Eheschließungen.

negativ auf das Kindeswohl auswirken. Anders ist dies bei der Einzeladoption durch eine unverheiratete Einzelperson: Hier entsteht eine Eltern-Kind-Beziehung nur zu einer einzigen Person. Deswegen sollte bei jeder gemeinschaftlichen Adoption durch verheiratete Paare eine Mindestehedauer von drei Jahren zum Nachweis stabiler Familienverhältnisse verlangt werden. Bei Ehegatten, die bereits seit drei Jahren verheiratet sind und eine gewisse Verantwortung für den jeweils anderen übernommen haben, kann davon ausgegangen werden, dass sie für die Familiengründung bereit und geeignet sind. Es kann aber auch vorkommen, dass eine Ehe, bei der der Scheidungseintritt unmittelbar bevorsteht, in der Hoffnung aufrechterhalten wird, dass die Adoption eines Kindes sämtliche Streitigkeiten ausräumen wird. Hierbei verschließen die Ehegatten vielfach die Augen vor der Tatsache, dass das Kind nicht die Probleme reduziert, sondern erhöht. Die Aufnahme eines Kindes in die Ehe birgt also Potential für Konfliktsituationen, die von den meisten Ehegatten nicht adäquat erkannt und bewältigt werden können und schließlich in einer Scheidung enden, was sich wiederum negativ auf das Kindeswohl auswirkt. Diese Gefahr wird von den meisten Ehegatten unterschätzt. Derartige dem Kindeswohl widersprechende Gefahrenpotentiale müssen durch die einzelnen Adoptionsstellen im Rahmen ihrer Eignungsprüfung erkannt werden.

Die abstrakte Verwirklichung des Zeiterfordernisses reicht nicht aus. Es muss darüber hinaus eine rechtlich qualitative Eignungsprüfung durch die Adoptionsvermittlungsstellen erfolgen. Erforderlich ist eine positive Sozialprognose: Die Ehe muss demnach tragfähig und beständig sein und die Ehegatten müssen die nötige Reife für die Adoption eines Kindes besitzen. Nur wenn neben dem abstrakten Zeiterfordernis auch stabile Eheverhältnisse und eine persönliche und erzieherische Eignung festgestellt werden können, kann eine Entscheidung ergehen, die dem Wohl des Kindes förderlich ist.

3. Eingetragene Lebenspartnerschaft

Auch eingegangenen Lebenspartnern muss die gemeinschaftliche Adoption im Sinne von § 9 Abs. 7 S. 2 LPartG i.V.m. § 1743 BGB-E möglich sein. Das Bundesverfassungsgericht hatte in seiner Entscheidung vom 19.02.2013[732] den Ausschluss der Sukzessivadoption für verfassungswidrig gehalten. Das BVerfG hat § 9 Abs. 7 LPartG mit Art. 3 Abs. 1 GG für unvereinbar gehalten, soweit es einem eingetragenen Lebenspartner im Vergleich zu Ehegatten (§ 1742 BGB) nicht gestattet ist, das adoptierte Kind des anderen Lebenspartners anzunehmen. Es besteht kein

732 BVerfGE vom 19.02.2013 – 1 BvL 1/11, 1 BvR 3247/09 = NJW 2013, 847 = FamRZ 2013, 521.

Differenzierungsmerkmal, das die Ungleichbehandlung zwischen gleich- und verschiedengeschlechtlichen Eltern zu begründen vermag. Denn auch die eingetragene Lebenspartnerschaft ist „auf Dauer angelegt und durch eine verbindliche Verantwortungsübernahme geprägt wie eine Ehe".[733] Sinn und Zweck des LPartG ist es, das faktische familiäre Zusammenleben von eingetragenen Lebenspartnern mit dem Kind zu unterstützten. Das LPartG räumt den eingetragenen Lebenspartnern, die keine Elternteile im Rechtssinne sind, elterntypische Befugnisse ein.[734]

Die Nichtzulassung der Sukzessivadoption verletzt darüber hinaus auch das Recht des Kindes auf Gleichbehandlung im Sinne von Art. 3 Abs. 1 GG, weil Grundrechte tangiert sind, die für eine positive Persönlichkeitsentwicklung des Kindes von Bedeutung sind.[735] Das Kind, das von eingetragenen Lebenspartnern angenommen werden soll, wird im Verhältnis zu Kindern, die von heterosexuellen Paaren adoptiert werden dürfen, ungleich behandelt. Ein Rechtfertigungsgrund kann nicht darin gesehen werden, dass das Aufwachsen eines Kindes bei gleichgeschlechtlichen Lebenspartnern die Entwicklung des Kindes gefährdet. Die Verhältnisse einer eingetragenen Lebenspartnerschaft sind für das Aufwachsen von Kindern genauso fördernd wie die in einer Ehe[736].

Durch die Sukzessivadoption wird auch nicht das Wohl des Kindes beeinträchtigt. Sie bewirkt vielmehr eine Besserstellung des Kindes für den Fall, dass die Lebenspartnerschaft durch Trennung oder Tod aufgelöst wird. Die verbesserte Rechtsstellung betrifft nicht nur das Sorgerecht.[737] Auch in materieller Hinsicht ergeben sich Vorteile für das Kind, da eine doppelte Elternschaft vor allem in unterhalts- und erbrechtlicher Hinsicht für das Kind profitabel ist.[738] Eine Gefahr für das Kindeswohl kann auch deswegen ausgeschlossen werden, weil bei jedem Adoptionsverfahren eine Einzelfallprüfung auf etwaige individuelle Nachteile zulasten des Kindes durchgeführt werden muss.[739]

---

733 BVerfGE vom 19.02.2013 – 1 BvL 1/11, 1 BvR 3247/09; vgl. auch BVerfG vom 07.07.2009 – 1 BvR 1164/07; BVerfG vom 21.07.2010 – 1 BvR 611/07, 1 BvR 2464/07; BVerfG vom 19.06.2012 – 2 BvR 1397/09.

734 Vgl. *Britz*, JZ 2014, 1069, 1071.

735 BVerfGE vom 19.02.2013 – 1 BvL 1/11, 1 BvR 3247/09.

736 BVerfGE vom 19.02.2013 – 1 BvL 1/11, 1 BvR 3247/09; Etwaige Bedenken gegen das Aufwachsen von Kindern in gleichgeschlechtlichen Lebenspartnerschaften wurden in einer Vielzahl von Stellungnahmen durch Sachverständige abgelehnt, vgl. BeckRS 2013, 47057.

737 BVerfGE vom 19.02.2013 – 1 BvL 1/11, 1 BvR 3247/09.

738 BVerfGE vom 19.02.2013 – 1 BvL 1/11, 1 BvR 3247/09.

739 BVerfGE vom 19.02.2013 – 1 BvL 1/11, 1 BvR 3247/09.

III. Stiefkindadoption im Sinne von § 1743 Abs. 3 BGB-E

Gemäß 1743 Abs. 3 BGB-E sollte der Annehmende in den Fällen des § 1741 Abs. 2 S. 3 BGB das 21. Lebensjahr vollendet haben. Die Stiefkindadoption ist im Sinne von § 9 Abs. 7 S. 2 LPartG i.Vm. § 1743 Abs. 3 BGB-E auch Paaren in eingetragener Lebenspartnerschaft zu ermöglichen. Das gilt auch für die sogenannte Sukzessivadoption.

Kumulativ ist nach § 1743 Abs. 3 BGB-E der Nachweis einer Mindestehedauer von drei Jahren zu erbringen. Der Sinn und Zweck der Stiefkindadoption zielt auf die Vervollständigung der Stieffamilie ab. Hierfür sind primär stabile Familienverhältnisse notwendig. Es darf nämlich nicht missachtet werden, dass eine erneute Familiengründung nach gescheiterter Erstehe gegebenenfalls auf einer unstabilen und emotional belasteten Grundlage basiert. Darüber hinaus muss bei jeder Stiefkindadoption eine umfassende Abwägung der Kindesinteressen erfolgen, da die Stiefkindadoption die rechtliche Verbundenheit zum leiblichen Elternteil trennt. Vor diesem Hintergrund ist zu prüfen, ob stattdessen eine engere emotionale Bindung zum Stiefelternteil entstanden ist.

IV. Mindestaltersabstand und Höchstaltersgrenze gemäß § 1743 a BGB-E

In § 1743 a BGB-E sind ein Mindestaltersabstand und eine Höchstaltersgrenze zu normieren.

1. Mindestaltersabstand im Sinne von § 1743 a S. 1 BGB-E

Mit § 1743 a S. 1 BGB-E soll eine Regelung in das BGB wieder aufgenommen werden, die bis zum Familienrechtsänderungsgesetz von 1961 in § 1744 BGB a.F. existierte: ein Mindestaltersabstand. Auch wenn ein Mindestaltersabstand aktuell im BGB nicht normiert ist, lässt sich eine entsprechende Altersgrenze vom Grundsatz des Kindeswohls ableiten. Damit das Bestehen eines fiktiven Eltern-Kind-Verhältnisses glaubhaft ist, ist ein Mindestaltersabstand zwingend erforderlich. Gemäß § 1743 a Abs. 1 S. 1 BGB-E soll zwischen Annehmenden und Anzunehmenden ein Mindestaltersabstand von 18 Jahren vorliegen. Hiermit soll eine Angleichung an die biologische Elternschaft („adoptio naturam imitatur") und eine ausgewogene Familienstruktur erreicht werden. Es soll anstelle eines geschwisterähnlichen ein natürliches Familienverhältnis entstehen. § 1743 a S. 1 BGB-E soll dazu dienen, die Autoritätsfunktion des Annehmenden gegenüber dem Anzunehmenden zu wahren. Das gelingt nur, wenn die faktische Familienbeziehung der natürlichen möglichst nachgebildet wird. Der

Mindestaltersabstand von 18 Jahren soll dies gewährleisten. Die Einhaltung eines Mindestaltersabstandes muss auch für die Volljährigenadoption gelten. Denn gemäß § 1767 Abs. 2 S. 1 BGB gelten für die Annahme Volljähriger die Vorschriften über die Annahme Minderjähriger sinngemäß. § 1767 Abs. 2 S. 1 BGB muss sich demnach auf § 1743 a BGB beziehen. Der Mindestaltersabstand soll generell und nicht nur für bestimmte Typen der Adoption gelten. Bei der gemeinschaftlichen Adoption müssen also beide Paare den Mindestaltersabstand zum anzunehmenden Kind einhalten. Das Gleiche gilt für die Stiefkindadoption. Ein gesetzlich normierter Mindestaltersabstand von 18 Jahren schafft ein vereinfachtes Adoptionsverfahren und Rechtssicherheit für die Adoptionsbewerber.

Vom Grundsatz des § 1743 a BGB-E soll in § 1743 a S. 2 BGB-E eine Abweichung möglich sein, wenn die besonderen Umstände des Einzelfalls dies gebieten, also wenn trotz Unterschreitung der Altersgrenze eine Verbesserung der Lebensverhältnisse und der Entwicklungsbedingungen des Kindes festzustellen ist. Maßgebliches Kriterium für einen Dispens ist neben der Dauer und der Stabilität der Ehe der Adoptiveltern auch der Grad der Intensität des Eltern-Kind-Verhältnisses zwischen Annehmenden und Anzunehmenden. Das Unterschreiten des Mindestaltersabstandes ist demzufolge unbeachtlich, wenn sich zwischen den Adoptionsbeteiligten ein Verhältnis entwickelt hat, das der Beziehung zwischen leiblichen Eltern und Kind entspricht, weil hiermit die Autoritätsfunktion gewahrt ist. § 1743 a S. 1 BGB-E ist deshalb als Soll-Vorschrift zu formulieren. Für die Einführung einer Dispensmöglichkeit können vor allem verfassungsrechtliche Erwägungen herangezogen werden: Zum einen besteht bei einem starren Mindestaltersabstand die Gefahr einer ungleichen Behandlung zwischen Geschwistern, wenn eigentlich beide adoptiert werden sollen, einer von beiden aber mangels Einhaltung des Altersabstandes nicht angenommen werden kann. In einem solchen Fall wird lediglich zum älteren Geschwisterteil ein faktisches Familienverhältnis begründet. Zudem erlischt infolge wirksamer Adoption das rechtliche Verwandtschaftsverhältnis des älteren Geschwisterteils zum jüngeren. Das entspricht nicht dem Wohl beider Geschwisterteile. Zum anderen kommt es immer häufiger vor, dass ein Kind anstelle zu seinen leiblichen Eltern eine faktische Beziehung zu anderen Personen, die potentiell als geeignete Eltern in Betracht kommen, aufgebaut hat. Es würde dem Kindeswohl widersprechen, dieses Verhältnis wegen einer starren Altersgrenze rechtlich nicht formalisieren und konsolidieren zu können. Eine Regelung mit der Möglichkeit eines Dispenses bewirkt eine flexible Rechtspraxis. Der Grundsatz der Verfahrensvereinfachung und der Aspekt der Rechtssicherheit bei Vorliegen eines starren Mindestaltersabstandes können nicht als Rechtfertigungsgrund angebracht werden: Es leuchtet nämlich nicht ein, einen Adoptionsantrag ohne konkrete Kindeswohlprüfung an formalen Bedingungen scheitern zu lassen.

2. Höchstaltersgrenze im Sinne von § 1743 a S. 1 BGB-E

In § 1743 a S. 1 BGB-E soll außerdem eine Höchstaltersgrenze aufgenommen werden, deren Normierung seit Inkrafttreten des BGB unterblieben ist. Danach soll die Altersdifferenz zwischen dem Adoptivkind und den potentiellen Adoptiveltern und das Höchstalter der Adoptionsbewerber die Grenze von 45 Jahren nicht überschreiten. Mit der Höchstaltersgrenze soll gewährleistet werden, dass das Kind geeignete Eltern bekommt. Anstelle eines Großeltern-Enkel-Adoptionsverhältnisses soll eine Eltern-Kind-Beziehung entstehen („adoptio naturam imitatur"), die für das Kindeswohl unerlässlich ist. Das Erfordernis eines gesetzlich fixierten Höchstalters wird demnach aus dem Gebot des Kindeswohls abgeleitet. Nur wenn die natürliche Generationenfolge beachtet wird, kann gewährleistet werden, dass die Adoptiveltern dem Kind während seiner gesamten Entwicklung die notwendige emotionale und fürsorgerische Betreuung und ein psychisches Verständnis für die Kindesinteressen zukommen lassen. Im Fokus steht der Aspekt der längerfristig gewährten Erziehungsfähigkeit. Um diesen Anforderungen gerecht zu werden, muss eine Prognoseentscheidung zugunsten der Adoptionsbewerber ergehen.

Für gewöhnlich entscheidet sich ein Ehepaar dann für den Weg der Adoption, wenn sämtliche natürliche Schwangerschaftsversuche fehlgeschlagen sind. Die Erkenntnis, keine leiblichen Kinder auf natürlichem Wege bekommen zu können, wird nicht von heute auf morgen gemacht, sondern braucht seine Zeit. Im Vordergrund steht die Frage, warum ein über 40 Jahre altes Bewerberpaar nicht dazu geeignet sein soll, ein Kind anzunehmen und dieses liebevoll zu behüten. Es ist zwar richtig, dass ältere Adoptionsbewerber mit den negativen Konsequenzen leben müssen, wenn sie sich erst in hohem Alter für den Weg der Adoption entscheiden. Allerdings darf nicht außer Acht gelassen werden, dass solche späten Entscheidungen heutzutage vollkommene Normalität geworden sind. Adoptionsgedanken kommen erst dann auf, wenn einer der Lebenspartner unfruchtbar ist oder andere Komplikationen auftreten. Viele Paare haben zum Zeitpunkt dieser Erkenntnis oft schon ein hohes Alter erreicht. Häufig wird die Pille von Frauen erst dann abgesetzt, wenn das Studium erfolgreich abgeschlossen wurde, eine gewisse existentielle Absicherung besteht oder wenn der richtige verlässliche Lebenspartner zur Familiengründung bereit ist. Auch ist zu beachten, dass Frauen vor der Beanspruchung der Elternzeit für gewöhnlich erst einen bestimmten beruflichen Status erreicht haben wollen. Hierfür bedarf es unter Umständen langjähriger Berufserfahrung. Alles in allem gibt der Wandel der Lebensauffassungen zu erkennen, dass viele Frauen und auch Männer zum Adoptionszeitpunkt schon das 40. Lebensjahr vollendet haben.

§ 1743 a S. 2 BGB-E soll vom Grundsatz des § 1743 a S. 1 BGB-E – vor allem im Hinblick auf verfassungsrechtliche Gesichtspunkte – eine Abweichung zulassen, wenn plausible Gründe vorliegen, die mit den Interessen des Kindes vereinbar sind. Auch hier kommt es wiederum auf Kriterien wie den Grad der Intensität des Eltern-Kind-Verhältnisses an. Eine Elterneignungsprüfung ist demnach gegebenenfalls auch bei Überschreiten der Höchstaltersgrenze vorzunehmen. Die Formulierung des § 1743 a S. 1 BGB-E sollte demnach als Soll-Vorschrift ausgestaltet sein, um den Vermittlungsstellen und den Gerichten in bestimmten Fällen einen ausreichenden Beurteilungsspielraum zu gewähren.

Es ist im Folgenden rechtlich zu untersuchen, ob eine Anhebung der Höchstaltersgrenze auf 45 Jahren angemessen ist. Hierfür gibt es verschiedene Begründungsgrundlagen, auf die im weiteren Verlauf näher eingegangen wird.

a) Erfordernis einer gesetzlichen Normierung

Fraglich ist zunächst überhaupt das Erfordernis einer entsprechenden Gesetzesgrundlage. Eine Einigung im Hinblick auf die Höchstaltersgrenze konnte bei den Reformarbeiten nicht erzielt werden. Insbesondere Bemühungen, ältere Paare, die eine Adoption anstrebten, jedoch für eine Vermittlung nicht in Betracht kamen, von ihren Plänen abzubringen, sind stets fehlgeschlagen. Rechtliche Mittel, derartig gelagerte Fälle zu unterbinden, existierten nicht. Schon in den Reformarbeiten hatte man sich dafür ausgesprochen, eine obere Altersgrenze zu normieren.[740] Dem Kompromiss, der in der Formulierung der These 7.2 verlautbart wurde, konnte entnommen werden, dass der Altersabstand zwischen den potentiellen Adoptiveltern und dem Adoptivkind eine natürliche Eltern-Kind-Beziehung sicherzustellen hat. Auch das Europäische Adoptionsübereinkommen wurde auf dieses Problem aufmerksam, formulierte dieses aber spiegelbildlich: Die Bedingungen für ein erfolgversprechendes Adoptionsverfahren sind als nicht erfüllt anzusehen, wenn die Altersdifferenz zwischen den Adoptiveltern und dem Kind geringer ist als der natürliche Altersabstand zwischen Eltern und leiblichen Kindern.[741]

Gegen die gesetzliche Regelung von Höchstaltersgrenzen könnte auch der Umstand sprechen, dass die Kindesannahme nicht vom Lebensalter der Adoptionsbewerber abhängt: Die gesetzliche Normierung einer Höchstaltersgrenze

740 *Mende*, ZblJugR 1970, 189, 191.
741 *Mende*, ZblJugR 1970, 189, 192.

ist nämlich „nur schwer begründbar und zudem auch sozialpädagogisch zweifelhaft, da der physische und psychische Zustand eines Menschen, dessen Eignung zur Erziehung und Versorgung eines Kindes prospektiv festgestellt werden soll, keineswegs zwingend und schon gar nicht ausschließlich von seinem Alter abhängig" ist.[742]

In der sozialen Realität weisen Kinder bei Fremdadoptionen kaum ein höheres Alter als sechs Jahre auf. Um eine Eltern-Kind-Beziehung begründen zu können, erscheint es erforderlich, Höchstaltersgrenzen für potentielle Adoptionsbewerber für ein vereinfachtes Adoptionsverfahren gesetzlich zu regeln und Großeltern-Enkel-Adoptionsverhältnisse zu unterbinden.[743] Aufgrund der hohen Anzahl an Adoptionswilligen würde ein gesetzlich fixiertes Höchstalter vielen Paaren oder Alleinstehenden Frustrationserlebnisse, die mit dem Adoptionsverfahren verbunden sind, ersparen.[744] Das Höchstalter sollte aber als Soll-Vorschrift formuliert werden, um der Vermittlungspraxis noch einen gewissen Ermessensspielraum zu belassen.

Für eine Einführung des § 1743 a S. 1 BGB-E sprechen auch der Vorbehalt des Gesetzes und die Wesentlichkeitstheorie des Bundesverfassungsgerichts. Der Vorbehalt des Gesetzes bezieht sich auf die Frage, inwiefern hoheitliches Tätigwerden auf Grundlage einer gesetzlichen Ermächtigung zu ergehen hat.[745] Das Problem der Kompetenzverteilung zwischen Exekutive und Legislative steht damit im Vordergrund.[746] Der Vorbehalt des Gesetzes wird abgeleitet aus dem Rechtsstaatsprinzip (Art. 20 Abs. 3 i.V.m. Art. 28 Abs. 1 GG), den Grundrechten sowie dem Demokratieprinzip (Art. 20 Abs. 1, 2 GG).[747] Staatliches Handeln, das in Freiheit und Eigentum, also in Grundrechte des Einzelnen eingreift, soll auf formell und materiell verfassungsgemäße Gesetze zurückgeführt werden. Die Ausübung hoheitlicher Gewalt soll demzufolge voraussehbar und berechenbar gemacht und willkürliches Tätigwerden muss im Interesse der Gleichmäßigkeit („Willkürverbot") unterbunden werden.[748] Die Wesentlichkeitstheorie des Bundesverfassungsgerichts verpflichtet den Gesetzgeber, in elementaren normativen

---

742 *Paulitz*, Adoption, S. 225.

743 *Paulitz*, Adoption, S. 225.

744 *Paulitz*, Adoption, S. 226; so auch *Gernhuber/Coester-Waltjen*, Familienrecht, § 68 Rn. 33.

745 *Wehr*, JuS 1997, 419, 420.

746 *Isensee/Kirchhof/Ossenbühl*, Handbuch des Staatsrechts, § 62 Rn. 7, 17; *Kloepfer*, JZ 1984, 685, 686.

747 *Pietzcker*, JuS 1979, 710, 712; *Wehr*, JuS 1997, 419, 420.

748 *Epping*, Grundrechte, Rn. 404.

Bereichen mit Grundrechtsrelevanz[749] alle wesentlichen Regelungen selbst zu treffen („Parlamentsherrschaft“[750]).[751] Dabei gilt der Grundsatz: „Je wesentlicher die Entscheidung für die Allgemeinheit bzw. den Bürger ist, desto mehr ist der Gesetzgeber gehalten, die Entscheidung selbst zu treffen und der Exekutive durch ein Parlamentsgesetz umfassende Handlungsvorgaben zu machen“.[752] Daraus folgt insgesamt das Erfordernis eines hinreichend bestimmten Gesetzes für die adoptionsrechtlichen Höchstaltersgrenzen. Die Empfehlungen der Bundesarbeitsgemeinschaft der Landesjugendämter stellen nämlich einen schwerwiegenden Eingriff in Art. 3 Abs. 1 GG dar. Es werden ältere Adoptionsbewerber häufig ohne Rücksicht auf Eignung und Befähigung vom Adoptionsverfahren ausgeschlossen. Dies bewirkt eine eignungswidrige Ungleichbehandlung von erheblicher Intensität. Es erscheint daher angebracht, den Adoptionsstellen konkrete Handlungsvorgaben zu machen.

b) Bürgerschaftsfraktion der SPD aus Hamburg am 5.2.2008

Als Argumentationsgrundlage dafür, die Höchstaltersgrenze im Adoptionsrecht anzuheben, könnte zunächst auf den Antrag der Bürgerschaftsfraktion der SPD in Hamburg, der am 5.2.2008 gestellt wurde und dessen Hauptbegehren die Beendigung von Altersdiskriminierungen beinhaltete, verwiesen werden.[753] Die Fraktion betonte einen Wandel der Lebensauffassung in der heutigen Gesellschaft damit, dass die Phase der Familiengründung immer mehr nach dem Berufseinstieg und damit in höherem Alter beginnt. Akademikerinnen und Akademiker verwirklichen ihren Kinderwunsch häufig zwischen dem 35. und 45. Lebensjahr;[754] ein Alter, in dem es Adoptionsbewerbern durch die informellen Höchstaltersgrenzen der Bundesarbeitsgemeinschaft der einzelnen Landesjugendämter praktisch unmöglich gemacht wird, ein Kind anzunehmen. Vergleicht man den geistigen und körperlichen Zustand eines Älteren mit dem eines Jüngeren, dann sind in vielen Fällen keine Unterschiede von erheblichem Ausmaß festzustellen.

---

749 *Epping*, Grundrechte, Rn. 405.

750 *Kloepfer*, JZ 1984, 685; *Wehr*, JuS 1997, 419, 420.

751 *Wehr*, JuS 1997, 419, 422; vgl. auch BVerfGE 49, 89, 126.

752 *Epping*, Grundrechte, Rn. 405. Gleichwohl ist nicht für jedes staatliche Handeln eine gesetzliche Ermächtigungsgrundlage erforderlich (Lehre vom Totalvorbehalt).

753 Vgl. Bürgerschaftsfraktion Hamburg SPD, Altersdiskriminierungen beenden, Referentin: Katharina von Fintel, abrufbar unter: http://www.spd-fraktion-hamburg.de/no_cache/wir-ueber-uns/abgeordnete/hamburg/antraege/h/91.html?tx_wfabgpresse_pi1%5BshowUid%5D=3707 (zuletzt am 7.5.2017).

754 Bürgerschaftsfraktion Hamburg SPD, Altersdiskriminierungen beenden.

Die Studie zur Altersforschung dokumentiert nicht nur eine gestiegene Lebenserwartung älterer Menschen, sondern ebenfalls einen vergleichsweise positiven Gesundheitszustand.[755] „Das Alter und das Altern haben sich stark relativiert und individualisiert"; „beides ist stark abhängig von physischen, psychischen und sozialen Variablen und verläuft demnach in individueller Weise unterschiedlich".[756] Infolgedessen sind die aktuell geltenden formellen Altersbegrenzungen der Bundesarbeitsgemeinschaft in rechtlicher Hinsicht anzuzweifeln. Diese sind insoweit zu lockern, dass auch älteren Adoptionsbewerbern ohne schwer überwindbare Hindernisse die Kindesannahme gelingt. Denn eine Vielzahl älterer Menschen fühlen sich nicht vor altersbedingter körperlicher und geistiger Überforderung geschützt, sondern einer Altersdiskriminierung ausgesetzt.[757]

c) Steigende Lebenserwartung[758]

Ein weiterer elementarer Aspekt, der für eine Anhebung der Altersgrenzen im Adoptionsrecht aufgeführt werden kann, ist die steigende Lebenserwartung bei teils gleichbleibendem gesundheitlichem Zustand in der heutigen Gesellschaft. Die prognostizierte steigende Lebenserwartung kann im Besonderen anhand von statistischen Ergebnissen dokumentiert werden: Berechnungen zufolge können nämlich Männer im Jahr 2060 mit 60 Jahren im Schnitt noch 26,6 und Frauen sogar 30,1 Lebensjahre erwarten.[759] Hierbei handelt es sich um die sogenannte Restlebenserwartung bzw. „weitere Lebenserwartung".[760] Auslöser für eine solche Änderungsrate sind mehrere Faktoren: Verbesserungen im Gesundheitswesen, bessere Ernährung und Bildung, vorteilhafte Arbeitsbedingungen und höhere Sicherheitsstandards mit Maßnahmen zur Unfallprävention.[761] Dieser positive Fortschritt spiegelt sich in den aktuell vorliegenden Statistiken wider. Während sich im Jahr 2012 ein 60-jähriger Mann im Schnitt darauf einstellen

---

755 Bürgerschaftsfraktion Hamburg SPD, Altersdiskriminierungen beenden.

756 Bürgerschaftsfraktion Hamburg SPD, Altersdiskriminierungen beenden.

757 Vgl. Bürgerschaftsfraktion Hamburg SPD, Altersdiskriminierungen beenden.

758 Vgl. BT-Drucks. 16/12293, S. 3; BT-Drucks. 15/4240, S. 9.

759 Vgl. Statistisches Bundesamt, Lebenserwartung, abrufbar unter: http://www.bpb.de/nachschlagen/zahlen-und-fakten/soziale-situation-in-deutschland/61547/lebenserwartung (zuletzt am 7.5.2017).

760 *Niehaus*, Alter und steigende Lebenserwartung, S. 34.

761 Vgl. Bundesinstitut für Bevölkerungsforschung, Studien: Steigende Lebenserwartung: Kein Ende in Sicht, abrufbar unter: https://www.demografie-portal.de/SharedDocs/Informieren/DE/Studien/Oeppen_Lebenserwartung_kein_Ende_in_Sicht.html.

konnte, schätzungsweise noch 21,28 Jahre zu leben (bei Frauen: 25,03 Jahre),[762] lag diese „weitere Lebenserwartung" im Jahre 1970 bei nur 15,3 weiteren Jahren (bei Frauen 19,1 Jahre).[763] Prognoseberechnungen des Statistischen Bundesamtes zur Lebenserwartung in den nächsten Jahrzehnten wiesen auf einen weiteren nicht unerheblichen Lebenserwartungszuwachs hin.[764] Die registrierten Veränderungen der Altersstruktur resultieren aus einer stetigen Erhöhung der Restlebenserwartung bei anhaltender Abnahme der Geburtenzahl. Während auf der einen Seite der Bevölkerungsteil der unter 20-Jährigen zwischen 1960 und 2010 von 28,4 % auf nunmehr 18,4 % sank, stieg indessen der Anteil der über 60-Jährigen von 17,4 % auf 26,3 %. Prognoseberechnungen des Statistischen Bundesamtes nehmen an, dass bis 2060 der Anteil an über 60-Jährigen auf 39,2 % wachsen wird. Der demografische Wandel zeigt im Ergebnis, dass zukünftig sowohl absolut als auch relativ stets mehr Menschen dem älteren Generationenkreis angehören werden.[765]

Zu einem gleichen Ergebnis gelangen auch soziologisch-theoretische Ansätze: insbesondere die sogenannte „Kompressionsthese",[766] nach der die Menschen mit steigender Lebenserwartung weitgehend gesund bleiben,[767] während parallel ein Rückgang der Geburtenrate zu verzeichnen ist.[768] Empirische Studien haben beweisen können, dass die durch die erhöhte Lebenserwartung erworbenen Jahre vorwiegend in gesundem Zustand geführt werden.[769] Während Menschen in

---

762 Vgl. Statistisches Bundesamt, Lebenserwartung in Deutschland, abrufbar unter: https://www.destatis.de/DE/ZahlenFakten/GesellschaftStaat/Bevoelkerung/Sterbefaelle/Tabellen/LebenserwartungDeutschland.html (zuletzt am 7.5.2017).

763 Vgl. Statistisches Bundesamt, Lebenserwartung, abrufbar unter: http://www.bpb.de/nachschlagen/zahlen-und-fakten/soziale-situation-in-deutschland/61547/lebenserwartung (zuletzt am 7.5.2017).

764 Vgl. Statistisches Bundesamt, Lebenserwartung.

765 Vgl. Statistisches Bundesamt, Lebenserwartung; vgl. auch *Niehaus*, Alter und steigende Lebenserwartung, S. 36 f.

766 Erstmals begründet von James F. Fries in den 1970er Jahren, vgl. *Bechtel/Smerdka-Arhelger*, S. 6.

767 *Niehaus*, Alter und steigende Lebenserwartung, S. 10. Demgegenüber steht die Medikalisierungsthese bzw. Morbiditätsexpansionsthese, die besagt, dass die Jahre, die infolge der erhöhten Lebenserwartung gewonnen werden, zunehmend in Krankheit verbracht werden, begründet von Ernest Gruenberg, vgl. *Bechtel/Smerdka-Arhelger*, S. 6 und *Verbrugge* (1984).

768 *Niehaus*, Alter und steigende Lebenserwartung, S. 9.

769 *Niehaus*, Alter und steigende Lebenserwartung, S. 20.

zunehmendem Maße ihre natürliche maximale Lebenserwartung erreichen, verschiebt sich das Krankheitsstadium stets nach hinten.[770]

Von einem demografischen Wandel geht auch der Koalitionsvertrag, der am 11.11.2005 zwischen CDU, CSU und SPD geschlossen und in dem für eine „Rente mit 67“ plädiert wurde, aus:[771] „Die steigende Lebenserwartung und der damit verbundene demografische Wandel sind große Herausforderungen für unser Alterssicherungssystem. Wir werden im Jahr 2007 die gesetzlichen Regelungen für eine 2012 beginnende Anhebung der Regelaltersgrenze auf 67 Jahre treffen. Sie soll in Abhängigkeit vom Geburtsjahrgang schrittweise erfolgen und vollständig für den ersten Jahrgang bis spätestens 2035 abgeschlossen sein“.

d) Alter der Frau bei der Geburt des ersten Kindes

Ein weiterer maßgeblicher Argumentationsansatz dafür, die Altersgrenzen im Adoptionsrecht anzuheben, ist das zunehmend steigende Alter der Frauen bei der Geburt des ersten Kindes. Dies ergibt sich aus den Erhebungen des Statistischen Bundesamtes, die das Gebäralter der Frau etwa zwischen 15 und 49 Jahren einordnen.[772]

aa) Biologische Geburtenfolge

Der statistische Nachweis erfolgt anhand der biologischen Geburtenfolge. Anknüpfungspunkt für das Alter der Mutter ist der Zeitpunkt, zu dem das erste Kind zur Welt gebracht wird, wobei es nicht darauf ankommt, ob die Mutter zum Zeitpunkt der Geburt verheiratet oder unverheiratet war.[773]

Vergleicht man das Alter der Mutter heute mit dem in den 1960er Jahren, dann ist ein erheblicher Altersanstieg in West- und Ostdeutschland zu verzeichnen. Während in den Jahren zwischen 1965 und 1970 in Westdeutschland das Alter marginal von 25 auf 24 Jahre sank, folgte ab 1970 ein stetiger Anstieg. In Ostdeutschland vollzog sich dieser Wandel viel schneller: Bis Ende der 1980er Jahre bewegte sich das Alter zwischen 22 und 23 Jahren. Die deutsche

---

770 *Niehaus*, Alter und steigende Lebenserwartung, S. 14.

771 Gemeinsam für Deutschland – mit Mut und Menschlichkeit, Koalitionsvertrag zwischen CDU, CSU und SPD vom 11.11.2005, S. 82; vgl. auch *Ottnad/Schnabel*, Rente mit 67, S. 25 f.

772 Pötzsch, Statistisches Bundesamt: Geburten in Deutschland, S. 8.

773 Pötzsch, Statistisches Bundesamt: Geburten in Deutschland, S. 10.

Vereinigung bewirkte schließlich einen rapiden Altersanstieg auf 27,4 Jahre.[774] Wegen einer Änderung der gesetzlichen Vorgaben[775] aus der Geburtenstatistik liegen ab dem Berichtsjahr 2009 nunmehr auch konkrete Daten zum Alter der Frauen nach der Geburtenfolge bei allen Geburten vor.[776] Während für das Jahr 2001 ein durchschnittliches Alter von 29,98 Jahren für verheiratete Mütter bei der Geburt ihres ersten Kindes ermittelt wurde, konnte bis zum Jahr 2011 ein geringfügiger Altersanstieg auf 30,13 Jahren beobachtet werden. Bei Frauen, die unverheiratet waren, war ein niedrigeres Alter festzustellen: So lag das Durchschnittsalter bei unverheirateten Frauen bei der Geburt des ersten Kindes im Jahr 2009 bei 27,31 Jahren und im Jahr 2011 bei 27,70 Jahren.[777] Entsprechende Daten aus dem Jahr 2013 sind den Erhebungen des Statistischen Bundesamtes zu entnehmen. Eine Differenzierung zwischen verheirateten und nicht verheirateten Frauen erfolgte nicht. So lag das Durchschnittsalter einer Frau[778] bei der Erstgeburt bundesweit bei 29,3 Jahren.[779] Die Statistik zeigt zudem, dass das Alter der Frau bei der Geburt des zweiten Kindes bei 31,7 Jahren, des dritten Kindes bei 33 Jahren und des vierten oder weiteren Kindes bei 34,2 Jahren liegt. Die Daten belegen, dass der Trend dahin geht, dass Frauen sich zunehmend erst in höherem Alter dazu entscheiden, ein (weiteres) Kind zu bekommen. Die Daten zeigen also einen allgemeinen und kontinuierlichen Trend zu einer späten Mutterschaft.[780] Dass Geburten in einem hohen Lebensalter der Frau erfolgen, ist in der heutigen Gesellschaft nicht als Besonderheit anzusehen. Gleichwohl stellt

774 Pötzsch, Statistisches Bundesamt: Geburten in Deutschland, S. 10; vgl. auch Statistisches Bundesamt: Alter der Mütter bei der Geburt ihrer Kinder, abrufbar unter: http://www.bpb.de/nachschlagen/zahlen-und-fakten/soziale-situation-in-deutschland/61556/alter-der-muetter (zuletzt am 7.5.2017).

775 Vgl. Gesetz zur Änderung des Mikrozensusgesetzes und des Bevölkerungsstatistikgesetzes vom 30.10.2007 (BGBl I. S. 1526).

776 Siehe hierzu auch ausführlich *Pötzsch*, Geburtenfolge und Geburtenabstand, S. 89 ff., abrufbar unter: https://www.destatis.de/DE/Publikationen/WirtschaftStatistik/Bevoelkerung/GeburtenfolgeGeburtenabstand.pdf?__blob=publicationFile (zuletzt am 7.5.2017).

777 *Emmerling*, Geburten, Sterbefälle, Eheschließungen, S. 1065, 1067.

778 Berechnungsgrundlage ist die Zahl der Lebendgeborenen.

779 Vgl. Statistisches Bundesamt, Alter der Mutter, abrufbar unter: https://www.destatis.de/DE/ZahlenFakten/GesellschaftStaat/Bevoelkerung/Geburten/Tabellen/GeburtenMutterAlterBundeslaender.html (zuletzt am 7.5.2017).

780 Bundesministerium für Familie, Senioren, Frauen und Jugend, Alter bei erster Heirat und Geburt des ersten Kindes, abrufbar unter: http://www.bmfsfj.de/doku/Publikationen/genderreport/4-Familien-und-lebensformen-von-frauen-und-maennern/

der Anstieg des durchschnittlichen Erstgeburtenalters ein Novum dar.[781] Grund dafür sind die veränderten Bedingungen für eine junge Mutterschaft: Davon umfasst sind „Unsicherheiten auf dem Arbeitsmarkt, der Wegfall der Familienförderung der ehemaligen DDR und die Notwendigkeit der Neuorientierung in der Gesellschaft"; darüber hinaus traten verlängerte Ausbildungszeiträume und gestreckte Zeitspannen der beruflichen Etablierung für jüngere Frauengenerationen zunehmend in den Vordergrund.[782]

In diesem Zusammenhang ist auch die statistisch festgehaltene altersspezifische Geburtenhäufigkeit zu berücksichtigen: Denn im Jahr 2010 konnte in der Gruppierung der 30- bis 34-jährigen Frauen die höchste Geburtenhäufigkeit ermittelt werden, während in den 1970er Jahren ein Großteil der Kinder noch durch 20- bis 24-jährige Frauen zur Welt gebracht wurde.[783] Lediglich 3 % aller Erstgeburten aus dem Jahr 2013 beziehen sich auf Frauen, die älter als 40 Jahre waren.[784]

bb) Kohortenfertilität

Rechtlich interessant in diesem Kontext ist auch die Kohortenfertilität. Hierbei handelt es sich um „die durchschnittliche Zahl der Kinder, die ein Frauenjahrgang im Laufe ‚seines' Lebens zur Welt bringt. Für Frauenjahrgänge, die ihr 50. Lebensjahr bereits erreicht haben, wird sie auch als endgültige Kinderzahl bezeichnet".[785] Dabei haben 49-jährige Frauen den Berechnungen zufolge rund 1,6 Kinder zur Welt gebracht. Zwar war der Rückgang der Kinderzahl der 34-jährigen Frauen bis 2010 kontinuierlich und lag zwischen den Kohorten 1961 und 1976 bei 27 %.[786] Aktuellere Daten zeigen jedoch, dass Mütter im Alter von

4-4-Heirat-und-uebergang-zur-elternschaft/4-4-1-alter-bei-erster-heirat-und-geburt-des-ersten-kindes.html.

781 Vgl. Statistisches Bundesamt, Durchschnittsalter der Frauen bei der Geburt des ersten Kindes von 1965 – 2015, abrufbar unter: http://www.sozialpolitik-aktuell.de/tl_files/sozialpolitik-aktuell/_Politikfelder/Bevoelkerung/Datensammlung/PDF-Dateien/abbVII4.pdf (zuletzt am 7.5.2017).

782 Pötzsch, Statistisches Bundesamt: Geburten in Deutschland, S. 11.

783 Pötzsch, Statistisches Bundesamt: Geburten in Deutschland, S. 11; vgl. auch Statistisches Bundesamt: Alter der Mütter bei der Geburt ihrer Kinder, abrufbar unter: http://www.bpb.de/nachschlagen/zahlen-und-fakten/soziale-situation-in-deutschland/61556/alter-der-muetter (zuletzt am 7.5.2017).

784 Statistisches Bundesamt, in: „Zeit" vom 8.12.2014, abrufbar unter: http://www.zeit.de/gesellschaft/2014-12/familienplanung-kinder-geburt-alter-muetter-statistisches-bundesamt (zuletzt am 7.5.2017).

785 Pötzsch, Statistisches Bundesamt: Geburten in Deutschland, S. 24.

786 Pötzsch, Statistisches Bundesamt: Geburten in Deutschland, S. 25.

35 bis 39 Jahren im Schnitt schon 1,9 Kinder zur Welt gebracht haben. Circa 30 % der Mütter zwischen 35 und 64 Jahren haben in Deutschland ein Kind, fast jede zweite Mutter hat zwei und jede fünfte drei oder sogar mehr Kinder.[787] Trotz des gegenwärtig erwarteten Anstiegs der Geburten in höherem Frauenalter kann nicht damit gerechnet werden, dass der Rückstand zwischen dem 36. und 50. Lebensjahr der Frauenjahrgänge noch überholt werden kann.[788] Für Frauen, die kinderlos sind, wird im Alter zwischen 40 und 49 Jahren kaum noch eine Änderung eintreten, da eine Erstgeburt in dieser Altersspanne relativ unwahrscheinlich ist. Es wird als „Momentaufnahme" angesehen, wenn Frauen unter 40 Jahren kinderlos sind. Dieser Zustand wird sich allerdings in Zukunft ändern, da viele Frauen in diesem Altersstadium noch Mutter werden.[789]

cc) Entwicklungsverlauf in der Schweiz

Einen ähnlichen Entwicklungsverlauf zeigt auch das Durchschnittsalter von Müttern bei der ersten Geburt des Kindes in der Schweiz.[790] Zu beobachten ist, dass sich der Anteil der Frauen, die unter 30 Jahre alt sind und ihr erstes Kind bekommen, reduziert hat, während parallel ein Anstieg der 35-jährigen und älteren Frauen zu verzeichnen ist. Argumente für das „Aufschieben" der Erstgeburt in ein höheres Lebensalter sind ebenso verlängerte Ausbildungszeiten, der spätere Start ins Berufsleben und Veränderungen der Lebens- und Verhaltensweisen.[791]

dd) Studie der University of Southern California über den Gesundheitszustand in hohem Alter

Darüber hinaus hat die Universität von Südkalifornien (USC) in einer neuen Studie den Nachweis erbringen können, dass Mütter in hohem Alter in physischer und psychischer Hinsicht genauso gesund und stabil sind wie junge Mütter.[792]

787 Pötzsch, Statistisches Bundesamt: Geburten in Deutschland, S. 26.

788 Pötzsch, Statistisches Bundesamt: Geburten in Deutschland, S. 25.

789 Pötzsch, Statistisches Bundesamt: Geburten in Deutschland, S. 28.

790 Schweizerische Eidgenossenschaft, Bundesamt für Statistik: Durchschnittsalter der verheirateten Mütter bei der Erstgeburt, abrufbar unter: http://www.bfs.admin.ch/bfs/portal/de/index/themen/01/06/blank/key/02/07.html (zuletzt am 7.5.2017); Dieser Indikator nimmt allerdings ausschließlich Bezug auf verheiratete Frauen und auf die Rangfolge der Geburt innerhalb der aktuell bestehenden Ehe.

791 Schweizerische Eidgenossenschaft, Bundesamt für Statistik: Durchschnittsalter der verheirateten Mütter bei der Erstgeburt.

792 *Kulke*, in: „Die Welt" vom 24.10.2006, abrufbar unter: http://www.welt.de/vermischtes/article89432/Alter-schafft-keine-Probleme-fuer-Schwangere.html (zuletzt am 7.5.2017).

Untersucht wurde der Schwangerschaftsverlauf von 49 Frauen, die trotz Erreichens des 50. Lebensjahres ein Kind bekamen.[793]

Das Ergebnis der Studie lautete: „Alter schafft keine Probleme für Schwangere", „der Trend geht zur späten Geburt". Dieses Forschungsergebnis spiegelt sich auch in den aktuellen Statistiken wider: War vor 20 Jahren schätzungsweise jede 30. Mutter eines Erstgeborenen über 35 Jahre alt, ist dies heute bei jeder 8. Mutter der Fall; die Tendenz ist steigend. Es konnte festgestellt werden, dass ältere angehende Mütter im Vergleich zu jüngeren über eine stabilere Psyche verfügen und „demnach gelassener an die Angelegenheit herangingen". Schlussfolgernd kann festgestellt werden, dass weder psychische noch physische Gründe eine starre Höchstaltersgrenze rechtfertigen können.[794]

Nichtsdestotrotz bezieht sich das Forschungsergebnis nur auf den physischen und psychischen Zustand der Frau bei Vollendung des 50. Lebensjahres. Es erfolgten keine Angaben über das erhöhte Risiko von Altersschwangerschaften, also die Gesundheit für die Kinder, und über den bevorstehenden psychologischen und körperlichen Stress, der auf die dann 70-jährige Mutter eines pubertären Kindes zukommt.[795]

e) *Elterneignungsprüfung durch die Adoptionsstellen*

Die Rechtspraxis benötigt für ihre Adoptionsentscheidung eine feste Höchstaltersgrenze: Wie die vorigen Ausführungen erkennen lassen, dürfte ein Höchstalter(sabstand) von 45 Jahren adäquat sein. Effektivere Ergebnisse können gleichwohl mit konkreten Elterneignungsprüfungen erzielt werden. Das Alter sollte hierbei nur ein Kriterium von vielen sein, das zu berücksichtigen ist und gegebenenfalls hinter wichtigere das Kindeswohl betreffende Aspekte zurücktritt.[796] Das hat auch dann zu gelten, wenn die Adoptionsbewerber das 45. Lebensjahr überschritten haben (vergleiche § 1743 a S. 2 BGB-E). Entscheidungsgrundlage für die Adoptionsstellen sollte die konkrete Situation und Belastbarkeit der einzelnen Adoptionswilligen sein, die nicht maßgebend durch das Alter beeinflusst

---

793 Alle Probandinnen wurden infolge einer künstlich befruchteten Eizelle schwanger.

794 *Kulke*, in: „Die Welt" vom 24.10.2006, abrufbar unter: http://www.welt.de/vermischtes/article89432/Alter-schafft-keine-Probleme-fuer-Schwangere.html (zuletzt am 7.5.2017).

795 *Kulke*, in: „Die Welt" vom 24.10.2006, abrufbar unter: http://www.welt.de/vermischtes/article89432/Alter-schafft-keine-Probleme-fuer-Schwangere.html (zuletzt am 7.5.2017).

796 VG Hamburg vom 1.12.2005 – 13 K 3059/05 = JAmt 2006, 367.

werden.[797] Die Tatsache, dass Adoptivkinder mit ihren Adoptiveltern in einer sozialen Gemeinschaft zusammenleben werden, zeigt, dass eher die tatsächlichen Lebensumstände und die Durchsetzungskraft der Annehmenden richtungweisend sind.[798]

Im Folgenden ist die Auswertung einer Befragung der Zentralen Adoptionsstellen durch das Bundesministerium der Justiz, die die Verbesserungsvorschläge teilweise bestätigen kann, zu analysieren. Bei diesen Umfragen hat man zunächst ermittelt, wie hoch der Anteil der Adoptionsinteressenten mit einem Altersabstand von mehr als 40 Jahren zum Kind ist. Das Evaluationsergebnis registrierte einen nicht unerheblichen Anteil (zwischen 30 % und 50 %) an Adoptionsinteressenten mit einem entsprechend hohen Altersunterschied zum Kind (teilweise sogar 60 % bis 75 %).[799]

aa) Eignungsprüfung bei Altersabstand von über 40 Jahren zum Kind

Mit der Befragung sollte erforscht werden, ob eine Eignungsprüfung auch dann durchgeführt wird, wenn zwischen dem Kind und den Annehmenden ein Altersabstand von über 40 Jahren besteht oder ob ein entsprechend hohes Alter schon als Ausschlusskriterium dient. Die Umfragewerte zeigen, dass eine geringfügige Anzahl an Adoptionsstellen bei über 40-jährigen Adoptionsinteressenten keine Eignungsprüfung vornimmt, weil keine Aussicht auf eine Kindesvermittlung besteht. Teilweise gibt es aber anstelle einer konkreten Eignungsprüfung ein Informationsgespräch bzw. eine Beratung mit den zuständigen Mitarbeitern der Adoptionsstellen.

Wider Erwarten führt ein prozentual hoher Anteil an Adoptionsstellen auch bei einem Altersabstand von 40 Jahren eine Eignungsprüfung durch. Bei genauer Betrachtung dokumentieren die Evaluationsergebnisse aber, dass diese Adoptionsstellen nicht auf einen Altersabstand von 40 Jahren abstellen, sondern den zur

797 *Kaiser/Schnitzler/Friederici/Schilling*, Familienrecht, § 1741 Rn. 17; Vgl. BT-Drucks. 15/4240, S. 9 Nr. 18; BT-Drucks. 16/12293; für eine Einzelfallprüfung HK-AdoptR/*Reinhardt*, § 7 AdVermiG Rn. 7.

798 MüKo-*Maurer*, § 1741 Rn. 18; siehe auch LG Kassel vom 05.10.2005 – 3 T 140/05 = NJW-RR 2006, 511 = FamRZ 2006, 727, 728, das als Abgrenzungsmerkmal an den Altersabstand zwischen Großeltern oder gar Ur-Großeltern und Enkeln anknüpft.

799 Im Folgenden vgl. Auswertung der Befragung der Zentralen Adoptionsstellen der Länder durch das BMJ, abrufbar unter: http://www.bmjv.de/SharedDocs/Downloads/DE/pdfs/Auswertung_Antworten_der_Zentralen_Adoptionsstellen_der_Laender_auf_Fragebogen_zur_Altersgrenze_bei_Adoptionen.pdf;jsessionid=DA9884BCA37F224C54D6A436D1F0A02E.1_cid289?__blob=publicationFile.

Auswahl stehenden Bewerberkreis lediglich durch eine etwas höher angesetzte starre Altersgrenze (45 Jahre) erheblich einschränken. Ausschlusskriterium ist auch bei diesen Adoptionsstellen das hohe Alter der Adoptionsbewerber. Demzufolge geht die Tendenz der deutschlandweiten Adoptionsstellen eher dahin, zu alte (45-jährige) Bewerber ohne konkrete Eignungsprüfung – zumindest vom inländischen Adoptionsverfahren – gänzlich auszuschließen. Nunmehr sind die Hintergründe für eine solche Vermittlungspraxis zu erforschen.

Die Adoptionsstellen, die auch bei älteren Adoptionsinteressenten generell eine Eignungsprüfung vornehmen, halten andere, altersunabhängige Faktoren im Rahmen der Verfahren für bedeutender. Ältere Bewerber können genauso wie jüngere geeignet sein, den Bedürfnissen des Kindes in vollem Umfang nachzukommen. Ferner haben ältere Paare in vielen Fällen bereits Elternerfahrung gesammelt, was ebenso zu berücksichtigen ist. Weitere wichtige Kriterien sind beispielsweise die gesundheitliche und körperliche Beschaffenheit von potentiellen Adoptiveltern: Diese muss bei jüngeren Paaren nicht zwangsweise besser sein als bei älteren Paaren. Eine entsprechende Prüfung hat im Interesse des Kindes bei allen Bewerbern stets gleichermaßen zu erfolgen. Ein hohes Alter ist dann gegebenenfalls subsidiär. Darüber hinaus soll mit der Durchführung einer Eignungsprüfung bezweckt werden, dass sich sämtliche Adoptionsbewerber auch unter Umständen mit der Aufnahme von älteren Kindern einverstanden erklären.

Auf der anderen Seite gibt es Adoptionsstellen, die im Hinblick auf eine Eignungsprüfung altersbedingte Beschränkungen vornehmen. Zwar erfolgt eine Eignungsprüfung, wenn ein Elternteil jünger ist als der andere, die Altersdifferenz zwischen Annehmenden und Anzunehmenden nur geringfügig voneinander abweicht oder wenn die Adoptionsinteressenten eine besondere Eignung für ältere Kinder oder Kinder mit speziellen Bedürfnissen mitbringen. Eine Vielzahl der Adoptionsvermittlungsstellen legt nichtsdestotrotz eine Höchstaltersgrenze von 45 Jahren (vgl. § 1743 a S. 1 BGB-E) fest: So soll eine Eignungsprüfung nur bis zur Vollendung des 45. Lebensjahres stattfinden; noch ältere müssen sich dazu bereit erklären, ein älteres (z.B. 8-jähriges) Kind zu adoptieren. Häufig erfolgt also eine Eignungsprüfung nur zielgerichtet bei der Bereitschaft zur Aufnahme eines entsprechend älteren Kindes. Vielfach werden über 45-jährige Adoptionsinteressenten auf die sogenannte Pflegschaft verwiesen.

Von einer Vielzahl von Adoptionsstellen wird eine Differenzierung zwischen der Inlands- und der Auslandsadoption vorgenommen. Solche Adoptionsstellen, die eine konkrete Eignungsprüfung auch bei einem über 40 Jahre alten Bewerberkreis durchführen, beziehen sich ausschließlich auf die Auslandsadoption. Eine Inlandsadoption unter diesen Gegebenheiten wird als „kritisch“

bezeichnet. Deswegen finden auch zuerst Beratungen und Informationsgespräche statt, in deren Rahmen ältere Adoptionsbewerber darauf hingewiesen werden, dass die Eignungsprüfung ohnehin für sie negativ ausfallen werde und die Adoption demzufolge keinen Sinn mache. Mit Blick auf das Kindeswohl soll nämlich gewährleistet werden, dass das Kind physisch und psychisch belastbare und flexible Adoptiveltern bekommt, die es solange begleiten, bis es das Erwachsenenalter erreicht.

bb) Nur ein Ehegatte weist einen Altersabstand von über 40 Jahren zum Kind auf

Weiterhin wurde im Rahmen der Befragung die genaue Verfahrensweise der Adoptionsstellen für den Fall, dass nur einer der Ehegatte zum Kind einen Altersabstand von über 40 Jahren aufweist, ermittelt.

Es gibt Adoptionsstellen, die Adoptionsinteressenten auch unter diesen genannten Umständen berücksichtigen und eine Elterneignungsprüfung durchführen und damit keine unterschiedliche Behandlung zwischen jüngeren und älteren Bewerbern vornehmen. Das Alter soll letztendlich nicht als Ausschlusskriterium dienen, weil allein das Kindeswohl im Vordergrund steht. Vielmehr soll auf wichtigere Aspekte geachtet werden: Lebenssituation, Persönlichkeit, sichere finanzielle Verhältnisse und bereits gewonnene Lebenserfahrung. Auch kann sich die Bereitwilligkeit, ein älteres Kind oder ein Kind mit besonderen Bedürfnissen aufzunehmen, positiv auf den Verfahrensausgang auswirken. Das Gesamtbild der Adoptionsinteressenten muss mit dem Kindeswohl abgestimmt sein.

Demgegenüber werden vereinzelt aber auch altersbedingte Einschränkungen vorgenommen: So findet eine Eignungsprüfung bei einigen Adoptionsstellen nur bei geringfügiger Altersüberschreitung statt, teilweise sollte der ältere Bewerber unter 45 Jahre alt sein und in manchen Fällen erfolgt keine Eignungsprüfung bei 40-jährigen Bewerbern, wenn ein Säugling angenommen werden soll. Es wird also entscheidend auf das Alter des älteren Ehegatten geachtet. Hiermit soll zum einen gewährleistet werden, dass das Kind bis zum Erwachsenenalter in adäquater Weise begleitet wird, zum anderen soll die physische und psychische Belastbarkeit und intellektuelle Flexibilität überprüft werden.

Orientierungsmaßstab ist teilweise das Alter des jüngeren Ehegatten, wobei ein zu hohes Alter – insbesondere bei einer Inlandsadoption – kritisch sein kann. Maßgeblich kann auch das Alter beider Ehegatten sein: Dann ist zu ermitteln, wie groß der Altersabstand zwischen ihnen ist. Hierbei wird entweder die Differenz des Altersunterschiedes beider Ehegatten zugrunde gelegt oder es wird konkret verlangt, dass der Altersunterschied maximal zwischen fünf und zehn Jahren zu liegen hat.

cc) Aussichtslosigkeit des Adoptionsverfahrens

Die oben gewonnenen Erkenntnisse spiegeln sich auch in den Umfragewerten hinsichtlich der Frage, ab welcher Altersgrenze ein Adoptionsverfahren ganz und gar aussichtslos ist, wider. Sämtliche Adoptionsstellen halten bei einem Alter zwischen 40 und 50 Jahren ein Adoptionsverfahren für aussichtslos. Zum Teil werden Differenzierungen zwischen der Inlands- und Auslandsadoption gemacht: Während die Altersgrenze bei der Inlandsadoption bei 40 bis 45 Jahren gezogen wird, erhöht sie sich bei der Auslandsadoption und liegt bei ungefähr 50 Jahren. Darüber hinaus wird zwischen der Annahme eines Säuglings und eines älteren Kindes unterschieden: 40-jährige Adoptionsinteressenten haben bei der Adoption eines Säuglings keine Chancen und müssen sich infolgedessen mit entsprechend älteren Adoptivkindern zufrieden geben.

Teils zeigt sich auch, dass von einer starren Altersgrenze abgesehen wird. Stattdessen ist die Entscheidung von Fall zu Fall zu treffen, bei der das Kindeswohl im Fokus steht. Das Alter allein sollte kein Ablehnungsgrund sein und deshalb als Kriterium flexibler gehandhabt werden. Nichtsdestotrotz sind die Erfolgschancen umso geringer, je älter das Adoptionsbewerberpaar ist: Jüngere Adoptionsinteressenten werden gegenüber älteren bevorzugt. Das soll letztlich mit dem Reformvorschlag geändert werden.

G. Fazit

Es sollte ermittelt werden, inwieweit die aktuell geltenden adoptionsrechtlichen Altersgrenzen den heutigen gesellschaftlichen Gegebenheiten entsprechen. Zu diesem Zweck wurde einerseits das in § 1743 BGB normierte Mindestalter und andererseits der gesetzlich nicht geregelte Mindest- und Höchstaltersabstand auf (verfassungs-)rechtliche Bedenken hin untersucht. Diese Frage muss differenziert beantwortet werden.

Was das Mindestalter in § 1743 BGB betrifft, so konnte anhand der Ausführungen gezeigt werden, dass die 1971 bzw. 1973 vorgenommene Alterssenkung von 50 Jahren auf nunmehr 25 Jahre der Zwecksetzung des heutigen Adoptionsrechts – Wahrung des Kindeswohls – entspricht und im Sinne von Art. 9 Abs. 1 S. 2 EuAdAb europarechtskonform ist. Kumulativ zu dieser Voraussetzung sollten verheiratete Ehegatten bei der gemeinschaftlichen Adoption eine Mindestehedauer von drei Jahren nachweisen können. Damit soll sichergestellt werden, dass stabile Familienverhältnisse vorliegen und die Adoptionsbewerber die persönliche und erzieherische Befähigung zur Kindesannahme besitzen. Das Gleiche gilt für die Stiefkindadoption.

Um ein flexibleres Adoptionsverfahren zu gewährleisten, sollte zusätzlich – wie schon nach § 1744 BGB a.F. – ein Mindestaltersabstand von 18 Jahren normiert werden. Auch dieses Erfordernis wird aus dem Grundsatz des Kindeswohls abgeleitet und stellt das zwischen Kind und Annehmenden notwendige Autoritätsverhältnis sicher. Um aber verfassungsrechtlichen Gesichtspunkten gerecht zu werden, muss von dieser Altersgrenze ein Dispens möglich sein, wenn wichtige Gründe vorliegen und das Kindeswohl nicht gefährdet wird.

Was jedoch die Rechtspraxis in Bezug auf die Höchstaltersgrenze anbelangt, so konnte anhand einer Verfassungsmäßigkeitsprüfung festgestellt werden, dass die jetzige Vermittlungspraxis bei Gebrauchmachen einer starren Höchstaltersgrenze von 40 Jahren gegen Art. 3 Abs. 1 GG verstößt. Die Anhebung dieser Altersgrenze und ihre gesetzliche Normierung sind ein praktikabler Lösungsansatz, um dem Kindeswohl und den natürlichen Gegebenheiten in der heutigen Gesellschaft gerecht zu werden. Hintergrund dafür, dass aktuell keine Höchstaltersgrenze im BGB existiert, ist der Wille des Gesetzgebers, den Adoptionsvermittlungsstellen einen Ermessensspielraum einzuräumen, damit diese nicht an starre Altersgrenzen gebunden sind und eigenständig Empfehlungen oder

Verwaltungsvorschriften festlegen können. Die Praxis sieht bedauerlicherweise in einer Vielzahl von Fällen anders aus.

Für eine gesetzliche Normierung spricht in erster Linie der Aspekt der Rechtssicherheit und Rechtsklarheit für sämtliche älteren Adoptionsbewerber. Adoptionswillige, die tatsächlich zu alt sind und keine Chance auf einen positiven Adoptionsverfahrensausgang haben, brauchen sich nicht unnötig Hoffnungen zu machen, die letztendlich doch ins Leere laufen und Enttäuschungen bringen. Nichtsdestotrotz sollte nicht starr auf eine Höchstaltersgrenze verwiesen, sondern folgende Einschränkung vorgenommen werden: Die Vorschrift sollte vernünftigerweise eine Soll-Vorschrift sein und eine entsprechende Ausnahmeregelung enthalten, die auf das Vorhandensein anderer wichtiger Faktoren Rücksicht nimmt. Das Alter kann für sich genommen im Rahmen eines Adoptionsverfahrens nicht richtungweisend sein, es muss neben anderen ebenso wichtigen Gesichtspunkten mitberücksichtigt werden. Vor allem der Aspekt der physischen und psychischen Belastbarkeit der Adoptionsbewerber muss hier unter Beachtung des Kindeswohls in den Vordergrund treten. Die Behauptung, jüngere Adoptionsbewerber seien belastbarer als ältere, ist nicht haltbar und empirisch nicht bewiesen. Insbesondere die durch ältere Adoptionsbewerber gewonnene Lebenserfahrung ist ein wichtiger Punkt, der zu beachten ist. Adoptierte Kinder haben nämlich oft traumatische Erfahrungen gemacht und sind seelisch infolge von Vernachlässigungen, Trennungen, körperlicher und emotionaler Gewalt oder sexuellem Missbrauch vorbelastet, bevor sie an geeignete Eltern vermittelt werden. Das tatsächliche Leid macht sich häufig erst in der Pubertät bemerkbar. Nur selten sind Adoptiveltern auf derartige Situationen vorbereitet, wodurch die Belastbarkeitsgrenze bis zum äußersten ausgeschöpft wird. Lebenserfahrung kann also ein wertvoller Faktor sein, um dem entgegenzuwirken. Die Anhebung der Höchstaltersgrenzen würde auch eine Abnahme gesetzes- und sittenwidriger Geschäftspraktiken im Sinne von § 1741 Abs. 1 S. 2 BGB (Privatadoption und Leihmutterschaft) bewirken. Wird nämlich älteren Bewerbern ohne Durchführung einer konkreten Eignungsprüfung mitgeteilt, dass diese zu alt für eine Kindesannahme seien, obwohl bei altersunabhängiger Prüfung dem Adoptionsantrag stattgegeben worden wäre, dann entsteht ein Anreiz, sich an illegalen Geschäftspraktiken zu beteiligen. Das gilt zwar auch für andere Bewerber, die einer Eignungsprüfung nicht standhalten konnten, jedoch nicht in gleichem Maße wie bei älteren Adoptionswilligen, die schon des Öfteren aus denselben Gründen abgelehnt wurden.

Abschließend kann festgehalten werden, dass der deutsche Gesetzgeber in Bezug auf die Altersgrenzen im Adoptionsrecht zwingend tätig werden muss. Der konzipierte Entwurfsvorschlag wird nicht nur dem Vorbehalt des Gesetzes und der Wesentlichkeitstheorie des Bundesverfassungsgerichts gerecht, sondern verspricht auch Rechtssicherheit und Rechtsklarheit, entspricht dem Wandel der Lebensauffassung in der heutigen Gesellschaft und steht schließlich mit dem Wohl des Kindes im Einklang.

www.ingramcontent.com/pod-product-compliance
Ingram Content Group UK Ltd.
Pitfield, Milton Keynes, MK11 3LW, UK
UKHW021905290926
8980IPUK00015B/1077

9 783631 729236